KB168544

혁명의 철학

ANTONIO NEGRI
KAKUMEI NO TETSUGAKU

by HIROSE Jun

Copyright ⓒ 2013 by HIROSE Jun
Korean translation rights ⓒ 2018 Nanjang Publishing House

All Rights Reserved.
Originally published in Japan by SEIDOSHA.
Korean translation rights is arranged through mutual agreement
between SEIDOSHA and Nanjang Publishing House

혁명의 철학

안토니오 네그리의 존재론과 주체론

히로세 준 지음 | 은혜 옮김

일러두기

1. 이 책은 다음의 책을 완역한 것이다. 庚瀬純, 『アントニオ・ネグリ: 革命の哲学』, 東京: 靑土社, 2013.

2. 지은이는 자신이 외국 문헌에서 인용한 내용을, 해당 문헌의 일본어판에서 따오지 않고 모두 직접 번역했다. 번역이 그 자체로 독자적 연구(해석)의 일환이라는 이유에서이다. 우리는 지은이의 관점을 존중해, 지은이의 번역을 기준 삼아 각 인용문들을 한국어로 옮겼다. 단, 번역상의 오류를 줄이기 위해 해당 문헌의 원문을 확인했고, 해당 문헌의 한국어판이 있을 경우 비교를 위해 쪽수도 병기해놓았다.

3. 본문이나 각주에 있는 '[ ]' 안의 내용은 별다른 언급이 없는 한 옮긴이가 읽는이들의 이해를 돕기 위해 원문에 없던 내용이나 표현을 덧붙인 것이다.

4. 지은이가 글자 위에 방점을 찍어 강조한 부분은 **견출명조체**로 표기했다.

5. 각주에는 '지은이 주'와 '옮긴이 주'가 있다. 지은이 주는 괄호 안에 숫자(1, 2, 3……)로 표시했고, 옮긴이 주는 별표(*, **, ***……)로 표시했다.

6. 단행본·전집·정기간행물·팸플릿·영상물·음반물·공연물에는 겹낫표(『 』)를, 그리고 논문·논설·기고문·단편·미술 등에는 홑낫표(「 」)를 사용했다.

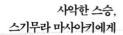

**사악한 스승,
스기무라 마사아키에게**

> **❝** 항상 협업과 복종을
> 한꺼번에 원하는 자본주의적 관계는
> 그 양자의 대립을 은폐할 수도 없고,
> 그 대립이 표출되는 것도 막을 수 없다.
> 그리하여 가치화에 맞서
> 노동 과정 중에 일어나는 저항은
> 협업이 창출해내는 정치 의식에 의해
> 한층 더 증대된다. **❞**
>
> 안토니오 네그리, 「왜 맑스인가?」*****

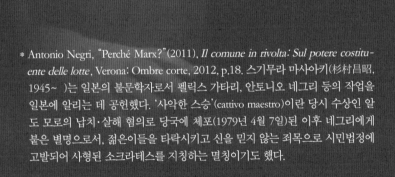

＊ Antonio Negri, "Perché Marx?" (2011), *Il comune in rivolta: Sul potere costitu-
ente delle lotte*, Verona: Ombre corte, 2012, p.18. 스기무라 마사아키(杉村昌昭,
1945~)는 일본의 불문학자로서 펠릭스 가타리, 안토니오 네그리 등의 작업을
일본에 알리는 데 공헌했다. '사악한 스승'(cattivo maestro)이란 당시 수상인 알
도 모로의 납치·살해 혐의로 당국에 체포(1979년 4월 7일)된 이후 네그리에게
붙은 별명으로서, 젊은이들을 타락시키고 신을 믿지 않는 죄목으로 시민법정에
고발되어 사형된 소크라테스를 지칭하는 멸칭이기도 했다.

차례

안토니오 네그리의 철학을 사용하기 위하여

2013년 출간된 일본어판을 저본으로 삼고 있는 이 책『혁명의 철학: 안토니오 네그리의 존재론과 주체론』은 이탈리아 철학자 안토니오 네그리(1933~　)의 정치사상과 그 **방법**(존재론과 주체론의 맑스-레닌적 접합)을 논하는 것이자 그의 사상을 누구나 각자가 처한 환경에서 바로 사용할 수 있는 도구로서 제시하는 것, 말하자면 만인을 위한 네그리 철학의 '사용설명서'이다.

이 서문을 쓰고 있는 지금, 한국의 정치 상황은 2000년대 전반 라틴아메리카 나라들(아르헨티나, 볼리비아 등)의 상황과 아주 닮아 있다. 대규모 민중 운동이 존재했고 그 운동에 의해 하나의 정권이 무너져 '진보'라 불리는 거칠 것 없는 새 정권이 탄생했다. 네스토르 키르치네르나 에보 모랄레스 등이 그랬던 것처럼, 문재인 역시 자신의 대통령 취임을 가능케 한 민중 운동의 존재와 그 요구들을 무시해서는 그 어떤 안정적 정권 운영도 불가능한 상황에 놓여 있다. 이 책은 무엇보다도 먼저, 오늘날 한국의 이런 정세 아래에서 네그리의 정치 철학이 **사용되기**를 희망하고 있다.

이 책에서는 네그리의 정치적 사유로부터 그 방법을 수면 위로 떠오르게 만들고자 플라톤을 모방해 '대화편' 형식을 채택했다. 네그리 자신이 그 사유를 진전시키면서 논적 또는 대화 상대로 삼아온 동시대 프랑스 철학자들, 구체적으로 자크 랑시에르, 알랭 바디우, 에티엔 발리바르, 질 들뢰즈, 미셸 푸코 이 다섯 명을 이 순서대로 각 장마다한 명씩 네그리와 함께 무대에 불러 세워 그들로 하여금 각각의 논쟁 혹은 대화를 재연토록 한 것이다(만일 이 책의 재판을 내게 된다면 하나의 장을 새로 추가해 오페라이스모[노동자주의] 시절부터 동지이자 논적이었던 마리오 트론티를 소환해 '정치 영역의 자율성'에 관한 논쟁을 재연시켜보고 싶다). 이렇게 대화편 형식을 채택했기에 이 책은 '네그리 철학의 사용설명서'일 뿐만 아니라, '프랑스 현대 사상'에 속하는(일본에서 그렇게 불리고 있는) 철학자들 한 사람 한 사람의 사상을 간결하게 보여주는 (편리한) '입문서'로서 읽을 수도 있다.

플라톤의 독자들 전부가 반드시 소크라테스 편에 섰던 것은 아니듯이, 이 책의 독자들도 네그리의 논적들 편에 서는 선택지를 택할수 있다. 일본에서는 실제로 '파시스트 혁명가'를 자칭하며 매우 독특한 언어와 정치 활동으로 잘 알려진 도야마 고이치*가 '사건' 개념을 둘러싼 네그리와 바디우의 논쟁을 다룬 이 책의 1장을 읽고 "내가 바디우파임을 새삼 확실히 확인했다"고 말했다. 사실 이것은 저자인 내게도 부분적으로 들어맞는 바이다. 가령 네그리의 '이성의 낙관주의'에 대한 내 입장은 확고하지 않다. 흔들림 없이 '소크라테스파'였

---

* 外山恒一(1970~). 일본의 반체제 활동가 겸 전위예술가. 1980년대부터 규슈 지역을 중심으로 극좌파적 성향의 활동을 이어오다가 2004년부터 스스로 '파시스트'임을 천명하고 '우리단'(我々団)을 결성했다. 2007년 도쿄도지사 선거에 출마해 낙선했으나 과격한 정견 방송을 통해 유명세를 떨쳤다. 최근에는 원전반대 운동을 하고 있는 것으로 알려져 있다.

음에 틀림없는 플라톤은 바로 그런 이유로 일련의 대화편에서 한 번도 자신을 등장시키지 않았지만, 이 책에는 내가 등장하는 장면이 있다. 네그리와 들뢰즈 사이에서, 그리고 다음으로 네그리와 푸코 사이에서, 나는 넉살 좋게도 나 자신을 등장시키고 말았다.

발리바르에 대해서도 그렇다. 당시와는 현격히 다른 규모로 난민과 이주민이 유럽에 당도하게 된 2010년대로 접어든 이후의 논의를 이 책 2장의 근거로 삼을 수 있었다면, 거기서도 나는 나 자신을 등장시킬 수밖에 없었으리라. 가령 백만 단위의 시리아 난민이 유럽에 당도한 것과 그에 대한 유럽 각국 정부의 대응이 문제가 된 2015년 9월에 발표된 텍스트에서, 발리바르는 이렇게 말하고 있다.

실제로 유럽에서 현재 구축되고 있는 것은 난민 거부를 위한 [각국의 '국민전선'이라기보다] 하나의 초국가적 전선이다. 공공연하게 인종차별적이고 폭력적인 몇몇 집단이 존재하지만 그런 집단은 이 전선의 극점을 이루고 있을 뿐, 이 전선 전체는 공리주의("우리가 있는 곳엔 더 이상 공간이 없어")부터 정체성 이데올로기(그리스도교 국가도 있고 국교가 없는 나라도 있지만, 어느 쪽이 됐든 유럽의 본성이 이슬람교도들의 쇄도에 위협 받고 있다)를 거쳐 안전보장 문제(난민 중에 지하드주의자가 섞여 있다)에 이르기까지 다양한 논의들로 구성되어 있다. 오늘날 우리는 아마도, 경쟁과 내셔널리즘 등으로 인해 지금까지는 한 번도 실현될 수 없었던 사태에 사상 처음으로 처해 있는 것이리라. 반反난민과 반이주민이라는 기치 아래 통일된 하나의 배외주의적 '당'이 유럽에 출현하는 사태 말이다. 그 당연한 결과로서, 거꾸로 **연대의 유럽**은 새로운 동맹을 바탕으로 규정되는 하나의 확고한 정치 투쟁 없이는, [즉] 이주민에 대한 폭력을 단호히 규탄하는 것으로 시작해 이주민 수용 환경을 요구하는 것으로 이어지는 정치 투쟁 없이는 결코 구축될 수 없을 것이다.[1]

여기서 발리바르의 논의는 이 책 2장에서 서술되는 것과는 다르며, 존재론뿐만 아니라 정치적 조직화와 주체성 형성도 다루고 있다. 여기서 발리바르는 유럽의 '벽,' 즉 사회민주주의 공간으로서의 '북반구'를 확보하기 위한 방어벽을 무너뜨리려 하는 '남반구'에서 온 이주민들의 압도적 운동과, 유럽인의 새로운 주체성 형성을 가져올 매개(레닌으로서의 이주민)를 실제로 결부시키려 한다. 들뢰즈가 펠릭스 가타리와 함께 1980년대 초에 『천 개의 고원』에서 전개한 '만인에 의한 소수성의 생성변화'론의 유효성을 (이를 직접 언급하지는 않지만) 새로운 정세 아래에서 인식하려 하고 있는 것이다. 네그리를 **이런** 발리바르와 새롭게 대치시키더라도, 나는 두 사람 사이에 비집고 들어가는 것을 단념하지 않을 것이다. 그러나 아무리 네그리에 대한 내 개인의 입장이 흔들린다 해도, 이 책이 그 자체로 '네그리 철학의 사용설명서'라는 사실에는 전혀 틀림이 없다.

⚜

일본어판을 발표한 뒤 5년 동안 나는 북반구의 이른바 '경제의 금융화'와 남반구에서의 노동력 과잉착취가 동시에 진행되는, 1980년대

---

1) Étienne Balibar, "Europe et réfugiés: L'élargissement," *Mediapart*, le 15 septem-bre 2015; *Europe, Crise et fin?* Lormont: Le Bord de l'eau, 2016. 재수록.

말부터 본격화된 현상에 특히 관심을 가졌다. 블라디미르 일리치 레닌이 존 A. 홉슨의 『제국주의론』(1902)에서 가져와 자신의 『제국주의론』(1917)에 인용하고 있는 다음 구절은, 과연 오늘날 자본주의의 모습을 날카롭게 예견한 것이라 말할 수 있지 않을까?

서양 국가들이 그 동맹을 확대시킴으로써 일어나는 일은 세계 문명의 진보 같은 것이 전혀 아니며, 서양의 기생이라는 큰 위험이다. 선진 산업국가들은 그 자체로 하나의 독립된 집단을 형성해 그 상층계급은 아시아·아프리카에서 막대한 공물과 세금을 받고, 또 이 공물과 세금을 사용해 노동자와 하인으로 이뤄진 거대한 군중을 부양하고 순치하게 된다. 다시 말해, 서양 국가들 내부의 군중은 종래와 같은 농공업 대규모 생산에 이미 종사하지 않고 사적인 서비스를 담당하거나 새로운 금융귀족 계급의 지배 아래에서 부차적인 공업 노동을 수행하거나 하는 식이 되는 것이다. 이런 설명에 등을 돌리려고 하는 사람은 …… 금융자본가, '자본 투자가'(지대 생활자)들, 정치 관료들, 상공업 종사자들로 구성된 이상의 집단에 의한 경제적 지배 아래 중국이 놓이게 된다면, 서양의 기생이라는 이 체제가 얼마만큼 대규모로 확장을 보이게 될지 한 번 진지하게 상상해봐야 한다. 선진국 집단은 오로지 유럽에서의 소비를 위해 전대미문의 거대한 잠재력 수장체收藏体로부터 그 이윤을 빨아들인다.*

---

* John A. Hobson, *Imperialism: A Study*, 3rd. ed., London: George Allen, 1938, pp.364~365; Vladimir Ilyich Lenin, "Imperialism, the Highest Stage of Capitalism"(1917), *Collected Works*, vol.22, Moscow: Progress Publishers, 1964, p.280. [남상일 옮김, 『제국주의론』, 백산서당, 1986, 137~138쪽.]

금융시장 내부에서의 거래는 '제로섬 게임'(플레이어들의 득실의 합이 항상 0이 되는 게임)이며, 거기서 새로운 가치가 창조되는 일은 전혀 없다. 그러나 물론 금융자본이 추구하고 있는 것은, 항상 등량인 파이를 두고 제로섬 게임에서 서로 쟁탈전을 벌이지 않으면서도 금융시장 자체가 확대재생산하고 금융 계급 전체의 부의 총량이 증대하는 것이자 그것에 비례해 각자의 몫이 증가하는 것이다. 이를 가능케 하는 조건은 가치를 창조하는 비금융적 경제(소위 '실물 경제')로부터의 '소득 이전'(가치 포획) 이외에는 없다. 이 소득 이전은 대부(소비자 신용, 사채, 공채)를 통해 임금·이윤·세수의 일부를 이자로서 포획하거나, 금융 위기 때처럼 공적 자금 주입이라는 형태로 세수의 일부를 포획하는 식으로 이뤄진다. 국가의 세수 역시 노동자의 임금과 기업의 이윤을 그 주된 원천으로 하고 있음을 감안하면(세수 포획은 임금과 이윤의 간접적 포획이다), 결국 금융시장의 확대재생산은 비금융적 경제의 가치 창조 증대와 자본 축적 없이는 있을 수 없는 것이 된다. 그러나 다른 한편, 북반구 국가들에서는 각국 내 자본 축적이 항상적으로 계속 감속하고 있다. 선진국의 상공업 대기업의 경우, 각 기업 내부에서 고정자본 형성(설비와 연구개발)에 재투입되는 이윤(잉여가치)의 비율은 총체로서는 최근 수십 년간 저하 일로를 걷고 있다. 그렇다면 북반구에서의 금융소득 증대는 도대체 무엇을 그 **원천**으로 하고 있을까? 바로 남반구에서의 자본 축적이 그 원천이다. 사회주의 체제의 해체를 계기로 한쪽에서는 경제의 지구화(상품 흐름과 자본 흐름의 자유화)에 따라 홉슨도 예로 들었던 중국뿐만 아니라 인도를 시작으로 다른 아시아 국가들과 구소련 국가들을 포섭한 세계시장이 형성됐고, 다른 한쪽에서는 북반구 국가들의 노동 운동이 결정적으로 약화되어 개발주의(국내 시장 확대) 노선이 방기됐다. 자본주의는 1980년대 말에 이런 전기를 거쳐 북반구가 남반구에서 창조되는 가치를 포획하는 것, 즉 남반구에서 북반구으로의 소득 이전을 새로운 축으로 삼는 형태로 그 체제를 재편한 것이다.

월스트리트에서의 제로섬 게임과 그것의 확대는, 라나 플라자(패스트패션 및 하이퍼마켓 기업들의 하청 봉제 공장이 입주해 있던 방글라데시 다카 근교의 8층짜리 건물로, 2013년 1천1백 명이 넘는 사망자와 2천5백 명이 넘는 부상자를 낸 붕괴 사고를 일으켰다)에서 창조된 가치를 포획해야 비로소 가능해진다. 금융자본가들을 정점으로 한 북반구 주민들의 점진적인 총總지대계급화는, 다카 등지의 '수출가공공단'Export Processing Zone에서 죽음에 이르기까지 수탈당하고 있는 노동자들을 최하층으로 한 남반구 주민들의 하층민화에 의해 **전적으로** 지탱되고 있다. 오늘날 나는 홉슨이 100년도 더 전에 '제국주의'의 최종적 완성 형태로서 묘사한 대로 세계가 실현되고 있다는 네그리의 설명과 반드시 일치하는 것은 아닌 이런 정세 인식 속에서, 그럼에도 여전히 네그리의 철학을 사용할 길을 찾고 있다.

2018년 1월 21일
도쿄에서

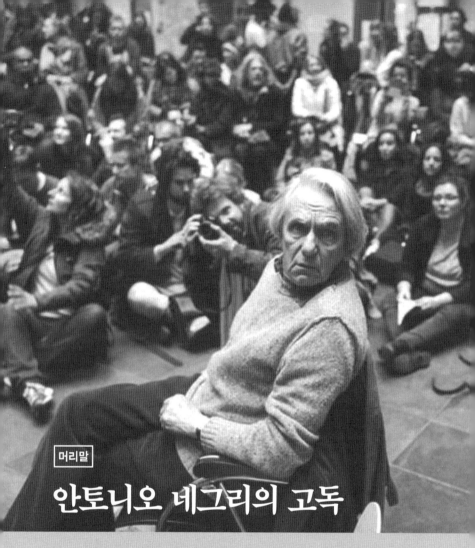

안토니오 네그리의 고독

랑시에르에서 푸코로

アントニオ・ネグリの孤独
ランシエールからフーコーへ

Una solitudine popolata······
(da Rancière a Foucault)

일반적으로 민주주의란 "모든 사람이 말하는 것"으로 생각된다. 특권을 가진 사람의 목소리만이 아니라 모든 사람의 목소리가 평등하게 받아들여져야 한다는 것이다. 이 "모든 사람이 말한다"라는 것이 민주주의에 필요하다는 점은 두말할 것도 없지만, 그것만으로는 충분하지 않다고 이의를 제기하는 사람이 바로 자크 랑시에르이다. 랑시에르는 "모든 사람이 말한다"라는 것뿐만 아니라 "모든 것을 말한다"라는 것도 필요하다고 주장한다. "모든 것을 말한다"라는 것은 각자가 모든 사항에 대해 말한다는 것, 모든 문제와 모든 영역에 개입한다는 것이며, 거꾸로 말하면 자신의 발언의 장을 자신이 '당사자'인 사태에만 국한시키지 않는다는 것, 자신의 '전문분야'에 갇히지 않는다는 것, 오히려 '전문분야'라는 사고방식 자체와 결별한다는 것, 각자의 특정 영역·문제·직업·지위를 배분하고 있는 '나눔'[역할분담]partage이라는 틀을 해체한다는 것, 이런 해체를 통해 각자가 자신을 해방시킨다는 것이다. 랑시에르에게 민주주의란, 또는 '정치'란 "모든 사람이 모든 것을 말하는 것"이다.

후쿠시마 제1원자력발전소 사고가 일어난 이래로, 일본에서 우리가 목도한 것은 '정치'라고 할 수 있을 것이다. 전문가도 무엇도 아닌 사람들이 원자력발전소와 방사능에 대해 학습하고 여러 종류의 장에서 계속 발언을 해왔다. 이렇게 생산된 '유언비어'는 감당하지 못할 정도로 흘러넘쳐 지금껏 '전문가'를 자처하며 발언을 독점해왔던 사람들의 근거를 완전히 무너뜨렸다. 랑시에르는 인간은 누구든 "모든 것을 말하는" 능력을 본성으로 갖고 있다고 말한다. 물론 "모든 것을 말한다"는 것은 피곤한 일이다. 이런 피로 탓에 이 능력은 [개인마다] 상대적으로 발휘될 수밖에 없다(랑시에르의 저서 중에는 『피로를 느끼는 사람들에게는 안 됐다고 말하는 수밖에』*라는 제목의 저서도 있다). 그러나 우리들 한 사람 한 사람이 "모든 것을 말하는" 능력을 본성으로 갖고 있다는 사실은, 실천의 차원에서 필연적으로 생겨나기 마련인 이런 상대성과 마주해도 전혀 변하지 않는다.

아주 근사한 이야기이다. 그러나 "모든 사람이 모든 것을 말한다"는 사태가 정말로 '정치'라는 이름에 값하는가? 이 책의 주인공인 안토니오 네그리가 다른 이탈리아인들과 함께 논의를 전개시켜왔듯이, 오늘날의 자본주의에서 우세한 노동 형태는 '인지노동'이며 '일반지성'이 주된 생산수단으로서 자리매김되고 "모든 사람이 모든 것을 말한다"(지성의 해방)는 것이 바로 자본의 명령 아래에 있는 노동으로서 이미 실현되고 있다는 점을 조금이라도 고려한다면 말이다. "모든 사람이 모든 것을 말한다"는 것에서 정치를 발견하고 그것에 만족하는 랑시에르에게 부족한 것은, 자본주의 또는 노동에 대한 분석이다. 랑시에르에게는 맑스가 없는 것이다.

---

* Jacques Rancière, *Et tant pis pour les gens fatigués: Entretiens*, Paris: Éditions Amsterdam, 2009.

실제로 랑시에르가 서술하는 적대는, 역사 속에 존재론적으로 자리매김될 수 있는 것이 전혀 아니다. 랑시에르가 '치안'이라 부르며 적으로 간주하는 나눔(수평적·수직적 분업)의 체제는 플라톤이 『국가』에서 서술한 것이며, 랑시에르가 '정치'라고 부르며 치안에 대립시키는 지적 능력의 해방은 인간 본성의 발휘이다. 랑시에르가 우리 현대인들에게 제안하는 적대는 **플라톤 대 인간 본성**(!)이라는, 말하자면 '시공을 초월한' 적대인 것이다. 네그리는 실제로 랑시에르를 다음과 같이 비판하고 있다. "[랑시에르에게서] 해방의 행위는 모든 역사적 규정으로부터 자기를 이탈시키고, 구체적인 시간성으로부터 자기의 독립을 선언한다. 랑시에르에게 정치란 주체를 역사·사회·제도들과 분리시키는 역설적 행위인 것이다. 역사·사회·제도들에 대한 참여(근본적으로 모순될 수 있는 [정치적 주체의] 고유성) 없이, 정치적 주체에 대해 뭔가를 이야기하는 것은 불가능한 데도 말이다."[1] 적대를 초역사적인 차원에서 상정해버리는 랑시에르는 바로 이 때문에 정치를 구성하는 힘(이 책에서는 이를 '역능'이라고 부른다)을 존재론적으로 조건 짓지 못하며, 또 다시 이 때문에 역능을 그 집단성(공통적인 것)에서 포착해내지도 못한다. "랑시에르의 연구에서 노동의 해방에 대한 전망은 실제로 의식의 진정성[확실성]이라는 차원에서 전개되며, 따라서 주체성은 어디까지나 개개인의 차원에 있는 것으로 상정되고, 그 다음으로는 주체성의 생산을 공통적인 것이라 명명할 수 있는 가능성이 애초부터 제거된다."[2]

---

1) Antonio Negri, "È possibile essere comunisti senza Marx?"(2010), *Il comune in rivolta: Sul potere costituente delle lotte*, Verona: Ombre Corte, 2012, p.46. [본서의 '부록 1'을 참조하라(189쪽).]

랑시에르에게는 맑스가, 그리고 맑스의 이름으로 불리는 존재론이 결여되어 있다. "존재론에 입각하지 않은 해방 담론은 유토피아이자 개인의 꿈일 뿐이며, 현실을 그대로 내버려두는 것밖에 안 된다."[3] 네그리는 알랭 바디우에게도 동일한 비판을 가할 것이다. 네그리의 관점에서 보면 바디우는 랑시에르보다 더 심각하다. 랑시에르는 맑스를 말하지 않는 대신 '코뮤니즘'도 말하지 않지만, 바디우는 명백히 코뮤니스트를 자처하고 있기 때문이다. 맑스 없이 코뮤니스트가 되는 것은 가능한가? 총 4개의 장으로 구성된 이 책의 1장에서 다루는 것이 바로 네그리의 바디우 비판, 그리고 그에 대한 바디우의 응답이다. 물론 존재론(맑스) 없이 코뮤니스트가 되는 것은 불가능하다는 것이 네그리의 최초 결론이다. 그러나 동시에 네그리는 맑스와 함께 하는 것만으로는 코뮤니스트가 되는 데 충분하지 않고도 생각한다. 맑스를 통해 존재의 한가운데에서 역능이 발견됐다면, 이 역능은 레닌을 통해 자기 조직화로 이끌려져야 한다. 코뮤니즘 혁명론은 존재론이어야 할 뿐만 아니라 주체론이어야 하는 것이다. 바디우가 존재론의 결여로 비판받는다면, 에티엔 발리바르는 주체론의 결여로 비판받는다. 2장에서는 네그리의 발리바르 비판을 검토한다. 발리바르에 대한 비판은 바디우에 대한 비판만큼 혹독하지 않다고 할 수 있다. 당연하다. 레닌 없는 맑스는 맑스에 레닌을 접목시킴으로써 혁명론으로 발전시킬 수 있지만, 맑스 없는 레닌은 처음부터 레닌이 아니기 때문이다. 우선 맑스가 존재하고 거기에 레닌이

---

2) Negri, "È possibile essere comunisti senza Marx?," p.46. [본서, 189쪽.]

3) Negri, "È possibile essere comunisti senza Marx?," p.46. [본서, 190쪽.]

귀환한다. 3장에서는 이것을 네그리의 이론과 실천이라는 두 측면을 따라가며 확인한다. 레닌의 도래가 '[미래로의] 귀환'Back to the Future으로 간주되는 것은, 레닌이라는 사람이 러시아 노동자·병사 소비에트의 탄생에 부응해 망명지 스위스에서 귀환했다는 역사적 사실에만 입각한 것은 아니다. 네그리가 독해하는 레닌에게 그리고 레닌이 독해하는 맑스에게 역능(자발성)은, 자기 존재 안에서 자기 조직화(주체화)로 나아가는 경향을 이미 항상 '구성하는 초과'로 표현하는 것이기 때문이다. 또한 네그리에게 역능은 '분노'(스피노자)라고도 불린다. 4장의 제목은 「분노인가, 치욕인가?」인데, 네그리와 질 들뢰즈의 차이가 정확히 분노와 치욕의 차이인 것은 아니다. 들뢰즈가 말하는 치욕은 분노가 존재하지 않으면 발생하지 않는다. 양자의 차이는 분노의 자기 조직화 형태에 있다. 네그리가 분노의 자기 조직화로 간주하는 것은 실재/인식에 대한 자신의 분기分岐이지만, 들뢰즈가 치욕으로 간주하는 것은 이른바 분노가 자기 자신을 '막다른 골목'으로 몰아붙이는 사태라고 할 수 있다(존 매켄로의 치욕).* 그러므로 들뢰즈가 역능이 산출하는 것이라고 지칭하는 '사건' 역시, 네그리의

---

* "창조란 불가능성들 사이에서 길을 찾아가는 것이라 말해야 합니다. …… 만약 창조자가 일련의 불가능성에 의해 목덜미를 붙들려 있는 상태가 아니라면, 그는 창조자가 아닙니다. 창조자란 자기 고유의 불가능성을 창조해내는 자이자 [그렇게 함으로써] 동시에 가능성을 창조해내는 자입니다. [존] 매켄로처럼, 벽에 머리를 들이받으면서 뭔가를 찾아내는 것이죠. 벽을 더듬어야 합니다. 일련의 불가능성들이 없다면 탈주선도 없을 것이기 때문입니다." Gilles Deleuze, "Les intercesseurs"(1985), *Pourparlers 1972-1990*, Paris: Minuit, 1990, pp.182~183. [김종호 옮김, 「조정자들」, 『대담 1972~1990』, 솔, 1993, 141쪽.] (혁명의) 절대적 불가능성을 스스로 창출해 그것에 저항함으로써 혁명적이 되도록 만드는 (정치적) 동인으로서의 '치욕'에 관해서는 본서의 4장과 '부록 4'를 참조.

사건(보편적 분노의 자기 실재화를 통한 인민의 형성으로서의 혁명)과
는 다른 것(인민 형성의 불가능성에 의해 강제되어 만들어진 집단적 배
치로서의 '혁명적이 되기')이 될 것이다(네그리는 내재적 원리에 따라
형성되는 집단과 초월적 원리에 따라 형성되는 집단을 엄격하게 구별한
다. 네그리는 구체적인 특이성의 다양체로 파악된 원자들에 의한 내인적
자기 조직화인 전자를 '다중'이라고 부르고, 추상적 개인의 균질한 총체
로 환원된 원자들의 외인적 통일인 후자를 '인민'이라고 부른다. 네그리
의 사상을 다른 철학자들의 사상과 대비시키고 있는 이 책에서는 이런
네그리 특유의 표현상의 구별을 반드시 따르지는 않는다. "인민 개념이
초월성으로부터 해방된 후 남게 되는 실재"[4])와 네그리가 규정하는 "특
이한 다양체"에 대해서도 이 책에서는 그 주체화가 문제가 되는 한에서
'인민'이라는 표현을 사용하겠다. 그 표현의 '근대적' 함의에 갇히지 않
고 필요에 따라서 말이다).

　'사건'이라고 하는 것의 실체가 더 이상 '혁명'이 아닌데도 네그
리가 들뢰즈를 결코 비판 대상으로 삼지 않는 것은 들뢰즈의 철학이
존재론/주체론의 접합의 철학으로서, 들뢰즈 자신의 말을 쓰면, 임상
clinique/비판critique의 접합의 철학으로서 구성되어 있기 때문이며, 그
럼으로써 '공통적인 것'의 실현이, 인민의 형성('다중의 군주 되기')과
는 전혀 다른 방식이지만, 정치의 핵에 확실히 자리하고 있기 때문
이다. 네그리가 미셸 푸코를 비판의 대상으로 삼지 않는 것도 똑같은

---

4) Antonio Negri, "Per una definizione ontologica della moltitudine"(2002), *Inven
　-tare il comune*, Roma: DeriveApprodi, 2012, p.157. [이 인용문(그리고 바로
　이어지는 인용구) 역시 안토니오 네그리의 '다중' 개념을 지칭한다. 정남영·박서현
　옮김, 「다중의 존재론적 정의를 위하여」, 『다중과 제국』, 갈무리, 2011, 168쪽.]

이유에서이다. 들뢰즈는 "푸코가 위대한 철학자인 것은 역사를 다른 것에 도움이 되도록 활용하기 때문"[5]이라고 말한다. 결국 푸코 역시 존재론(역사)과 주체론('다른 것')의 접합을 철학의 중심으로 삼는 것을 염두에 두었던 것이다. 들뢰즈가 처음부터 자신의 철학을 '비판과 임상'이라는 표현으로 파악할 수 있었던 것은 푸코에게서 착상을 얻었기 때문이다. 들뢰즈가 말하는 임상은 푸코(또는 푸코가 독해하는 니체)가 말하는 '진단'에서 직접적으로 유래하는 것이며, 푸코에게 진단이란 현재(역사)의 한가운데에서 '차이'(역능)를 간파해내는 것일 뿐이다.[6] 들뢰즈가 말하는 비판 역시 푸코(또는 푸코가 독해하는 칸트)가 사용하는 똑같은 말에서 유래한다. 푸코에게 진단은 "현재와 맺는 관계의 한 형태"(안에서 바깥으로 던져지는 물음)인데 반해, 비판은 "자기에 대해 구축할 의무가 있는 관계 양태," "자기에 대해 행해져야 할 필수불가결한 반역" 또는 "자기를 자율적 주체로 구성하는 것"(바깥에서 안으로 던져지는 물음), 즉 주체론적 계기(주체화)인 것이다.[7] 비판에 대해 언급할 때마다 '의무,'* '필수불가결'로 표현하고 있다는 사실에서도 알 수 있듯이, 푸코가 진단(존재론)만으로

---

5) Gilles Deleuze, "Qu'est-ce qu'un dispositif?"(1989), *Deux Régimes de fous: Textes et entretiens 1975-1995*, Paris: Minuit, 2003, p.323. [박정태 옮김, 「장치란 무엇인가?」, 『들뢰즈가 만든 철학사』, 이학사, 2007, 482쪽.]

6) Michel Foucault, *L'archéologie du savoir*, Paris: Gallimard, 1969, p.172. [이정우 옮김, 『지식의 고고학』, 민음사, 2000, 190쪽.]

7) Michel Foucault, "Qu'est-ce que les Lumières?"(1984), *Dits et écrits*, t.2: 1976-1988, Paris: Gallimard, 2001, pp.1389~1390. [정일준 옮김, 「계몽이란 무엇인가?」, 『자유를 향한 참을 수 없는 열망』, 새물결, 1999, 190~191쪽.]

* 푸코는 "의무"(devoir/obligation)가 아니라 "해야 한다"(il faut)라고 썼다.

는 불충분하다고 생각한 것은 분명하다. 진단을 통해 현재의 한가운데에서 발견되는 역능은 비판을 통해 주체화되어야 한다.

푸코에게 역능은 현재의 한가운데에서 이미 항상 집단적으로 존재하는 것으로 사유되지만, 이 역능을 자각하고 자기 것으로 삼는 실천(반역)은 어디까지나 각자에 의해 사적으로 행해지는 것으로 사유된다.8) 하코다 테츠는 자신의 훌륭한 푸코론에서 다음과 같이 지적한 바 있다. "인식과 실천은 자기를 무대로 삼아 [서로] 연결된다."9) 푸코에게 존재론(진단)과 주체론(비판)의 접합(정치)은 우리들 한 사람 한 사람의 '자기' 말고는 실천의 장을 갖고 있지 않다. 차이는, 현재의 한가운데에서 이미 집단적으로 차이에 둘러싸여 있다는 의미에서 집단적 또는 공통적인 것이다. 그러나 이 집단적 차이를 자기 것으로 삼는 주체화 과정은 집단적으로 행해질 수 없다. 바로 이 불가능성이 집단적 차이를 사적으로 실천하도록 우리들 한 사람 한 사람을 강제하고 있다. 여기서 푸코가 네그리에게서 멀어지고 들뢰즈에게 가까워지는 지점을 발견해봐야 할 것이다. "사적인 일이 즉각적으로 정치적인 것이 된다."* 네그리가 결코 받아들이지 않을 들뢰

8) Foucault, "Qu'est-ce que les Lumières?," p.1384. [「계몽이란 무엇인가?」, 181~182쪽.]

9) 箱田徹, 『フーコーの闘争: 〈統治する主体〉の誕生』, 東京: 慶応義塾大学出版会, 2013, 214頁. [김상운 옮김, 『푸코의 투쟁: '통치하는 주체'의 탄생』, 도서출판 난장, 근간.]

 * 원래 이 표현은 '소수적인 문학'(La littérature mineure)을 논하는 맥락에서 나온 것이다. "소수적인 문학의 두 번째 특징은 거기서는 모든 것이 정치적이라는 것이다. …… 그것[소수적인 문학]의 협소한 공간으로 인해 각각의 개인적인 문제는 직접 정치적인 것으로 연결된다(son espace exigu fait que chaque affaire individuelle est immédiatement branchée sur la politique)." Gilles Deleuze et Félix

즈의 이 말에, 푸코는 틀림없이 동의할 것이다. 들뢰즈에게 그런 것과 마찬가지로, 푸코에게도 '나'가 곧바로 집단적 차이의 주체가 되는 것이며, '나'가 곧바로 공통[적인 것]의 주체가 되는 것이다. 요컨대 '나'가 곧바로 인민이 되는 것이다. 그리고 '나'가 인민이 될 때 인민도 그와 동시에 뭔가 다른 것이 된다.

어쨌든 이제 네그리에게 배워야 할 것이 분명해지고 있다. 어떻게든 존재론을 견지하는 것, 동시에 주체론을 절대 놓지 않는 것. 진정으로 그 이름에 값하는 정치철학은 존재론과 주체론의 접합 말고는 있을 수 없다는 것을 여기서 한 번 더 분명히 확인하는 것. 정치철학이란 맑스주의 정치철학이며 이것 외에 '정치철학'이라는 이름을 달고 출현하는 담론들은 모두 허언에 불과하다는 사실을 여기서 다시 한 번 확실하게 상기하는 것. 실제로 존재론과 주체론을 무매개적으로 접합하려는 시도만큼이나 스릴 넘치는 정치철학적 행위가 또 어디에 있겠는가? 네그리는 이런 스릴, 이런 '즐거운 앎'의 실천으로 나아가도록 우리를 강력하게 유혹하고 있다. 들뢰즈와 가타리, 푸코와 함께, 아니 그 세 사람이 세상을 떠난 지금 혼자서 말이다.

Guattari, *Kafka: Pour une littérature mineure*, Paris: Minuit, 1975, p.30. [이진경 옮김, 『카프카: 소수적인 문학을 위하여』, 동문선, 2001, 45쪽.] 이 원래의 표현이 다소 변형된 것이 본문에 인용된 표현("C'est dans les minorité que l'affaire privé est imméiatement politique")이다. Gilles Deleuze, *Cinema 2: L'image-temps*, Paris: Minuit, 1985, p.286. [이정하 옮김, 『시네마 2: 시간-이미지』, 시각과언어, 2005, 425쪽. 본서 4장의 각주 26번을 참조하라.]

1장

"그 실에 목매달아 죽어라!"

(존재론을 견지하기 위하여):
네그리와 바디우

その糸で首を吊って死んで、しまえ!
(存在論に踏みとどまるために)
ネグリとバディウ

Negri e Badiou:
Impiccatevi con quel filo!
(perché l'ontologia?)

알랭 바디우와 슬라보예 지젝의 주최로 '코뮤니즘이라는 이념'을 주제로 한 컨퍼런스가 지금까지 두 번 개최됐다.[1] 2009년 3월 런던에서 열린 제1회 컨퍼런스에서 바디우는 「코뮤니즘이라는 이념」이라는 제목의 기조 발표를 했는데, 본인이 코뮤니즘이라고 명명하는 것을 아주 이해하기 쉽게 설명하고 있다.

'코뮤니즘이라는 이념'은 세 가지 요소로 구성된 '지성의 작용'으로 간주된다. 첫째는 정치적 요소이다. 바디우는 이를 '진리' 또는 '진리의 절차'로 명명한 뒤, 근대사의 다양한 혁명을 예로 들면서 "집단적 해방의 새로운 실천과 사상이 출현하고 유지되고 소멸하는, 구체적이며 날짜가 있는 시퀀스"라고 규정한다. 나아가 그런 '진리의 절차'에는 그 진리를 담지하는 '주체'의 존재가 반드시 동반되지만 이

---

1) コスタス・ドゥズィーナス, スラヴォイ・ジジェク 編, 『共産主義の理念』, 長原豊監 訳, 長原豊 外 翻訳, 東京: 水声社, 2012. [현재까지 이 컨퍼런스는 런던(2009년), 뉴욕(2011년), 서울(2013년)에서 열렸다. 잘 언급되지 않는 베를린(2010년) 컨퍼런스까지 포함하면 총 4번 열린 셈인데, 그 결과물은 모두 출판되어 있다. *The Idea of Communism*, London: Verso, 2010; *L'idée du communisme: Volume 2, Berlin, 2010*, Paris: Nouvelles Éditions Lignes, 2011; *The Idea of Communism 2: The New York Conference*, London: Verso, 2013; *The Idea of Communism 3: The Seoul Conference*, London: Verso, 2016.]

주체는 개인으로는 환원될 수 없다고 부언한다. 둘째는 역사적 요소이다. 모든 '진리의 절차'가 역사 속에서 일어난다는 것이 바디우의 논의인데, 주의해야 할 것은 그가 말하는 '역사'가 "다양한 진리들이 맺는 관계"의 변천이라는 점일 것이다. 특정한 '진리의 절차'가 역사 속에서 발생한다고 할 때 그 의미는 특정한 진리가 다른 진리에 어떤 새로운 효과를 낳는다는 것이다. 셋째는 주체적 요소이다. 각각의 '진리의 절차'에 동반되는 '진리의 주체'는 개인으로 환원될 수 없지만 개인이 이 '주체'에 그 일부로서 더해진다. 그리고 이 '주체'가 내건 '진리'를 위해 싸우는 활동가가 되기로 '결의하는,' 문자 그대로 '주체화'의 계기 역시 '코뮤니즘이라는 이념'에 필수불가결한 것으로 여겨진다. 개인은 그 결의를 통해 '진리의 주체'에 더해짐으로써 진리들이 맺는 관계의 변천인 '역사'로의 귀속을 실현하게 된다. 바디우는 이를 다음과 같이 다르게 표현하기도 한다. "코뮤니스트라 함은 한 특정 국가의 코뮤니즘당(공산당) 활동가가 되는 것이었다. 그러나 한 코뮤니즘당의 활동가라 함은 역사 속에서 전 인류를 특정한 방향으로 이끌기 위해 활동하는 무수한 동인들 중 하나가 되는 것이었다. …… 인근 시장에서 선전물을 돌리는 것이 역사의 무대에 오르는 일이기도 했다."2)

따라서 바디우가 '코뮤니즘이라는 이념'으로서 구상하는 위와 같은 '지성의 작용'에서 '발생'하는 것은, 바로 '진리의 절차'와 그 속에서의 '주체'(즉, '당')를 통한 진리와 개인의 마주침이다. 그러나 실

---

2) Alain Badiou, "L'idée du communisme," *L'hypothèse communiste*, Paris: Nouvelles Éditions Lignes, 2009, pp.182~186.

제로 바디우의 사상에는 '진리의 절차'에 선행하고 그것을 가능하게 만드는 또 하나의 계기가 상정되어 있다. 바디우가 '사건'이라고 부르는 것이 이 계기이다. "사건은 상황 속에 내재하는 어떤 가능성의 실현이 아니다. 세계의 초월론적 법칙에 의존한 어떤 가능성의 실현이 아니다. 그것이 아니라, 사건이란 새로운 가능성을 창조하는 것 그 자체이다."[3] 사건에 대해 논할 때 바디우가 강조하는 것은, 새로운 가능성(진리들 사이의 특정한 새로운 관계를 도입할 수 있는 가능성)이 창조되는 계기로서의 사건과 그에 이어지는 시퀀스로서의 '진리의 절차'를 혼동해서는 안 된다는 점이다. 사건은 새로운 가능성 그 자체의 창조이며, 이 가능성이 실현되기 위해서는 어디까지나 사건에 이어 '진리의 절차'가 개시되어야 한다. 따라서 '진리의 절차'란 사건에 의해 창조된 새로운 가능성을 세계 한가운데에 조금씩 기입해나가는 작업(실제로 이 세계 한가운데에 특정한 진리가 다른 여러 진리에 새로운 효과를 낳도록 이끄는 작업)을 말한다.

문제는 다음과 같다. '진리의 절차'가 개시되도록 하는 것이 사건이라면, 사건의 도래를 가능케 하는 것은 무엇인가. 앞서 인용한 글에서 "사건은 상황 속에 내재하는 어떤 가능성의 실현이 아니"라고 했는데, 이는 사건을 가능하게 만드는 조건이 '상황' 속에는 존재하지 않는다는 말이기도 하다. 실제로 바디우는 '상황'을 '사물의 상태,' '스테이트'(상태=국가) 등으로 명명한 다음, 이를 사건에 대립시키고 있다. "권력, 스테이트, 사물의 상태란 바로 자신이 모든 가능성을 독점적으로 갖고 있다고 주장하는 것입니다. 단지 현실을 지배하기만

---

3) Badiou, "L'idée du comrnunisme," p.191.

하는 것이 아닙니다. 무엇이 가능하고 무엇이 불가능한지를 결정하는 것이 스테이트입니다. 이것은 현대의 문제로서도 매우 중요합니다. 오늘날 권력이 우리가 이해하기를 바라는 것은 그 권력 덕분에 모든 것이 잘 되어가고 있다는 점이 아닙니다. 이것이 아니라, 그 권력이 유일하게 가능한 것임을 이해하기 바라지요. 정치적 사건이란, 가능성을 지배하는 권력의 이런 통제로부터 벗어날 새로운 가능성을 출현시키는 것입니다. …… 스테이트란 무엇이 가능하고 무엇이 불가능한가라는 이념을 유포하는 것인 반면, 사건은 불가능하다고 선언된 것을 가능성으로 바꾸는 것입니다."[4] 바디우에게 사건이란 어디까지나 사물의 상태의 '절단'이며, 사건을 가능하게 만드는 조건이 사물의 상태에서 발견되는 일은 결코 없다. 즉 사건의 도래를 가능하게 만드는 조건은 세계(이 세계)에는 존재하지 않는 것이다. 바로 이런 의미에서 바디우는 '사건을 준비한다'는 것에 대해 다음과 같이 이야기한다. "사건은 그것이 지배적인 가능성의 법칙 속에 존재하지 않는 이상 필연적으로 예측 불가능한 것이며, 따라서 사건을 준비한다는 것은 사건을 받아들일 수 있도록 해두는 것입니다. …… 사건을 준비한다는 것은 세계 질서, 즉 지배적 패권이 가능성을 결코 절대적으로 독점하고 있지 않다는 것을 아는 것입니다."[5] 따라서 바디우가 말하는 '이념을 갖고 살아가는 것,' 다시 말해 '코뮤니즘이라는 이념'을 사는 것[生]이란 동시에 두 가지를 하는 것이다. 하나는 다가

---

4) Alain Badiou et Fabien Tarby, *La Philosophie et l'événement: Entretiens*, Meaux: Germina, 2010, pp.20~21. [서용순 옮김, 『철학과 사건: 알랭 바디우, 자신의 철학을 말하다』, 오월의봄, 2015, 26~27쪽.]

올 사건을 위해 항상 준비(마음의 준비)하는 것이고, 다른 하나는 과거에 도래한 사건에 의해 이미 가능해지고 있는 '진리의 절차'를 계속하는 것이다. 바디우는 이렇게 말한다. "정치적 주체는 항상 두 가지 사건 사이에 놓여 있습니다. 정치적 주체 앞에 사건과 상황의 대립만 있는 것은 아닙니다. 정치적 주체는 가까운 과거나 먼 과거에 일어난 여러 가지 사건들의 작용을 통해 형성된 하나의 상황 속에 있으며, 선행하는 사건과 도래할 사건의 둘-사이entre-deux입니다."6) 바디우 본인을 예로 들어보면, 그 역시 도래할 사건을 위해 준비를 하고 있을 뿐만 아니라(스테이트가 규정하는 가능성/불가능성 분할이 절대적인 것이 아님을 깊이 명심하는 것) 과거의 사건(바디우에게는 특히 1968년 5월)을 통해 개시된 '진리의 절차'에 결의를 갖고 참여하며 살고 있다. 그리고 지금까지 살펴본 논의의 생산 그 자체가, 바디우에게는 '진리의 주체'('당')의 무수한 동인 중 하나로서 역사의 무대에서 투쟁하고 있는 것(과거의 사건에 의해 창조된 가능성이 이 '세계' 속에서 점차 실현되어가도록 이끄는 것)과 다름없다.

네그리는 바디우와 지젝이 주최한 '코뮤니즘이라는 이념' 컨퍼런스에 두 차례 모두 초대됐는데, 특히 2010년 6월 베를린에서 개최된 제2회 컨퍼런스*의 발표문 「맑스 없이 코뮤니스트가 되는 것은 가능한

---

5) Badiou et Tarby, *La Philosophie et l'événement*, p.22. [『철학과 사건』, 29~30쪽.]

6) Badiou et Tarby, *La Philosophie et l'événement*, p.23. [『철학과 사건』, 30쪽.]

* 개최 시기상으로 보면 뉴욕(2011년)이 아니라 베를린(2010년)에서 열린 행사를 제2회 컨퍼런스로 보는 것이 맞다. 앞의 '각주 1번'을 참조하라.

가?」는 우리가 주목할 만하다. 이 발표에서 네그리는 우리가 지금껏 살펴본 바디우의 논의를 근본부터 철저하게 비판하고 있다. 네그리의 발표의 핵심이라고 할 수 있는 부분의 전문을 살펴보자.

바디우에게 실제로 진리에 대한 보증을 이루는 것은 이성의 독립, 즉 이데올로기적 자율의 일관성뿐이다. 코뮤니즘의 정의가 결정되는 것은 바로 오직 이런 조건 아래에서이다. [질] 들뢰즈와 [펠릭스] 가타리는 "이는 다양체를 가장한 채 상위의 철학이라는 낡은 관념으로 회귀하는 것 아닌가"라고 묻는다. 그러므로 바디우에게서 주체와 혁명적 단절[절단]의 존재론적 조건이 어디에 존재하는지를 알기는 매우 어렵다. 실제로 바디우에게 모든 대중 운동은 프티부르주아지의 퍼포먼스이며, 물질적 또는 인지적 노동의, 계급 또는 '사회적 노동'의 모든 무매개적[직접적] 투쟁은 결코 권력의 실체를 건드리지 못할 그 무엇이다. 프롤레타리아 주체들의 집단적 생산 능력의 확대는 체제 논리로의 종속이 확대되는 것에 지나지 않을 것이다. 그래서 [투쟁의] 목표에는 결코 도달하지 못할 것이고, 주체는 정의될 수 없을 것이다. 만약 주체가 이론에 의해 생산되지 않는다면, 훈육되지 않는다면, 진리에 맞게 바뀌지 않는다면, 정치적 실천을 넘어 그리고 역사를 넘어 사건의 수준으로 고양되지 않는다면 말이다. 그러나 바디우의 사유를 계속 따라가 본다면, 이런 지적들은 남아 있는 다른 문제들에 비해 사소한 것이다. 바디우에게는 특수하게 규정된 투쟁의 모든 맥락이, (이론과 투쟁 경험이 그 맥락에 전복적 역능을 부여해줄지라도) 순전히 꿈같은 환상으로 보일 뿐이다. 예컨대 '구성권력'을 주장하는 것은 상상 속에만 존재하는 '자연권'이 혁명적인 정치적 역능으로 변형되는 꿈일 것이다. [바디우가 보기에는] '사건'만이 우리를 구원할 수 있다. 사건을 결정할 수 있는 모든 주체적 실존의 외부에 있는 그런 사건, 사건의 장치들을 운용하는 모든 전략적 화용론의 외부에 있는 그런 사건만이. 바디우에게 **사건**(그리스도의 십자가형과 부활, 프랑스 혁명, 중국의 문화 혁명 등)은 항상 **후험적으로** 규정되며, 따라서 역사의 산물이 아니라 전제이다. 결국에는 역설적이게도 혁명적 사건은 예수 **없이**, 로베스피에르 **없이**, 마오 **없이** 존재하게 된다. 그러나 사건 생산의 내적 논리가 부재한 상태에서 사람들이 어떻게 사건과 신앙의 대상을 구별할 수 있겠는가? 실제로 바디우는 통상적으로 테르툴리아누스가 했다고 알려진 신비주의적 단언, 즉 "불합리하기에 믿는다"credo quia absurdum를 반복하는 데 그친다. 여기서 존재론이 완전히 일소된다. 그리고 코뮤니즘에 관한 논증은 몰아치는 광기로 환원되거나 정신이 하는 일로 환원된다. 들뢰즈와 가타리를 인용해 간결하게 말하면 다음과 같다. "[바디우에 따르면] **사건** 자체는 특이성으로서보다는 공백의 초월성 혹은 공백으로서의 그 진리 안에서 자리에 부가되거나 삭제되는 따로 떨어진 불확실한 점으로 나타난다(혹은 사라진다). 따라서 우리로서는 사건의 자리가 놓이는 상황에 사건이 소속되는지의 여부를 결정할 수 없다(결정 불가능함). 반면에 어쩌면 사건에 자격을 부여해 사건이 상황에 관여하도록 하는 주사위 던지기와도 같은 어떤 개입, 즉 사건을 '만들어내는' 역능이 있을지도 모른다."7)

<hr />

7) Antonio Negri, "È possibile essere comunisti senza Marx?"(2010), *Il comune in rivolta: Sul potere costituente delle lotte*, Verona: Ombre Corte, 2012, pp.47

여기서 네그리가 비판하는 것은, 단적으로 말하면 컨퍼런스의 제목에도 나와 있는 '코뮤니즘이라는 이념'(이념으로서의 코뮤니즘) 자체이다. 여기서 네그리는 코뮤니즘은 이념도 아니고 이데올로기(이념론)의 문제도 아니며, 바로 존재론의 문제와 다르지 않다고 주장하고 있다. 바디우가 주장하는 '코뮤니즘이라는 이념'에서 네그리가 가장 문제 삼는 것은 "존재론이 완전히 일소된다"는 점이다.

발표 제목에 나와 있는 "맑스 없이 코뮤니스트가 되는 것은 가능한가?"(다시 말해, 맑스주의자이지 않고도 코뮤니스트일 수 있는가?)라는 물음에 대한 네그리의 대답은 처음부터 정해져 있다. 그 대답은 명백히 "아니오"이다. 맑스 없이 코뮤니스트가 되는 것은 불가능하다. 그리고 '코뮤니즘이라는 이념'(존재론 없는 코뮤니즘)은, 네그리에게는 바로 맑스 없는 코뮤니즘, 맑스주의이기를 멈춘 코뮤니즘이다(곧 살펴보겠지만 바디우에게는 그렇지 않다). 여기서 중요한 것은 네그리에게 존재론이 바로 맑스의 것, 맑스주의의 것이라는 점이다. 네그리의 관점에서 봤을 때 바디우가 사건(혁명)의 도래를 "예수 없이, 로베스피에르 없이, 마오 없이"(또는 레닌 없이) 파악할 수밖에 없는 것은, 바디우의 사건론(혁명론)에 존재론으로서의 맑스주의가 결여되어 있기 때문이다. 요컨대 맑스만이, 그 존재론만이 "사건 생산의 내적 논리"를 우리에게 줄 수 있는 것이다.

그렇다면 도대체 맑스의 존재론이란 무엇인가? 그것은 무엇보다

~48. [본서의 '부록 1'을 참조하라(191~192쪽).] 네그리가 질 들뢰즈·펠릭스 가타리로부터 가져온 두 인용문은 다음의 책에 나온다. Gilles Deleuze et Félix Guattari, *Qu'est-ce que la philosophie?*, Paris: Minuit, 1991, pp.143~144. [이정임·윤정임 옮김, 『철학이란 무엇인가』, 현대미학사, 1999, 217~218쪽.]

도 먼저 사건의 도래를 가능하게 만드는 조건(사건을 '만들어내는' 역능)을 우리가 살고 있는 '사물의 상태'('역사' 또는 '상황')의 한가운데에서 발견하는 것, 즉 사물의 상태의 '절단'으로서 도래하는 사건(사건을 '절단'으로 간주한다는 점에서는 네그리와 바디우 사이에 차이가 없다)의 조건을 사물의 상태 그 자체 속에서 발견하는 것이며, 나아가 특히 사물의 상태를 '노동'의 차원에서 파악하는 것이다. 요컨대 혁명을 만들어내는 역능을 노동 그 자체에서 발견하는 것, 이것이 바로 네그리에게 유일하게 가능한 '코뮤니스트 되기,' 즉 맑스와 함께 코뮤니스트가 되는 것이다.

　노동의 절단으로서 도래하는 혁명은 노동 자체에서 혁명의 조건을 발견한다. 혁명은 노동의 산물이지 노동의 전제가 아니다. 실제로 바디우의 맥락에서 '진리의 절차'가 이야기될 때 문제가 되는 것은 과거에 이미 도래한 혁명을 전제로 한 노동이며, 그런 혁명 자체는 전혀 노동에 의해 생산된 것으로 간주되고 있지 않다(바디우 본인이 '세계' 한가운데에서의 가능성의 단계적 실현으로 간주하는 '진리의 절차'라는 이 '노동' 역시, 네그리의 관점에서 보면 어디까지나 '이데올로기의 자율성' 안에서만 전개되는 것이고 '세계'로부터 독립된 상태로 존재하는 이성의 작용에 지나지 않으며 존재론적 차원을 결여하고 있다). 바디우에게 혁명이 '필연적으로 예측 불가능한 것'이라고 여겨지는 것은, 그 도래를 가능하게 만드는 조건이 그에게는 정말로 사물의 상태, 즉 노동 안에서 결코 발견될 수 없는 것이기 때문이다. 더 정확하게 말하자면, 바디우에게 노동은 혁명의 도래의 조건을 전혀 포함하고 있지 않은 것으로 간주될 뿐만 아니라, 나아가 가능성/불가능성에 대한 지배적 분할을 절대적으로 겪을 수밖에 없는 것으로서 혁명에 적극적으로 대립시켜야 한다고 간주되기까지 한다. 네그리가 바디우를 비판하며, "프롤레타리아 주체들의 집단적 생산 능력의 확대는 체제 논리로의 종속이 확대되는 것에 지나지 않을 것"이라고 지적하는 것은 바로 이런 의미에서이다. 여하튼 바디우에게 혁명은 어디까지나 '기다리는' 대상이지 '만들어내는' 대상일 수 없으며, 다가올 혁명에 대해 우리가 할 수 있는 것이라고는 고작 그것을 '받아들일 수 있도록' 항상 준비태세를 갖추고 있는 것 정도에 지나지 않는다. 네그리의 관점에서 보면 이는 바디우에게 존재론이, 특히 맑스의 존재론(존재=노동)이 결여되어 있기 때문이다.

네그리에게 혁명이란 노동이 노동 자체에 대해 반기를 드는 것이며, 이로써 혁명은 이 세계 한가운데에 그 존재론적 조건을 확실히 갖고 있다. 그리고 바로 이 때문에 혁명은 프롤레타리아 주체들에게 있어 단지 '기다리는' 것이 아니라 '만들어내는' 것이 가능한 대상이된다. 또한, 네그리에게 노동은 그 자체로 항상 이미 노동에 대항하는 투쟁을 구성하는 것(경제 투쟁은 항상 이미 시작되고 있다)이기도하며, 이 항상 일어나는 투쟁의 절대적 형태야말로 혁명(정치 투쟁)인 것이다(4장에서 상세히 살펴보겠지만, 네그리에게 경제 투쟁의 상대성에서 정치 투쟁의 절대성으로의 이행은 일체의 매개 없이 진행되는 것으로 간주된다). 혁명을 만들어내는 역능을 노동 자체에서 발견하는 이 혁명론이 존재론으로서의 맑스와 함께 하는 것으로 여겨지는 것은, 네그리의 발표 말미에 인용되기도 한 맑스의 구절을 네그리가 독자적인 방식으로 충실하게 따르고 있기 때문이다. "노동은 대상으로서는 절대적 빈곤이지만, 주체이자 활동으로서는 부의 일반적 가능성"이다.* 네그리에게 『정치경제학 비판 요강』의 이 한 구절을 충실히 따르는 것은, 특히 오늘날의 경우, "사회에 대한 자본의 포섭" 또는 "전지구적 차원의 착취에 대한 저항의 내재성" 안에서 "주체성을 생산하는 법칙"을 결코 놓치지 않는 것을 의미한다. '코뮤니즘이라는 이념'이라는 컨퍼런스에서 "맑스 없이 코뮤니스트가 되는 것은 가능한가?"(코뮤니즘은 이념인가?)라고 물으며 컨퍼런스 자체를 비판하는 네그리의 발표 및 바디우 비판은, 앞서 언급한 맑스의 구절을 받아 안은 서술로 마무리된다. "우리는 어떻게 이런 방식으로 노동을 파악할 수 있을까? 즉, 우리는 어떻게 노동을 사회학적 **대상**으로서가 아니라 정치적 **주체**로서 파악할 수 있을까? 바로 이것이 문제이며 탐구되어야 할 대상이다. 코뮤니즘에 대해 말하는 것은 이 문제를 해결함으로써만 가능하다. 필요하다면(거의 항상 필요하다) 손을 더럽힐 수도 있다. 그밖의 것은 모두 지식인중심주의적 잡설이다."**

❧

사물의 상태 속에 손을 넣어 더럽히려고는 전혀 하지 않고 그것과는 독립된 이념의 자율적 공간을 확보한 뒤에 거기서 시종 지성인중심주의적 잡설을 늘어놓기 때문에 혁명을 만들어내는 역능을 결코 손에 쥘 수 없다고 여겨진 바디우, 맑스와 함께 있는 것을 그만뒀기 때

---

* Negri, "È possibile essere comunisti senza Marx?," p.50. [본서, 195쪽.] 맑스로부터 가져온 인용문은 다음의 책에 나온다. Karl Marx, "Grundrisse der Kritik der politischen Ökonomie"(1857/58), *Karl Marx/Friedrich Engels Werke*, Bd.42, Berlin: Dietz Verlag, 1983, p.218. [김호균 옮김, 『정치경제학 비판 요강 I』, 그린비, 2007, 299쪽.]

** Negri, "È possibile essere comunisti senza Marx?," pp.49~50. 강조는 인용자. [본서, 195쪽.]

문에 또는 처음부터 한번도 맑스주의자였던 적이 없기 때문에 사물의 상태 한가운데에서 손을 더럽히면서 노동하고 있는 프롤레타리아 주체들의 그 노동에서 "체제 논리로의 종속"밖에 발견하지 못하고 자신은 순수 이성이라는 높은 곳으로 물러나 하계에서 '절대적 가난'을 겪는 그들을 내려다보면서 그저 탁상공론을 반복하고 있을 뿐인 지식인으로 여겨진 바디우는, 네그리의 이런 비판에 어떻게 응답할까? 결론부터 말하자면, 바디우의 응답은 대략 다음과 같다. 분명 나는 손을 더럽히지 않는다. 그리고 혁명의 가능성이 손을 더럽힘으로써 얻을 수 있는 것이라고 생각지도 않는다. 그러나 그것은 내가 맑스주의자이기를 그만뒀기 때문이 아니다. 오히려 그 반대이다. 내가 혁명을 손을 더럽히는 일 없이 '기다리는' 수밖에 없는 대상으로 생각하는 것은, 맑스에 철저히 충실하기 때문에 빚어진 필연적인 귀결이다. 네그리가 말하는 것처럼 '손을 더럽히는' 것으로 되는 것이었다면 나도 얼마나 좋겠는가. 맑스가 나에게 제시하는 것은 바로 손을 더럽혀도 아무것도 되지 않는다는 불가능성, 혁명이 그 도래의 조건을 존재론적 차원(사물의 상태)에서는 결코 확보할 수 없다는 불가능성이다. "맑스 없이 코뮤니스트가 **되는** 것" 이외에 오늘날 "맑스**와 함께** 코뮤니스트가 되는 것"은 불가능하다…….

2011년 '정세' 시리즈의 제6권으로 출간된 『역사의 각성』에 있는 「오늘날의 자본주의」(1장)[8]라는 제목의 글은 네그리의 비판에 대한 바디우의 반론이다. 이 글의 주요 부분을 아래에 인용한다.

---

8) Alain Badiou, "Le capitalisme aujourd'hui," *Le Réveil de l'histoire*, Paris: Nouvelles Éditions Lignes, 2011, pp.17~27.

나에게 종종 가해지는 비판으로 …… 내가 현대 자본주의의 특징들을 문제 삼고 있지 않다, 내가 어떤 '맑스주의 분석'도 하지 않고 있다는 비판이 있다. 그렇기 때문에 나에게 코뮤니즘은 땅에 발을 딛고 있지 않은 이념일 뿐이며 나는 현실에 전혀 뿌리를 두고 있지 않은 관념론자라고 여겨진다. …… 예컨대 안토니오 네그리는 …… 사람들 앞에서 나를 맑스주의자도 아니면서 코뮤니스트라고 우기는 사람의 대표적인 예로 들었다. …… 이 글에서 말해두고 싶은 것은 나 역시 맑스주의자라는 점이다. …… 맑스주의는 경제학의 한 갈래(생산관계들에 대한 이론)도 사회학의 한 갈래('사회적 현실'에 대한 객관적 묘사)도 아니며 철학(모순에 대한 변증법적 사유)도 아니다. 맑스주의란 현존 사회에 대한 이해를 바탕으로 평등과 이성적인 집단적 조직화를 전개하는 데 필요하다고 여겨지는 정치수단에 대한 체계적인 지식이며, 바로 그런 집단적 조직화를 '코뮤니즘'이라고 부르는 것이다. 부언해두고 싶은 것은, 현대 자본주의의 모든 '객관적' 여건에 대한 나의 인식이 특별히 부족하다고 생각되지 않는다는 점이다. [바디우는 여기서 지구화와 경제의 금융화 같은 '여건'을 예로 든다.] 문제는 이런 다양한 요소들의 총체가 새로운 자본주의, 예컨대 들뢰즈·가타리가 말하는 '욕망하는 기계'라는 이름에 상응하는 자본주의, 새로운 유형의 (지금껏 예속 상태에 있었던 '구성권력'이 반란을 향하도록 재촉하는) 집단지성을 스스로 산출해버리는 자본주의, 국가라는 종래의 권력을 초월하는 자본주의, 다중을 프롤레타리아화해 프티부르주아들을 비물질노동자로 바꾸는 자본주의, 요컨대 코뮤니즘이 그 직접적인 이면을 이루고 있는 것 같은 자본주의, 그 주체가 잠재적인 코뮤니즘 주체와 일치하고 이 코뮤니즘의 역설적인 실재를 떠

받치고 있는 자본주의를 구성하고 있는가라는 점에 있다. 코뮤니즘으로의 변신 그 전야에 있다고 간주되는 자본주의, 이것을 긍정하는 것이 …… 네그리의 입장이다. [……]

그러나 나의 입장은 이와 정반대이다. 내가 볼 때 현대 자본주의는 종래의 자본주의로 간주된 모든 특징들을 계속 보유하고 있다고 말할 수밖에 없다. 현대 자본주의는 자본주의에 관해 예측될 수 있는 것에 엄밀하게 부합하며, 계급 행동이 결연하게 반복되어 국소적으로는 승리하더라도 그것에 의해 자본주의의 논리 자체가 방해를 받는 일은 이제 없다. …… 요컨대 현대 세계는 맑스가 그 천재적인 선취를 통해, 말하자면 진정한 사이언스 픽션이라고 말할 법한 것을 통해 예고했던 것, 즉 맑스가 자본주의의 비이성적인(더 분명히 말하면 괴물 같은) 잠재성의 전면적 전개로 예고했던 것이다. 자본주의는 전 인민의 운명을 한 줌의 독재자들의 채워지지 않는 금융적 욕망에 맡겨버린다. 이런 의미에서 자본주의는 악당들에 의한 체제인 것이다. 실제로 상속인들과 벼락부자들로 이뤄진 무리의 양보 없는 사리사욕에 따라 세계의 법이 정해져버리는 사태를 도대체 어떻게 받아들일 수 있다는 것인가? 하나같이 이익을 불리는 것만을 자신의 금과옥조로 여기는 무리를 '악당'이라고 부르는 것은 이성에 적합한 것 아닌가? …… 확실히 맑스는 위와 같은 자본주의의 전면적인 전개의 무서움을 명석하게 지각하면서 코뮤니즘 깃발 하의 프롤레타리아 혁명이 그것을 끊어내어 우리를 해방시킨다고 생각했다. 그의 머릿속에 있었던 것은 분명 "코뮤니즘이냐 야만이냐"라는 양자택일이었다. 그리고 20세기의 적어도 2/3 동안 이런 맑스의 정확함을 보여주려는 수많은 훌륭한 시도들이 전개됐고, 실제로 특히 제2차 세계대전 뒤에는 그런 시도들이 자본주의의 논리에 감속과 우회를 크게 부과했다. 그러나 약 30년 전부터 …… 우리는 자본주의의 진정한 본성과 사회의 반응에 대한 맑스의 모든 예언이 끝내 입증되는 상황을 목도하는 이상한 특권을 누리고 있다. 우리가 있는 곳은 바로 야만이며, 우리는 그저 야만의 깊은 곳으로 돌진하고 있을 뿐이다. 그런데 이 야만은 그 세부에 이르기까지, 조직화된 프롤레타리아트의 역능이 결코 허락하지 않을 것이라고 맑스가 기대했던 바로 **그** 야만이다. …… 확립된 질서로부터의 진정한 탈출을 목적으로 한 파괴적인 동시에 창조적인 어떤 능력의 발휘를 '각성'이라고 부른다면, 역사를 각성시키는 것은 자본주의일 수도 그것에 복무하는 정치인들일 수도 없다. 이런 의미에서 프랜시스 후쿠야마는 틀리지 않았다. 근대 세계가 그 전면적인 전개에 이르러 자신이 머지않아 죽을 운명임을 자각한 이상, 이제는 '역사의 종언'을 생각하는 것 외에 행해져야 할 것이 아무것도 없다. …… 유일하게 가능한 각성은, 하나의 이념이 거기에 뿌리내리게 되는 한에서 인민의 이니셔티브에 의한 각성이다.

코뮤니즘은 이념이며, 혁명의 도래 가능성은 존재론적 차원으로는 확보될 수 없고, 역사의 각성은 프롤레타리아트가 아니라 어디까지나 '인민'의 이니셔티브에 의해 이뤄진다. 중요한 것은 바디우의 이런 코뮤니즘론이 바디우 본인에게는 어디까지나 맑스와 계속 함께 함으로써 가능한 일이라고 여겨진다는 점이다. 바디우의 논의, 즉 자본주의에 대한 대안으로서 얼마간 계속 기대를 품을 수 있었던 사회주의 국가들이 붕괴하고(특히 바디우에게 중요한 중국의 경우, 정말로 코뮤니즘이라는 이름에 값하는 최후의 대중운동으로서의 문화혁명이 실패로 끝나고) 그 국가들이 과격한 국가자본주의로 달아난 30년 전부터, 우리는 맑스에 의해 이미 예언됐던 자본주의의 본성 전체가 전면적으로 전개되는 세계, '악당들'의 과두체제로서의 '야만'이 그 순수 상태에서 실현되고 있는 세계를 살고 있는 것이며 순전한 '야만'이 된 오늘날의 사물의 상태에 그 '직접적인 이면'으로서 코뮤니즘의 가능성의 존재론적 조건을 발견하는 것 따위는 전혀 불가능하다는 논의는, 바디우 본인의 입장에서는 정말로 맑스주의적인 정세 분석에 기초한 것이다. 혁명을 만들어내는 역능을 노동에서 발견하는 존재론으로서의 맑스주의에 대한 바디우의 실효^{失效} 선언 혹은 '역사의 종언' 선언은, 바디우 본인의 관점에서는 틀림없이 맑스주의에서 연원한 것이다. 그리고 이제 혁명은 (영원한 잠을 선언당한 역사가 각성한다 해도) 우리의 노동자로서의 이니셔티브에 의해서는 일어날 수 없고 **노동이라는 규정적 틀 바깥에 있는** '인민'으로서의 이니셔티브에 의해서만 일어날 수 있다(요컨대 맑스의 존재론에 기초해서는 더 이상 일어날 수 없다)는 바디우의 혁명론 또한 바디우 본인의 관점에서는 맑스의 존재론을 충실히 따른 것이다.

⚜

그러나 이상의 바디우의 논의는, 사물의 상태(자본주의와 그 아래에 있는 노동)에서 혁명의 불가능성을 본다는 점에서 네그리가 바디우 비판에서 근거로 삼은 들뢰즈·가타리의 논의이기도 하지 않은가? 실제로 "맑스 없이 코뮤니스트가 되는 것은 가능한가?"라는 문제설정 속에서 네그리가 들뢰즈·가타리에게 부여하는 위치는 매우 미묘하다. 발표문에서 네그리는 바디우를 비판하기에 앞서 들뢰즈·가타리를 언급하며 다음과 같이 말하고 있다.

> 맑스주의자가 아니면서 코뮤니스트일 수 있을까? 프랑스의 '마오주의'는 한 번도 맑스와 긴밀한 적이 없었지만 …… 가령 질 들뢰즈와 펠릭스 가타리는 매우 효과적인 방식으로 맑스주의자가 아니면서 코뮤니스트였기 때문에 들뢰즈 사후에 들뢰즈가 『맑스의 위대함』이라는 저작을 준비하고 있었다는 소문이 돌기까지 했다. 들뢰즈와 가타리는 [자신들이 창안한] 집합적 배치와 방법론적 유물론을 통해 맑스주의에 다가서는 동시에 종래의 사회주의(특히 사회주의에 대한 유기체적 관념, 혹은 코뮤니즘에 대한 국가주의적 관념 일체)와 거리를 두며 공통적인 것을 구축한다. 그러면서도 그들은 틀림없이 자신들이 코뮤니스트라고 선언했다. 왜일까? 왜냐하면 맑스주의자가 아니면서도 그들은 실천에, 코뮤니스트적 전투성에 항상 열려 있는 사유의 운동 속에 몸담고 있었기 때문이다. 특히 그들의 유물론은 존재론적이었고, 그들의 코뮤니즘은 바로 변혁적 실천의 천 개의 고원에서 전개됐다. 그들에게는 역사, 주체성의 동학을 생산하고 이해하는 데 종종 도움이 될 수 있는 실증적 역사가 결여되어 있었다(푸코에게는, 그런 장치가 최종적으로 비판적 존재론 속에 재통합됐다). 물론 그런 역사가 실증주의적 역사서술이 될 수도 있다. 그러나 때때로 역사는 역사주의에 전형적인 저 연대기적 허울 없이, 사건들을 과도하게 강조함 없이, 유물론적 방법론의 내부에 기입될 수[도] 있다. 그리고 들뢰즈와 가타리에게서 일어난 일이 정확히 이것이었다.[9]

---

9) Negri, "È possibile essere comunisti senza Marx?," pp.44~45. [본서, 187쪽.]

따라서 네그리가 들뢰즈·가타리를 맑스주의자로 간주하지 않는 것은, "주체성의 동학을 생산하거나 이해하는 데 종종 도움이 되는" 것으로서의 역사가 그들에게 결여되어 있다는 이유에서이다. 4장에서 상세히 살펴보겠지만, 실제로 예컨대 네그리와의 대담에서 들뢰즈는 '훈육사회'에서 '통제사회'로의 이행을 논하기는 하지만 이 이행으로 인해 코뮤니즘에 더 가까워진 것 아닌가(통제사회는 '자본의 코뮤니즘'인 것은 아닌가)라는 네그리의 질문에 긍정으로 대답하지 않는다.* 바디우 비판에서 네그리가 채택하고 있는 것은 『철학이란 무엇인가』인데, 주지하듯이 들뢰즈·가타리는 본인들의 이 마지막 공저에서 역사에 '생성' 혹은 '되기'를 대립시키며 후자를 자신들이 전개한 사건론의 핵심으로 설정했다("역사가 사건에 대해 포착하는 것은 '사물의 상태' 혹은 체험 안에서의 사건의 실현일 뿐이지만, 사건은 자신의 생성 안에서, 자신의 일관성 자체에서, 개념으로서의 자신의 자립 속에서 역사를 벗어난다").10)

"프랑스의 마오주의" 혹은 바디우는 "한 번도 맑스와 긴밀한" 적이 없었기 때문에 코뮤니스트가 될 수도 없다고 선언하는 네그리가

---

* "통제사회 혹은 소통사회가 '자유로운 개인들의 횡단적 조직화'로 인식되는 코뮤니즘에 새로운 기회를 줄 수 있는 저항 형태들을 가져오지 않겠는가라고 질문하셨는데, 글쎄요, 그럴 수도 있겠지요. 하지만 그것은 소수자가 다시 말할 수 있는 것과는 별 상관이 없을 것입니다. 말, 소통이 [거기에서는] 이미 부패되어 왔으니까요." Gilles Deleuze, "Contrôle et devenir"(1990), *Pourparlers 1972-1990*, Paris: Minuit, 1990, p.237. [김종호 옮김, 「통제와 생성」(1990), 『대담 1972~1990』, 솔, 1993, 195쪽.]

10) Deleuze et Guattari, *Qu'est-ce que la philosophie?*, p.106. [『철학이란 무엇인가』, 162쪽.]

들뢰즈·가타리는 '맑스 없이 코뮤니스트가 되는' 것이 가능한 일종의 예외로서 자리매김하는 것은, 그들의 논의의 주축을 이루는 '생성'(들뢰즈·가타리의 방법론적 유물론) 안에 역사가 기입되어 있다고 보기 때문이다. 즉 들뢰즈·가타리는 맑스주의가 어디까지나 역사의 존재론이라는 의미에서 역사로 환원되지 않는 것으로서의 생성을 이야기하기 때문에 확실히 맑스주의자가 아니지만, 생성을 (맑스주의의 경우 역사에서 발견되는) 존재론적 차원('존재')이 그 안에 기입되어 있는 것으로 이야기함으로써 맑스주의자가 아닌 채로 코뮤니스트일 수 있는 것이다. 생성은 "역사 안에서 생겨나 다시 역사로 떨어지지만, 그럼에도 불구하고 역사는 아니다."[11] 들뢰즈·가타리는 생성을 '개념'이라고 부르기도 하는데, 그들이 말하는 개념은 바디우의 '이념'에 대해 네그리가 야유하며 말하는 '광기'도 '정신이 하는 일'도 아니며 그 조건이 존재론적으로 규정되는 것이다.

들뢰즈·가타리와 바디우의 차이는 가장 간결히 다음과 같이 말할 수 있을 것이다. 들뢰즈·가타리는 바디우가 사물의 상태에서 발견한 '혁명의 불가능성'을 그대로 '혁명적이 되기'의 존재론적 조건으로 간주한다고 말이다(잘 알려진 들뢰즈·가타리에게 생성은 항상 이중의 생성이다. 사람이 개가 되는 것은 개 역시 뭔가 다른 것이 되는 경우로 한정된다. 혁명에 대해서도 동일하다. 사람이 혁명적이 되는 것은 혁명도 뭔가 다른 것이 되는 경우로 한정되며, 들뢰즈·가타리가 말하는 '혁명적이 되기'와 '혁명'이 엄격하게 구별되는 이유가 바로 여기에 있다).

---

11) Deleuze et Guattari, *Qu'est-ce que la philosophie?*, p.106. [『철학이란 무엇인가』, 162쪽.]

바디우에게 '혁명'으로 간주되는 '사건'은, '가능성'을 그 조건으로 삼고 있는 한, 사물의 상태에서는 발견될 수 없다. 이에 반해 들뢰즈·가타리에게 '혁명적이 되기'로 간주되는 '사건'은 '혁명의 불가능성'을 그 조건으로 삼기 때문에 사물의 상태에서 발견될 수 있다. 네그리가 바디우 비판에서 인용한 들뢰즈·가타리의 구절에 있는 "사건을 '만들어내는' 역능"이란, 들뢰즈·가타리 본인에게는 이 '혁명의 불가능성'과 다름없으며(네그리에게는 그렇지 않다), 바로 이런 의미에서 그들은 그것을 프란츠 카프카를 좇아 '견디기 힘든 것'으로 부르기도 하고 프리모 레비를 좇아 '치욕'으로 부르기도 한다. 또한 바로 이런 의미에서 들뢰즈·가타리는 '사건을 만들어내는' 행위를 '실험'이라고 고쳐 부른 다음, 그 조건으로서의 역사(사물의 상태)를 '거의 부정적으로' 묘사한다. "역사는 실험이 아니라, 단지 역사를 벗어나는 무엇인가의 실험을 가능케 하는, 거의 부정적인 조건들의 총체일 뿐이다. 역사가 없다면 실험은 규정되지 않은 채, 조건 지어지지 않은 채로 남겠지만, 그러나 실험은 역사적이 아니라 철학적이다."12)

바디우와 들뢰즈·가타리의 이런 차이는 다음과 같은 관점에서도 발견될 수 있다. 현대 자본주의를 악당들에 의한 과두체제일 뿐이라고 판단하는 바디우의 견해를 들뢰즈·가타리도 공유한다. 실제로 다음의 구절에서 들뢰즈가 '바보들'idiots이라고 부르는 자들은 바디우가 말하는 '악당들'과 엄밀하게 똑같은 놈들이다. "우리에게는 하나의 윤리, 하나의 믿음이 필요하다. 이렇게 말하면 바보들은 웃을 것

---

12) Deleuze et Guattari, *Qu'est-ce que la philosophie?*, p.106. [『철학이란 무엇인가』, 163쪽.]

이다. 그러나 우리에게 필요한 것은 뭔가 다른 것을 믿는 것이 아니라 이 세계를 믿는 것, 즉 바보들도 그 일부를 이루고 있는 이 세계를 믿는 것이다."[13] '이 세계'를 단적으로 '야만'이라고 생각하는 바디우에게 들뢰즈·가타리는 틀림없이 동의할 것이다. 그러나 들뢰즈·가타리는 여전히 야만으로서의 이 세계, 악당들도 그 일부를 이루고 있는 이 세계를 믿는다는 점에서, 이 세계와 다른 별도의 세계인 이념(저세계)을 믿는 바디우와 확연히 구별된다. 그렇지만 들뢰즈·가타리에게 "바보들도 그 일부를 이루고 있는 이 세계를 믿는다"는 것은, 네그리와 달리 바보들이 좌지우지하는 세계에서도 여전히 혁명의 가능성을 발견한다는 것이 아니다(들뢰즈·가타리에게도 "프롤레타리아 주체들의 집단적 생산 능력의 확대는 체제 논리로의 종속이 확대되는 것에 지나지 않을 것이다"). 그것이 아니라, 바보들의 완전한 과두체제 아래에 놓인 이 세계의 순전한 야만, 혁명의 불가능성, 그 치욕, '견디기 힘든 것'을 모두 "사건을 '만들어내는' 역능"으로 발견하는 것이며, 나아가 이 역능에 의해 만들어지는 사건, 즉 "혁명적이 되기"(개개의 나와 인민 사이의 이중의 생성으로서의 '집단적 배치')를 '이 세계'에 확실히 도래시키는 것이다. 바디우에게 결여되어 있는 것은 이 존재론으로서의 믿음, 이 윤리로서의 존재론이다. 들뢰즈·가타리의 관점에서, 바디우가 코뮤니즘을 순수하고 완전한 이념이라는 높은 곳('모든 것을 뛰어넘는 것으로서의 철학')에 두는 것은 악당들의 웃음을 사고 싶지 않다는 생각 때문이라고 할 수 있을 것이다.

---

13) Gilles Deleuze, *Cinéma 2: L'Image-temps*, Paris: Minuit, 1985, p.225. [이정하 옮김, 『시네마 2: 시간-이미지』, 시각과언어, 2005, 340쪽.]

네그리와 바디우는 '사건'의 이름으로 '혁명'을 문제 삼는다는 점에서 같고, 네그리와 들뢰즈·가타리는 존재론을 결코 놓지 않는다는 점에서 같다. 바디우와 들뢰즈·가타리는 사물의 상태에서 '혁명의 불가능성'을 발견한다는 점에서 같지만, 바디우는 바로 그 때문에 존재론에서 떨어져 나와 곧바로 '이념'이라는 순수 공간에 몸을 두려고 하는 반면 존재론을 끝까지 견지하고자 하는 들뢰즈·가타리는 '사건'을 '혁명'이 아니라 '혁명적이 되기'에 자리매김한다.

바디우, 네그리, 들뢰즈·가타리의 이런 관계는 들뢰즈가 『의미의 논리』에서 '세 가지 철학자상'으로 분류한 것에 완전히 부합한다. 『의미의 논리』에서 들뢰즈는 플라톤, 전前-소크라테스 학파, 스토아 학파를 각각 '전향,' '전복,' '도착'으로 칭한다. 그리고는 플라톤적 전향은 '천공'이라는 '높은 이념'에서, 전-소크라테스적 전복은 '대지'와 그 '깊은 신체'에서, 스토아적 도착은 '표면'(천공과 대지의 접촉면[경계면])과 그 '비물질적[무형의] 사건'에서 각각 구원을 찾는다고 논하고 있다.[14) 플라톤은 천상을 향해 날갯짓을 하며, 전-소크라테스 학파는 땅 속 깊이 파고들어 거기서 망치를 내려치고, 스토아 학파는 막대기로 표면을 두드려 먼지가 날아오르게 만든다……. 실제로 플라톤주의자 테세우스에게 전-소크라테스 학파가 퍼부은 공격으로 들뢰즈가 인용하는 다음의 구절은, 바디우에 대한 네그리의 공격이기도 할 것이다. "높은 곳으로 향하는 네 길, 바깥으로 이끄는 네 실, 행복과 덕으로 이끄는 네 실이 우리에게 중요하다고?! 그 실로 우리

---

14) Gilles Deleuze, *Logique du sens*, Paris: Minuit, 1969, pp.152~158. [이정우 옮김, 『의미의 논리』, 한길사, 1999, 230~238쪽.]

를 구하고 싶다는 것이냐? 그렇다면 네게 바로 부탁하련다. 그 실에 목매달아 죽어라!"[15] 이런 바디우 비판을 들뢰즈·가타리도 공유하는 것은 틀림없지만, 아리아드네의 실을 따라 동굴('이 세계') 바깥으로 허둥지둥 기어 나오는 바디우를 향해 그들이 이런 공격을 퍼부을 때 그것이 함의하는 바는 네그리의 경우와는 다르다. 네그리에게는, 우리가 사는 동굴에 (플라톤적 전향론자 바디우가 믿고 있는) '외부' 따위는 전혀 존재하지 않는다는 것, 따라서 사건을 어디까지나 동굴 내부에서 실현하는 것이 문제가 된다. 동굴에 내재하는 힘인 '주체로서의 노동'을 발견하는 것, 그리고 동굴의 심층에서 사건을 물질적으로 실현하기 위해(전복 또는 혁명) 그 힘을 사용하는 것이 추구되는 것이다('디오니소스의 노동'). 들뢰즈·가타리도 동굴의 '외부'를 전혀 인정하지 않지만, 그들은 동굴 심층에서의 사건의 물질적 실현 가능성 또한 인정하지 않는다. 동굴에 내재하는 힘으로 발견되는 '주체로서의 노동'이 그렇게 심층에서의 물질적 실현 불가능성이라는 막다른 골목으로 몰리고, 그래서 (그것에 강요당해) **동굴** 표면에서의 사건의 비물질적 실현(도착 또는 '혁명적이 되기')이라는 방향으로 뚫

---

15) Deleuze, *Logique du sens*, p.153. [『의미의 논리』, 232쪽. 이 대목에서 들뢰즈가 '전-소크라테스 학파'의 예로 드는 것은 엠페도클레스(Empedoklēs, 490~430 BC)인데, 들뢰즈가 인용한 구절은 프리드리히 니체로부터 따온 것이다. "당신들이 **오르려는** 길, **나가게** 해주는 당신의 밧줄이 우리와 무슨 상관인가? 행복을, 그리고 덕을 향한다고? **당신들**을 향하는 것이 아닌지 나는 의심스럽다. 우리를 당신들의 밧줄로 구조하기를 원한다고? 그런데 우리가, 우리가 간절히 요청하니, 그것으로 당신들 목이나 매시라!" Friedrich Nietzsche, *Werke: Kritische Gesamtausgabe*, Bd.VIII-3, Berlin/New York: Walter de Gruyter, 1972, p.412; 백승영 옮김, 『유고(1888년 초~1889년 1월 초)』, 책세상, 2004, 507쪽.]

고 나가게 된다. 들뢰즈가 스토아 학파에 대해 쓴 다음의 구절은 들뢰즈·가타리에게도 참이다. "플라톤[그리고 바디우]이 믿었던 것과 반대로, 심층에서 이뤄지는 물질의 혼합에 척도가 되는 것이 높은 곳에 존재하는 일은 없다. 즉, 선한 혼합과 악한 혼합을 확실히 구분할 수 있게 해주는 이념들[이데아들]의 조합 같은 것은 전혀 존재하지 않는다. 또한 전-소크라테스 학파[네그리]의 생각과는 반대로, 자연의 심층에서 특정한 혼합의 질서와 진보를 결정할 수 있는 내재적 척도도 존재하지 않는다."[16] 들뢰즈·가타리에게 막다른 골목에 몰려 봉쇄당한 '주체로서의 노동'은, 요컨대 한편으로는 네그리를 따라 심층에서 '대상으로서의 노동'으로 발견된 절대적 빈곤을 표면에 띄우고, 다른 한편으로는 바디우를 따라 높은 곳에서 이념으로 발견된 코뮤니즘을 표면으로 끌어내리며 양자를 동일한 표면의 안과 밖으로 그대로 일치시킴으로써('존재의 일의성') 사건을 만들어내는 것이다.

---

16) Deleuze, *Logique du sens*, p.156. [『의미의 논리』, 235쪽.]

2장

레닌 없이 코뮤니스트가 되는 것은 가능한가?

(주체성을 놓지 않기 위하여):
네그리와 발리바르

レーニンなしにコミュニストで
あることはできない
(主体性を手放さないために)
ネグリとパリバール

Negri e Balibar:
Non è possibile essere comunisti senza Lenin!
comunisti senza Lenin!
(perché la soggettività?)

알랭 바디우에 대한 안토니오 네그리의 비판은 바디우에게 존재론(칼 맑스)이 결여되어 있다(역능을 존재로서 발견할 수 없다)는 점에 있었다. 맑스 없이 코뮤니스트일 수는 없다. 바디우에게 주체는 바디우 본인이 이를 '진리의 담지자'로 정의하고 있듯이, 이념의 순수 공간(저 세상)에서 가상적으로 구성되는 것에 불과하며 그 존재론적 조건을 '이 세계'에서 결코 갖지 못한다.

2장에서는 2002년 이라크 전쟁 발발 직후 출간된 에티엔 발리바르의 『유럽, 미국, 전쟁: 유럽의 매개에 관한 성찰』[1]에 대해 네그리가 이탈리아 일간지 『일마니페스토』에 기고한 서평*(전문을 번역해 부록으로 수록했다)을 다룰 텐데, 이 서평의 말미에서 전개되는 비판은 바디우 비판의 경우와는 정반대로 발리바르에게 주체 또는 주체성(역능의 조직화)이 결여되어 있다는 점을 겨냥하고 있다. 맑스가 존재론의 유일하게 가능한 이름이라면, 주체성의 유일하게 가능한 이름은

---

1) Étienne Balibar, "Europe, médiation évanouissante," *L'Europe, l'Amérique, la Guerre: Réflexions sur la médiation européenne*, Paris: La Découverte, 2003.

* Antonio Negri, "La mediazione evanescente," *Il manifesto*, 3 maggio 2003; *L'Europa e l'Impero: Riflessioni su un processo costituente*, Roma: Manifesto-libri, 2003, pp.145~149. 재수록. [본서의 '부록 2'를 참조하라.]

블라디미르 일리치 레닌밖에 없다. 발리바르에게는 맑스는 결여되어 있지 않지만 레닌이 결여되어 있다. 서평 전반부에서 이 책이 높게 평가받은 것("이런 가설의 중요성은 강조할 필요도 없을 것이다")은 발리바르가 계속 맑스와 함께 있었다는 점에서였다. 그러나 네그리에게 코뮤니스트이기 위해서는 맑스와 함께 있는 것만으론 충분하지 않으며, 레닌이라는 '과잉'과 함께 있는 것 역시 필수불가결하다.

❧

『유럽, 미국, 전쟁』에 수록된 네 편의 글은 모두 2002년 말~2003년 초 사이에 준비됐다. 즉, 1990년대 말에 『제국』*을 출간한 네그리와 마이클 하트마저도 정세 판단의 수정을 강요당해 '제국주의의 반격'을 이야기할 수밖에 없었던 상황 속에서 준비된 것이다. 발리바르가 논의의 출발점으로 삼는 물음은, 네그리와 하트의 말로 하면, 근대 국민국가 사회에서 탈근대 제국 사회로의 이행은 어떻게 이뤄질 수 있는가라는 물음이며, 이 물음에 답하기 위해 발리바르가 채택하는 것이 '사라지는 매개자'라는 프레드릭 제임슨의 '이론적 형상'이다. 발리바르가 여기서 제시하는 가설은 아주 간단히 말하면, 근대적 국민국가 사회에서 탈근대적 제국 사회로의 이행은 유럽이 거기서 '사라지는 매개자' 역할을 맡음으로써 가능해진다는 것이다. 오늘날에는 슬라보예 지젝 등에 의해 자주 사용되는 것으로도 알려져 있는 '사라지는 매개자'라는 아이디어는, 원래 제임슨이 막스 베버(특히 『프로테

---

* Antonio Negri and Michael Hardt, *Empire*, Cambridge, MA.: Harvard University Press, 2000. [윤수종 옮김, 『제국』, 이학사, 2001.]

스탄티즘의 윤리와 자본주의 정신』)를 다룬 1973년의 논문「사라지는 매개자, 또는 이야기꾼으로서의 막스 베버」2)에서 고안한 것이다. 발리바르의 논의와 그에 대한 네그리의 비판을 검토하기 전에, 여기서는 먼저『프로테스탄티즘의 윤리와 자본주의 정신』에서 베버가 논의한 바를 제임슨의 해석과 교차시켜 대략적으로 되짚어보자.

『프로테스탄티즘의 윤리와 자본주의 정신』에서 제기되는 물음은 근대 자본주의가 어떻게 발생했는가, 달리 말하면 전근대 그리스도교 사회(중세 봉건 사회)에서 근대 자본주의 사회로의 이행이 어떻게 가능해졌는가이다. 전前근대 그리스도교 사회도 근대 자본주의 사회도 각각 독자적인 원리에 기초해 성립된 것이며, 각각 완전히 독립된 '닫힌 고리'(루이 알튀세르)를 이루고 있다. 양자 사이에는 공통의 토대도 인과관계도 전혀 없으며, 따라서 그리스도교 사회는 내버려두면 충분히 언제까지고 자신의 원리에 따라 쳇바퀴 돌 듯 똑같이 굴러갈 수도 있었다. 그리스도교 사회 속에는 근대 자본주의 사회의 발생을 필연적으로 가져오는 '원인'이 전혀 포함되어 있지 않다. 이런 의미에서 그리스도교 사회에서 자본주의 사회로의 이행은 '기적'이라고 해도 과언이 아닌 사건, 절대적으로 불연속적인 이행이다.

전근대 그리스도교 사회에서 근대 자본주의 사회로의 이행은 그 절대적인 불연속성에도 불구하고 어떻게 가능해졌는가? 이것이 베버의 논의에서 출발점을 이루는 물음이며, 이 물음에 답할 때 베버가

---

2) Fredric Jameson, "The Vanishing Mediator: Or, Max Weber as Storyteller"(1973), *The Ideologies of Theory: Essays 1971-1986*, vol.2: The Synthax of History, Minneapolis: University of Minnesota Press, 1988.

착목한 것이 바로 프로테스탄티즘이다. 아니 오히려, 제임슨의 독해를 따라 다음과 같이 말하는 편이 더 정확할 것이다. 프로테스탄티즘의 출현과 근대 자본주의 발생 사이의 관계라는 문제는, 베버를 기다리지 않아도(『프로테스탄티즘의 윤리와 자본주의 정신』은 1905년에 발표됐다) 이전부터 자주 이야기되고 있었다고 말이다. 특히 '경제주의적 속류 맑스주의'(제임슨)에서는 프로테스탄티즘이라는 새로운 종교 형태의 출현이 하부구조에서의 변화(새로운 경제 형태로서의 자본주의 시장경제의 발생)가 상부구조에 '반영'된 것이라고 논의됐다. 베버가 논적으로 삼은 것은 자신이 살았던 19세기 말부터 20세기 초까지 널리 유포됐던 이 '오해'이다. 그렇지만 제임슨에 따르면 베버가 경제주의적 속류 맑스주의에 기초한 이 오해를 문제 삼았던 것은, 상부구조에서의 변동을 하부구조에서 일어나는 변화의 단순한 반영으로밖에 간주하지 않는 그 유물론 때문이라기보다는 거기서 소박하게 전제로 간주된 '이야기의 선형성' 때문이었다. 즉 베버는 '반영'이 이야기될 때, 하부구조에서의 전근대적 경제 형태에서 근대적 경제 형태로의 변화가 어디까지나 선형적이고 연속적인 이행으로 전제되고 있다는 점을 비판하고자 한 것이다. 요컨대 베버는 프로테스탄티즘의 출현이 하부구조에서 일어나는 근대화 과정의 단순한 반영 따위가 아니라(오히려 정반대로 상부구조에서 일어나는 돌연변이야말로 하부구조에서의 변화를 가능케 했다)는 이론異論을 주장함으로써, 누구보다도 먼저 전근대 그리스도교 사회에서 근대 자본주의 사회로의 이행을 그 절대적 불연속성에서 포착해 보여줬다.[3]

---

3) Jameson, "The Vanishing Mediator," pp.20~21.

이리하여 베버는 다른 사람들이 연속성밖에 보지 못했던 그 동일한 지점에서 절대적인 불연속성, 단절을 발견했다. 그리고 베버는 스스로 만들어낸 이 단절에 강제되어, 바로 그 단절 때문에, 서로 완전히 '닫힌 고리'로서 존재하는 전근대 그리스도교 사회와 근대 자본주의 사회 사이에서, 그래도 여전히 양자를 이어주는 미싱 링크(잃어버린 고리)의 일종으로 프로테스탄티즘을 발견했다. 제임슨이 '사라지는 매개자'라고 부르는 것은 이 '잃어버린 고리'이다. 각자 '닫힌 고리'를 이뤄 서로 독립적으로 존재하는 두 개의 사회를 연속시키는 이 '무리함'을 그럼에도 실현 가능한 것으로 간주하는 이 '매개자'는, 첫 번째 고리와 연속되어 있는 동시에 두 번째 고리와도 연속되어 있어야 한다. 이는 매개자가 첫 번째 고리와 두 번째 고리의 불연속성 자체를 자기 안에 품고 있어야 함을, 그러나 또한 매개자 자신은 이 불연속성을 연속성으로 삼아 살아가야 함을 의미한다. 전근대 그리스도교 사회와 근대 자본주의 사회 사이에서 이처럼 곡예와도 같은 매개자 역할을 한 것이 프로테스탄티즘이었던 것이다.

프로테스탄티즘은 도대체 무슨 자격으로 그리스도교 사회와 자본주의 사회 사이의 매개자 역할을 할 수 있었던 것으로 간주되는가? 베버의 대답은 간단히 말하면 프로테스탄티즘에 심신의 분열이 있기 때문이라는 것이다(따라서 베버에게 '하나가 둘로 나뉘는' 과정은 상부구조/하부구조의 분열에서뿐만 아니라 상부구조 자체에서의 정신/신체의 분열에서도 요구된다). 즉, 프로테스탄티즘은 신체적으로는 그리스도교에 머물러 있지만, 그 정신은 이미 자본주의적인 것이 되어 있다는 것이다. 신체는 전근대 그리스도교 사회와 연속되어 있지만, 그 정신은 근대 자본주의 사회와 연속되어 있다. 단, 이것이 중요한 점인데, 프로테스탄티즘 자체는 자신의 이 심신 분열을 전혀 인식하지 못할 뿐만 아니라 오히려 완전한 심신 합일로서 겪고 있다.

우리는 지젝을 따라 내용/형식이라는 도식으로 제임슨의 이런 논의를 다시 파악해봐도 좋을 것이다. 지젝은 제임슨의 '사라지는 매개자'론을 다음과 같이 해석하고 있다. "봉건제에서 프로테스탄티즘으로의 이행은, 프로테스탄티즘에서 종교의 개인화를 동반하는 부르주아 일상생활로의 이행과 동일한 성질의 것이 아니다. 전자의 이행이 '내용'과 관련된 것(종교라는 형식은 철저히 유지·강화되기까지 하는 외관을 띠면서 경제 활동은 미덕을 보여주는 영역으로 간주되며, 거기서의 탐욕스러운 자세는 금욕으로 긍정되는 결정적인 변화가 일어난다)인 반면, 후자의 이행은 순수하게 형식적인 행위, 형식의 변화로서 존재한다(프로테스탄티즘은 그 자신이 금욕적 탐욕으로 실현되자마자 형식으로서는 쇠퇴해도 되는 것이 된다)."4) 다시 말해, 프로테스탄티즘은 그 형식(신체)에서는 전근대 그리스도교 사회(중세 봉건제)와 연속되어 있지만, 그 내용(정신)에서는 근대 자본주의 사회(종교의 개인화를 동반하는 부르주아 일상생활)와 연속되어 있다. 그리고 새로운 내용(경제 활동에서 금욕으로서 긍정되는 탐욕)과 낡은 형식(그리스도교)의 불연속성을 자신은 연속성으로 겪고 있다는 자격으로, 프로테스탄티즘은 전근대에서 근대로의 불연속적 이행에서 '매개자' 역할을 담당하고 있다는 것이다.

---

4) Slavoj Žižek, *For They Know Not What They Do: Enjoyment as a Political Factor*, London: Verso, 1991, p.185. [박정수 옮김, 『그들은 자기가 하는 일을 알지 못하나이다』, 인간사랑, 2004, 396쪽.]

앞으로 발리바르가 주장하는 '사라지는 매개자로서의 유럽,' 그리고 이 주장에 대한 네그리의 비판을 곧 논의하기 위해, 여기서 특히 유의해야 할 점이 있다. 베버도, 그리고 베버의 논의를 다루는 제임슨도 프로테스탄티즘 또는 프로테스탄트들이 '자각적으로' 혹은 '주체적으로' 그리스도교 사회와 결별해 자본주의 사회를 도래시켰다고는 전혀 이야기하지 않는다는 사실이다. 그것이 아니라, 프로테스탄티즘에서의 신체/정신의 분열 자체로부터 '자연발생적(자생적)으로' 또는 '객관적으로' 근대 자본주의가 발생하게 됐다고 간주되고 있다. 즉 신체/정신 사이의 간극, 형식/내용 사이의 긴장 자체가 스스로를 해결 또는 해소하는 운동을 통해 근대 자본주의의 발생을 이끌었다는 것이다. 차이는 역능이며, 이 역능이 자기 운동을 통해 새로운 사회를 도래시켰다. 요컨대 베버도 제임슨도 근대 자본주의의 발생을 역능 그 자체의 자기 전개 운동, 즉 '주체 없는 과정'의 결과로 간주하고 있다(전근대적 경제 형태에서 근대적 경제 형태로의 이행을 연속적이고 선형적인 근대화 과정으로 파악하는 '속류 맑스주의'를 베버가 문제 삼았던 것은, 그런 논의에서는 그 이행 자체의 '원인'이 특정될 수 없다는 점이었다. 베버는 그 '원인'을 프로테스탄티즘에 내재한 자기 차이에서 발견할 테지만, 속류 맑스주의에게도 베버와 제임슨에게도 이 이행이 주체 없는 과정으로 간주되고 있다는 점에서는 다를 바 없다).

프로테스탄티즘이 그 신체에서 그리스도교적이라는 말은, 단적으로 말해 프로테스탄티즘이 어디까지나 그리스도교라는 것, 당연한 말이긴 하지만 프로테스탄티즘이 그리스도교로서 존재하고 있다는 것이다. 그렇다면 프로테스탄티즘은 도대체 어떤 의미로 그 정신에서 자본주의적이라고 할 수 있는가?

프로테스탄티즘은 가톨릭교에 대한 비판으로서 등장했다. 그리스도교 한가운데에서 '내부 비판자'로 등장했던 것이다. 프로테스탄티즘의 가톨릭교 비판에서 핵심은 가톨릭교가 종교와 경제를 별개의 것, 서로 독립된 것으로 자리매김했다는 점에 있다. 가톨릭교는 경제 활동을 종교 아래 종속시키지 않고 방임했기 때문에 '반종교적인' 또는 '비종교적인' 파렴치하기 짝이 없는 경제 활동의 횡행을 허용해버리고 말았다. 이에 대해 프로테스탄티즘이 꾀했던 것은 종교를 통해 사회 전체를 완전히 포섭하는 것, 특히 경제 영역을 종교의 세력권 안에 꽁꽁 가둔 채 종교적 윤리라는 결박을 가하는 것이었다. 프로테스탄티즘은 '세속 내적 금욕의 의무'(세속에서도 금욕적으로 행동하는 것의 의무화)라는 기치 아래 이렇듯 사회 전체를 종교 아래에 포섭했다. 잘 알려진 것이지만, 만일을 위해 다시 한 번 확인해두고 싶은 점은, 그리스도교가 말하는 '금욕'이 꾹 참는 것을 의미하는 것이 전혀 아니며, 오히려 정반대로 신을 위해서만 최선을 다하는 것을 의미한다는 점이다. "신을 위해 전심으로 진력하라!"라는 금욕의 지령은 가톨릭교에서는 수도원 등 교회 내에만, 즉 세속 외적인 것에 머물러 있었지만, 프로테스탄티즘은 이 똑같은 지령을 사회 전체, 세속의 구석구석까지 널리 퍼뜨리고자 했다. "이제 모든 그리스도교도가 평생 수도자로 살아야 하는 지경이 됐다." 혹은 "세계 전체를 수도원으로 뒤바꿔버렸다."[5] 즉, 세속에서의 모든 직업은 '천직'Beruf/vocation이며 신이 주신 소명이니 딴생각 품지 말고 열심히 전력을 다해야 한다고, 사리사욕을 위해서가 아니라 신을 위해 부를 계속 생산해야 한

---

5) Jameson, "The Vanishing Mediator," pp.22~23.

다고 사람들에게 명령한 것이다. 유한한 존재인 자신을 위해서가 아니라 무한한 존재인 신을 위해 부를 생산하는 한, 부를 아무리 많이 생산해도 '과한 생산'이 되지는 않는다. 무한한 존재를 위한 무제한적인 부의 생산을 의욕적으로 행하는 것(금욕으로서의 탐욕), 이것이 베버가 말하는 '프로테스탄티즘의 윤리,' 프로테스탄티즘의 정신이다. 이리하여 프로테스탄티즘은, 말하자면 그리스도교 '복장'을 하고 있으면서도 정신은 이미 자본주의 쪽을 향해 있는 상태로 출현하게 된 것이다(속류 맑스주의를 따르자면 근대 자본주의의 '반영'으로서 생겨난 프로테스탄티즘은 가톨릭교에 비해 그 종교성이 약화되고 더 세속화된 것이지만, 반대로 베버에게 있어 프로테스탄티즘은 그 종교성이 가톨릭교보다 한층 더 강화된 것이 된다).[6]

앞서 프로테스탄트들이 '자각적'으로, '주체적'으로 근대 자본주의를 도래시킨 것이 아니라는 점에 주의를 환기시켰다. 동시에 프로테스탄티즘은 자신의 심신 분열에 대한 자각이 전혀 없었고 오히려 그것을 심신 합일로 겪고 있었으며, 불연속성을 연속성으로 겪고 있었다는 점 또한 강조했다. 이는 다음과 같이 설명될 수 있다. 즉, 프로테스탄티즘이 '사라진' 이후의 사회에 살고 있는 우리가 보기에 프로테스탄티즘의 정신은 자본주의적이라고만 생각된다. 하지만 프로테스탄트 자신들이 보기에 이 정신은 가톨릭교보다 순수하고 철저하게 그리스도교적인 것이었다. 프로테스탄트들에게 세속 내적 금욕은 심신 분열 같은 것이기는커녕 오히려 정반대로 최고의 심신 합일 모델이었다. 그들의 관점에서 보면, 정신으로는 그리스도교에 귀의하면

---

6) Jameson, "The Vanishing Mediator," p.23.

서 신체로는 파렴치한 경제 활동을 반복하는 가톨릭 신자들의 '세속 외적 금욕'이야말로 심신 분열 자체이며, 자신들의 프로테스탄티즘은 이 언행 불일치를 마침내 바로잡은 것이 된다. 따라서 프로테스탄티즘 자체, 프로테스탄트들이 자신들의 정신에 딱 들어맞는 새로운 신체로서 근대 자본주의 사회가 도래하기를 자각적 또는 주체적으로 추구할 가능성은 전혀 생각할 수 없다. 프로테스탄트들의 뜻에 맞서, 아니 더 정확하게는 그들이 전혀 알지 못하는 곳에서, 프로테스탄티즘에 있는 정신/신체의 간극을 인식하고 이 간극에 시달리던 무엇인가가, 누군가가 따로 있는 것이다. 그리고 그 무엇, 누군가는 바로 간극 그 자체, 차이 그 자체 외에 다른 것일 수 없다. 이로부터 근대 자본주의를 발생시킨 '원인'(역능)으로서의 내적 차이라는 생각(존재론)이, 그러나 동시에 이 차이의 자기 해소 운동에 의한 근대 자본주의의 자생적 또는 객관적 발생이라는 생각이 도출되는 것이다.

베버나 베버의 논의를 해석하는 제임슨에게, 전근대 그리스도교 사회와 근대 자본주의 사회 사이의 매개자로서의 프로테스탄티즘은 왜 '사라지는' 것으로 여겨지는가? 왜 미싱 링크로서 '잃어버린 것'으로 간주되는가? 이 물음은 프로테스탄트들이 프로테스탄티즘에서 일어나는 심신 분열을 심신 합일로, 불연속성을 연속성으로 겪었다는 점과 직접적으로 관계가 있다. 프로테스탄티즘이란 무엇을 뜻하는가? 프로테스탄티즘이란 무제한적으로 부를 계속 생산해야 한다는 세속 내적 금욕의 의무를 어디까지나 그리스도교와의 연속성 속에서 달성해가는 것을 의미한다. 즉, 제임슨이 사용하고 있는 표현으로 바꿔 말하면, 그리스도교 신앙의 철저함이라는 '목적'을 세속 내적 금욕의 의무라는 '수단'을 통해 달성해간다는 의미와 다름없다. 따라서 매개자인 프로테스탄티즘이 '사라진다,' '유실된다'는 것은 세속 내적 금욕의 의무와 그리스도교 신앙 사이의 수단/목적으로서의 연속성이 사라지고 유실되는 것, 수단이 그 목적으로부터 분리되는 것 (목적 없는 수단)이다. 요컨대 "노동자도 자본가도 금욕적이 되어라, 금욕적으로 오로지 부의 생산에만 전념하라!"는 호령이 더 이상 신에 대한 사명의 호령으로서는 울려 퍼지지 않게 되어버리는 것이 프로테스탄티즘의 사라짐이라는 것이다.

부의 생산에 금욕적으로 전념해야 한다는 의무는, 그리스도교에서 분리되어 신에 대한 사명이 아니게 됐다고 해서 그것 자체도 '사라져' 버리는 것이 결코 아니다. 『프로테스탄티즘의 윤리와 자본주의 정신』의 마지막 단락에는 다음과 같은 매우 인상적인 구절이 있다. "청교도들은 직업인['천직'으로서의 직업을 가진 인간]Berufsmensch이 되기를 원했다. 반면 우리는 직업인이 될 수밖에 없었다."* 이것은 어떤 의미인가? 아주 간단히 말해 세속 내적 금욕의 의무라는 프로테스탄티즘 정신은, 일단 그것에 상응하는 새로운 신체로서의 근대 자본주의를 도래시키면, 그 다음에는 이 신체에 의해 규정되어버린다. 이런 식으로, 세속 내적 금욕의 의무는 그리스도교와의 연속성에서 풀려나게 된다(그리스도교는 개개인의 사적인 일로 주변화되고 경제 활동에서의 금욕적 탐욕을 보완하는 위안 같은 것으로 자리매김되기까지 한다). 신을 위해 행하고 싶었던 무제한적인 부의 생산이, 고

---

* Max Weber, "Die protestantische Ethik und der Geist des Kapitalismus"(1905), *Gesamtausgabe*, Bd.I/18, hrsg. Wolfgang Schluchter, Tübingen: J. C. B. Mohr, 2016, p.486. [김덕영 옮김, 『프로테스탄티즘의 윤리와 자본주의 정신』, 도서출판 길, 2010, 365쪽.]

스란히 자본의 자기-가치증식을 위해 행할 수밖에 없는 것으로 바뀐다. '천직'이라는 이름으로 사람들에게 금욕적으로 무제한적인 부의 생산에 전념할 것을 강제하는 무한 존재가 신에서 자본으로 이행한다. 이렇게 프로테스탄티즘은 전근대 그리스도교 사회에서 근대 자본주의 사회로의 이행을 매개하면서 자신은 사라진다.

낡은 형식 한가운데에서 바로 그 낡은 형식의 이름으로 새로운 내용이 출현한다. 낡은 형식은 바로 자신을 강화하기 위해 새로운 내용을 자기 안에 출현시키나(프로테스탄티즘은 그리스도교 신앙을 사회 전체로 확대시킨다), 역설적이게도 그 새로운 내용으로 인해 부정된다(그리스도교 신앙은 개개인의 사적인 일로 주변화된다). "형식은 내용보다 항상 늦게 온다"(맑스)……. 여기서 한 가지 의문이 생긴다. 낡은 형식과 새로운 내용 사이에서 생기는 괴리가 역능이라고 한 점은 좋다. 그러나 그 역능 또는 잠재력이 새로운 형식을 도래시킴으로써 해소된다는 것이 그렇게 명백할까? 낡은 내용의 반격으로 해소될 가능성도 있는 것 아닌가? 다시 말해 역능은 그 순전한 객체성(대상성) 또는 자생성에 머무는 한, 새로운 형식의 도래와 낡은 내용의 부활이라는 이 양자의 해소 과정과 동일한 것처럼 들리지 않는가? 역능의 자기 전개가 새로운 형식을 도래시키기 위해서는 이 역능이 향해야 할 텔로스[목적]가 확고하게 결정되어 있어야 하는 것 아닌가? 역능이 조직화되어 있어야 하는 것 아닌가? 낡은 형식으로서의 그리스도교와 새로운 내용으로서의 세속 내 금욕 의무 사이에서 생기는 프로테스탄티즘의 역능은, 하지만 그것만으로는 전근대 그리스도교 사회에서 근대 자본주의 사회로의 이행을 매개할 수 없는 것 아닌가? 경우에 따라 전근대 그리스도교 사회의 반격을 불러올 가능성도 충분히 있을 수 있었던 것 아닌가? 프로테스탄티즘이 전근대적 그리스 도교 사회에서 근대적 자본주의 사회로의 불연속적 이행에서 '사라지는 매개자'로 기능하기 위해서는 그 기능을 방향 짓고 결정하는 또 하나의 항이 필요한 것 아닌가? 베버도 제임슨도 확실히 역능을 존재론적으로 규정하고는 있지만, 그 역능의 조직화를 전혀 문제로 삼고 있지 않다. 역능의 자생적·객관적 자기 전개 운동에 의해 새로운 형식이 도래한다는 그들의 논의에서 볼 수 있는 것은, 바로 네그리가 레닌의 멘셰비키 비판이라고 지적하는 "본래 자생성에 속해 있지 않는 기능까지도 자생성에 맡겨버리는 것"* 그 자체가 아닌가?

베버도 제임슨도 역능을 존재론적으로 규정한다(사라지는 매개자를 '존재'로 동일하게 규정한다)는 점에서 확실히 맑스와 함께 있지만, 역능의 조직화(주체성의 생산)를 문제 삼지 않는다는 점에서 레닌을 결여하고 있으며, 그렇기 때문에 우리의 관점에서 보면 그들은 결국 근대 자본주의 사회의 발생이라는 사건을 설명하지 못한다. 그리고 네그리는 발리바르에 대해 이와 동일한 비판을 수행한다.

베버가 프로테스탄티즘을 전근대와 근대 사이의 '사라지는 매개자'로 자리매김했다면, 발리바르가 유럽을 '사라지는 매개자'로 자리매김하는 것은 근대와 탈근대 사이, 근대 국민국가 사회와 탈근대 제국 사회 사이이다. 2003년 조지 W. 부시 정권이 소위 신보수주의적 외교 정책(아프가니스탄과 이라크 무력 침공 등)을 밀고나가는 와중에

---

* Antonio Negri, *Trentatre lezioni su Lenin*, Roma: Manifestolibri, 2004, p.126.

미국의 자유주의 지식인들이 유럽(의 지식인들)에게 요구한 것은, 이런 의미에서 말하면, 유럽의 힘으로 근대 국민국가 사회에서 탈근대 제국 사회로의 이행을 달성해줬으면 한다는 것이었다.『유럽, 미국, 전쟁』은 이런 요구에 대한 발리바르의 응답이었다고 할 수 있다. 발리바르는 분명 미국 지식인들의 요구대로 근대 국민국가 사회에서 탈근대 제국 사회로 이행하는 데는 유럽의 개입이 필요하지만, 그런 일은 유럽이 미국이라는 초강대국superpuissance과 균형을 이룰 수 있을 정도만큼만 동등한 규모의 대항세력으로서 행동함으로써 가능한 것도 아니고, 그것과는 별개의 어떤 패권puissance을 행사함으로써 가능한 것도 아니며, 오히려 유럽이 그런 힘을 조금도 갖고 있지 않다는 것 그 자체로 인해, 즉 그 '무–력'無力/im-puissance으로 인해 가능하다고 주장한다. 그리고 그런 주장을 바탕으로 이 '무–력의 정치'의 담지자로서의 유럽을 '사라지는 매개자'로 정의하는 것이다.

　　제국은 국민국가에 의한 제국주의의 연장선상에 있는 것이 아니며, 그런 의미에서 근대 국민국가 사회와 탈근대 제국 사회 사이에는 연속성이 전혀 없다. 양자 사이에는 공통의 토대도 필연적인 인과관계도 전혀 없다. 국민국가 사회도 제국 사회도 각각 '닫힌 고리'를 이루고 있다. 발리바르의 논의에서는 바로 유럽이 이 두 개의 고리 사이에서 양자를 이어주는 '잃어버린 고리'가 된다. 유럽은 한편으로 국민국가 사회와 연속하면서도, 다른 한편으로는 제국 사회와 연속하고 있다. 유럽은 그 형식에서는 국민국가 사회와 연속하지만, 그 내용에서는 제국적인 것으로 향하고 있다. 더 나아가 유럽은 형식/내용의 이런 불연속성을 완전한 연속성으로 겪고 있다. 그런데 도대체 이것이 구체적으로 무슨 말인가?

발리바르에게 있어 근대 국민국가 사회와 탈근대 제국 사회의 차이는 행동-힘 관계의 차이에 있다. 근대 국민국가 사회는 행동과 힘 사이의 다음과 같은 관계를 통해 정의된다. 즉 특정한 힘이 주어져 있고, 그것이 발휘됨으로써 행동이 실현된다고 하는 관계이다. 이 경우에 행동은 주어진 힘의 현실화이기 때문에, 어떤 힘을 부여받고 있느냐에 따라 실현할 수 있는 행동이 달라지게 된다. 주어지고 있는 힘에 따라 실현 가능한 행동과 실현 불가능한 행동이 규정되는 것이다. 그리고 어떤 힘이 주어지고 있는가는 각각의 민족, 각각의 국가 또는 각각의 문화가 지금까지 어떤 역사를 겪어왔는가에 따라 결정된다. 요컨대 역사를 통해 획득된 개별적 힘(이를 발리바르는 '정체성'이라고 칭하기도 한다)을 현실화함으로써 행동을 실현한다는 것이다. 반면 탈근대 제국 사회는 근대 국민국가 사회의 것과는 정반대의 행동-힘 관계에 의해 정의된다. 이 새로운 관계에 대해 발리바르는 『유럽, 미국, 전쟁』 제1장(「유럽, 사라지는 매개」라는 제목의 강연)에서 다음과 같이 말하고 있다. "힘이 행동에 선행하는 것이 아니라 행동으로부터 힘이 귀결된다." 혹은 "행동이 힘을 만들어낸다. 그게 아니라면, 행동이 최소한 힘을 강화하고 집중·재분배·증식시킨다."[7] 이것은 "내게 이런저런 힘이 주어져 있기 때문에 이 행동은 가능하지만, 저 행동은 불가능하다"는 사고방식과는 근본적으로 다르다. 그러나 행동에 의해 만들어지고 강화되는 힘이란 도대체 어떤 힘, 누구의 힘인가? 분명한 것은 그 행위를 실현하는 주체의 개별적 힘일 수 없다는 점이다. 그런 개별적으로 한정된 힘을 폐기하는 것이야말로 여기서 관건

---

7) Balibar, "Europe, médiation évanouissante," p.36.

이기 때문이다. 그렇다면 누구의 힘, 어떤 힘인가? 이 당연한 의문에 대해 발리바르는 약간 주저하는 태도를 보이면서 다음과 같이 답하고 있다. "힘이란 항상 대문자 타자의 힘이다, 라고 과감히 정식화해야 할까?"[8]라고 말이다. 요컨대 누구의 것도 아닌 힘이다.

이 논의에서 무엇보다도 중요한 것은, 힘이 누군가의 것이기를 멈추고 누구의 것도 아닌 것이 된다는 점이다. 탈근대 제국 사회란 힘이 누구의 것도 아닌 사회이기 때문이다. 그러나 여기서 새로운 의문이 생긴다. 누구의 것도 아닌 힘을 강화시키는 것에 어떤 의미가 있는가? 사실 발리바르는 이 물음에 명확하게 대답하고 있지 않지만, 힌트가 될 만한 것을 말하고는 있다. "미셸 푸코가 논한 대로 행동은 '타자들의 능력에 대해 작용하는 능력'이다. 바꿔 말하면 행동이란, 타자들 각자의 고유한 동향[행동 방향]을 고려해, 타자들의 힘을 사용하는 것이다."[9] 여기서 이야기되는 '타자들'이란 어디까지나 특정한 누군가이지, 대문자 타자가 아니다. 이런 의미에서 그 힘에 대해, 곧바로 그것이 대문자 타자의 힘이라고는 말할 수 없다. 그러나 제국 사회에서는 그 '타자들' 역시 다른 타자들의 힘을 사용하게 된다는

---

8) Balibar, "Europe, médiation évanouissante," p.36.

9) Balibar, "Europe, médiation évanouissante," p.36. [에티엔 발리바르는 미셸 푸코의 말을 비틀어 인용하고 있다. 원래 푸코는 권력 관계가 신체나 사물에 직접적으로 작용하는 '폭력' 관계와 다르다는 점을 강조하는 맥락에서 이렇게 말했다. "권력관계를 규정하는 것은 타자들에게 직접적이고도 즉각적으로 작용하지 않는 행동 양식이다. 오히려 그것은 타자들의 행동에 작용한다. 즉, 행동에 대한 행동/작동, 현존하는 행동에 대한 행동/작동, 혹은 현재나 미래에 일어날지 모를 행동에 대한 행동/작동이다." Michel Foucault, "Le sujet et le pouvoir"(1982), *Dits et écrits*, t.2: 1976-1988, Paris: Gallimard, 2001, p.1055; 서우석 옮김, 「후기: 주체와 권력」, 『미셸 푸코: 구조주의와 해석학을 넘어서』, 나남, 1989, 312쪽.]

점을 고려하면, 힘의 원천을 둘러싼 무한소급이 발견될 것이다. 이것은 바로 대문자 타자의 힘과 다름없다. 따라서 모두가 타자들의 힘을 사용하는 장場에서는 소문자 타자들의 힘을 사용하는 것이 곧 대문자 타자의 힘을 사용하는 것이 된다. 따라서 개별적 힘을 전제하지 않는 행동은 누구의 것도 아닌 대문자 타자의 힘을 사용해 실현되는 행동인 것이다. 이로부터 앞의 물음에 대한 대답을 끌어낼 수 있다. 즉, 누구의 것도 아닌 힘을 그럼에도 여전히 강화시킬 필요가 있는 것은, 바로 그 힘을 사용해 모든 개별적 행동이 실현되기 때문이다. 요컨대 대문자 타자의 힘을 사용해 실현되는 행동은 그 힘 자체를 강화시키며, 강화된 그 힘을 사용해 다음 행동이 실현된다. 누구의 것도 아닌 힘이 강화되어감에 따라 실현 가능한 행동의 폭이 넓어진다. 발리바르는 이런 행동-힘 관계로 탈근대 제국 사회를 정의한다. 여기서 무엇보다 중요한 것은, 누구의 것도 아닌 대문자 타자의 힘과 개별적 행동의 이 순환운동에서 개별적 힘이 '힘=0,' 다시 말해 '무-력'으로서 이미 '사라지고 있다'는 점이다.

따라서 국민국가 사회의 제국 사회로의 불연속적 이행에서 '사라지는 매개자'의 역할을 맡는다고 간주되는 유럽은, 이 두 가지 힘의 체제와 각각 연속해야 한다. 다시 말해, 유럽은 개별적으로 부여되고 규정된 힘(역사를 통해 형성된 정체성)을 형식으로서 명백히 갖고 있다는 점에서 근대 국민국가 사회와 연속하지만, 여전히 그 내용을 '무-력'(힘=0)으로 한다는 점에서 탈근대 제국 사회와도 연속해야 한다. 그리고 낡은 형식과 새로운 내용 사이에 발생하는 이런 간극이 '제국'이라는 새로운 형식을 도래시키는 역능으로서 유럽 안에 존재론적으로 규정되어야 한다.

개별적 힘이라는 근대적 형식 아래에서 '무-력'(힘=0)이라는 탈근대적 내용이 실현된다는 것은 구체적으로 어떤 것인가? 발리바르는 이 점을 설명하면서 '역자'traducteur라는 형상*을 떠올려보라고 촉구한다. 유럽은 '번역자'이자 '통역자'이다. 유럽이 '**번**역자'라는 것은 다음과 같은 의미에서이다. 즉, 유럽은 그 제국주의의 역사, 그 식민주의의 역사를 통해 세계 전체를 자신 안에 그대로 접어 넣기에 이르렀다는 의미, 즉 세계 전체에 대한 하나의 포괄적인 '번역'으로서 자신을 형성하기에 이르렀다는 의미에서이다. 단, 그것은 세계 속의 다양한 문화들이 유럽 안에 모조리 예외 없이 접혀 들어갔다는 것만을 의미하는 것은 아니다. 발리바르가 더욱 중시하는 것은, 유럽이 그런 문화들 사이의 **경계** 자체도 자신 안에 접어 넣고 있다는 점이다. 즉, 유럽은 세계 속 모든 개별적 힘을 내포하고 있을 뿐만 아니라(개별적 힘의 총체로서의 유럽), 그런 개별적 힘들 '사이'에 있는 모든 것을 내포하고 있기도 하다('사이'로서의 유럽)는 것이다. 세계 속 문화들의 모든 경계를 자기 안에 접어 넣고 있다. 바로 이런 의미에서, 발리바르는 유럽을 '세계의 번역자'라고 칭한다. 바로 세계 속 모든 개별적 힘들의 항상적인 '사이'(경계) 그 자체가 유럽의 개별적 힘(정체성)을 구성하고 있다. 요컨대 유럽에는 형식으로서의 정체성은 존재

---

* 흔히 발리바르는 '통역자'(interprète)라는 표현은 안 쓰고 '번역자'(traducteur)라는 표현만 쓴다. 그러나 곧 보게 되듯이 히로세 준은 '訳'이라는 한자에 '글자를 바꿔 옮긴다'라는 의미와 '말을 바꿔 옮긴다'라는 의미가 모두 포함되어 있다는 점에 착목해 발리바르의 traducteur 개념을 (재)해석하고 있다. 이런 시도를 존중해 여기서는 느슨하게나마 '통역자'와 '번역자'를 모두 포괄하는 표현인 '역자'(訳者)를 'traducteur'의 역어로 썼다.

하지만, 그 내용은 다른 모든 정체성들의 '사이'에, 즉 자신의 고유한 정체성을 갖지 않는 데(정체성=0) 존재한다는 것이다.

이렇게 발리바르는 유럽이 고유한 힘으로서 '무-력'을 갖고 있다는 점('세계의 번역자'라는 점)을 확인한 다음, 바로 그 때문에 유럽을 구성하는 행동은 '**통역자**'의 행동이 된다고 논의를 전개해나간다. 일반적으로 말해도, 통역자란 대화자들 사이에 자신의 몸을 두고 그 대화자들의 힘을 사용함으로써 자신의 행동을 실현하는 사람이다. 또한 통역자는 대화자들의 힘을 그렇게 사용해 자신의 행동을 실현함으로써 대화자들의 힘을 강화하기도 한다(통역자가 취하는 행동에 따라, 대화자들은 서로에 대한 이해가 깊어지기도 하고, 반대로 서로에 대한 증오가 더 심해지기도 한다). 그렇지만 이는 통역자에게 고유한 힘이라는 것이 존재하지 않음을 의미하는 것은 전혀 아니다. 통역자는 바로 '무-력'을 자신의 고유한 힘으로서 갖고 있으며, 바로 그 때문에 타자들의 힘을 사용함으로써 자기 자신의 행동을 취한다. '사이' 그 자체로 존재하고 '무-력'을 그 개별적 힘으로 삼고 있는 한, 이 힘의 발휘인 행동은 통역자로서의 행동과 다르지 않다. 유럽은 형식(목적)의 수준에서 그 개별적 힘을 첨예하게 만들수록 내용(수단)의 수준에서는 더욱 더 '무-력'(개별적 힘의 무無)에 가까워져가며, 유럽이 취할 수 있는 행동은 순전히 '사이'에서의 행동, 다시 말해 세계 속의 다양한 행위자들 사이에서, 다양한 민족들·국가들·문화들 사이에서 '통역자'가 취하는 행동이 되어간다.

유럽은 '세계의 번역자'로서 자리한다. 이렇게 말하는 순간, 유럽은 이미 '사라지는' 것으로 존재한다. 유럽은 세계에 대한 하나의 번역에 불과한 것이 되고 있기 때문이다. 다만 이 단계에서의 유럽은 아직 '매개자'가 아니다. 유럽을 '세계의 통역자'라고 말하는 단계에서는 어떤가? 이 단계에서 유럽은 '사라지는' 것으로 존재할 뿐만 아니라 이미 '매개자'이기도 할 것이다. 분쟁 상태에 있는 대화자들 사이에 몸을 두고 그들의 절충[협상]을 그야말로 '매개'하고 있기 때문이다. 실제로 발리바르가 유럽을 '사라지는 매개자'로 칭할 때 그 두 번째 의미가 여기에 있다. "유럽은 사라지는 매개자이다"라고 말할 때의 두 가지 의미는 서로 연관되어 있다. 유럽은 '세계의 통역자'로서 다양한 분쟁 주체들 사이에서 '사라지는 매개자' 역할을 수행함으로써, 동시에 근대 국민국가 사회에서 탈근대 제국 사회로의 이행 속에서 '사라지는 매개자' 역할을 수행한다. 이 문장에서 '사라지는 매개자'라는 말을 빼면 더 깔끔해질 것이다. 즉, 유럽은 세계 속의 다양한 행위자들 사이에서 통역을 수행하는 행위 자체를 통해 국민국가 사회에서 제국 사회로의 이행을 매개하는 것이다.

통역자로서 분쟁에 개입하는 것이 어떻게 국민국가 사회에서 제국 사회로의 이행을 매개하는 것과 직결되는 것인가? 발리바르의 관점에서 보면, 통역자가 그 행동을 통해 낡은 형식과 새로운 내용의 어긋남을 세계 한가운데에 발생시키기 때문이다. 다시 말해, 역설적이게도 개별적 힘이라는 근대적 형식 아래에서 말 그대로 '무–력'이라는 탈근대적 내용이 소환된다. 그럼으로써 통역자, 즉 유럽은 자신이 취하는 구체적인 행동을 통해, 자신이 내포하는 형식/내용의 차이를 새로운 형식을 도래시키는 역능 또는 잠재력으로서 세계 한가운데에 생산한다. 그리고 발리바르는 일단 이 잠재력이 생산되면 그 자생적인 자기 해소 운동을 통해 새로운 내용에 상응하는 새로운 형식인 '제국'이 도래하기 마련이라고 생각한다.

❁

"어떤 종류의 매개적 역할이든 그 효력이 발휘되기 위해서는 주체성이 필수불가결"하다. 발리바르의 논의에 대한 네그리의 비판은 결국이 한 문장으로 집약된다. 낡은 형식과 새로운 내용 사이의 차이로발생되는 역능이 그것만으로 곧바로 새로운 형식의 도래라는 방향을 취할 수 있을지는 전혀 명백하지 않으며(실제로 우리는 '제국주의의 반격'에 앞에 놓여 있지 않은가!), 역능의 자기 발전을 탈근대 제국사회의 도래로 귀착시키기 위해서는 이 역능을 "정치적으로 구체적이고 능동적이며 명확하게 규정된 것"으로서 조직하는 것(주체성의생산)이 필수불가결하다고, 네그리는 발리바르에게 이의를 제기하고있다.* 서평 전반부에서 네그리가 발리바르에 대해 높이 평가한 것은 발리바르가 존재론을 확실히 견지하면서 어디까지나 그로부터 역능의 발생을 끌어낸다는 점, 역능을 정확히 존재론적 차원에 붙들어놓는다는 점에서이다. 요컨대 발리바르는 계속 맑스와 함께 있으며맑스주의자이기를 멈추지 않는다. 그러나 네그리에게 맑스는 필요조건이지만 충분조건은 아니다. 맑스를 통해 파악할 수 있는 '사라지는매개자'는, 레닌 없이는 작동하지 않는다. 발리바르에게는 (마찬가지로 제임슨과 베버에게도) 레닌이 결여되어 있다.

네그리의 관점에서 보면, 낡은 형식과 새로운 내용 간의 차이로유럽이 내포하고 있는 역능은 **이미** "'공통적인 것'[바로 '대문자 타자의 힘']에 그것이 부여하는 의미를 출발점으로 삼"는 형태로 번역자혹은 통역자로서의 행동을 산출하고 있다("유럽 사회, 유럽이 가진 다

---

* Negri, "La mediazione evanescente," p.148. [본서, 202쪽.]

양한 가치, 유럽의 역사, 유럽에서 전개되어온 다양한 투쟁, 유럽의 안전 보장은 모두 이 공통적인 것에 의해 구성되고 있다"*). 레닌은 "'자생적 요소'가 다름 아닌 의식성의 맹아적 형태"라고 말한다. 요컨대 역능에는 새로운 형식(목적)을 향하는 경향이 '맹아적 형태'로 (레닌의 다른 표현을 사용하면, "어느 정도의 의식의 각성"으로서) 항상 이미 배태되고 있으며, 이 경향은 역능이 산출하는 행동에 있어 항상 이미 자신을 그 '과잉'으로서 표현하고 있는 것이다.** 고의든 아니든 발리바르가 (그리고 베버와 제임슨 역시) 파악하지 못하는 것은 바로 이 과잉이다. 반대로 레닌주의자는 이 '구성하는 과잉'을, 즉 역능이 그 과잉으로서 보여주는 "어느 정도의 의식의 각성"을 포착하고 조직화를 통해 그것을 진정한 각성으로까지 이끌어야 한다. 네그리는 이것을 주체성의 생산이라고 부르고 있다. 유럽이 자신의 정체성(개별적 힘)의 철저함이라는 형식 아래에서 바로 이 형식의 이름으로 자신의 '무-력'화(개별적 힘의 무화)라는 내용을 필연적으로 실현한다는 역설에서, 대문자 타자의 힘의 사용(그리고 이에 동반되는 힘의 끊임없는 강화)이라는 새로운 형식을 도래시키는 역능을 발견한다는 점은 좋다. 그러나 발리바르는 이 역능을 결코 '구성하는 과잉'이라는 측면에서 새롭게 포착하려고 하지 않는다. 네그리의 관점에서 보면, 바로 그 때문에 발리바르는 전쟁에 맞서 저항을 조직할 필요성에 대해 논의하지 못하고 있다. 네그리는 발리바르에게, 객체적·자생적으로

---

* Negri, "La mediazione evanescente," p.148. [본서, 202쪽.]

** Vladimir Ilyich Lenin, "What Is To Be Done?"(1902), *Collected Works*, vol.5, Moscow: Progress Publishers, 1961, p.374. [최호정 옮김, 『무엇을 할 것인가?』, 박종철출판사, 1999, 38쪽.]

[만] 존재하는 역능이 그 자체만으로는 자동적으로 전쟁에 저항한다는 법이 없지 않으냐고 반론을 제기하고 있는 것이다.

스피노자주의자 네그리가 '매개'를 말하는 경우는 결코 없지만, 네그리의 논의에서도 '사라지는 매개자'라고 부를 만한 것이 여기저기서 발견된다. 뿐만 아니라 상황을 분석하고 '사라지는 매개자'를 규정하는 작업은, 맑스주의자 네그리가 평생 동안 자신의 주된 책무로 삼아온 것이라고까지 말할 수 있다. 가령 맑스 본인이『자본』에서 '주식회사'를 자본주의 시장경제라는 형식 아래의 코뮤니즘적 내용의 실현으로 논했을 때의 방식으로, 네그리 역시『정치경제학 비판 요강』(1857/58)에서 맑스가 논한 '일반지성'을 새로운 생산수단(새로운 고정자본)으로 삼는 오늘날 노동의 존재 양식(인지노동)이나 최근에는 연기금 등에서, 근대 자본주의라는 형식 아래서의 코뮤니즘적 내용의 역설적 실현을 발견해왔다. 네그리가 오늘날의 상황을 '사회 전체의 자본 아래로의 실질적 포섭'이라고 말할 때, 더 나아가 이것을 '자본의 코뮤니즘'이라고 이름 붙일 때, 여기서 문제가 되는 것은 자본주의라는 낡은 형식 아래에서의 코뮤니즘이라는 새로운 내용의 발전이 아니면 도대체 무엇이겠는가? 그러나 네그리에게 무엇보다 중요한 것은 이것이다. 즉, 낡은 형식과 새로운 내용 사이의 차이로 그 속에서 발생되어 자생적·객체적으로 존재하는 역능만 가지고서는 주식회사, 인지노동(사회적 노동), 연기금, 또는 '자본의 코뮤니즘'이 새로운 형식으로서의 코뮤니즘을 도래시키는 일이 결코 없다는 점(제도화된 지 오래된 주식회사가 도대체 언제 코뮤니즘을 도래시켰단 말인가!). 네그리에게 사물의 상태 한가운데에서 '사라지는 매개자'를 규정하는 '기술적 구성' 분석(맑스)은, 필요하지만 충분하지 않다. '기술적 구성' 분석에 더해 '정치적 구성' 분석(레닌) 또한 필수 불가결하다. 바꿔 말하면 '사라지는 매개자'를 '사물'로 파악하는 것만으로는 충분하지 않고, '사물'로서의 '사라지는 매개자'가 항상 이미 과잉으로서 겸비하고 있는 '말'을 알아듣는 것 역시 필요하다. '사물'의 내적 원리만으로 혁명은 일어나지 않는다. '사물'이 소곤거리는 '말'을 알아듣고 그 '말'을 그대로 '사물'로 되돌리는 것(역능의 조직화)이 필요한 것이다. '자본의 코뮤니즘'을 이야기하는 것이 유의미한 것은 바로 거기에 내포된 역능이 공통적인 것을 향하는 경향을 '구성하는 과잉'으로서 항상 이미 배태하고 있기 때문이며, 레닌주의자의 책무는 이 경향을 역능 그 자체로 각성시키는 데 있다.

4장에서 더 자세히 다룰 텐데, 오늘날의 기본소득 투쟁 역시 네그리에게는 명백히 자본주의 시장경제에서 코뮤니즘으로의 불연속적 이행에서 '사라지는 매개자' 역할을 할 수 있다. 기본소득 투쟁을 논하면서 네그리는 이렇게 쓰고 있다. "주의해야 할 것은, 지대(먼저 절대지대, 그 다음에는 상대지대)에서 일정량의 임금을 뽑아내는 것이 그 자체로 자본의 작동에 위기를 가져올 수 없다는 점이며, 그렇게 생각할 문제가 아니라는 점이다. 소득(여기서는 특히 기본소득)을 둘러싼 투쟁은 무엇보다도 먼저 하나의 수단이다. 새로운 정치적 주체, 새로운 정치적 힘을 구성하기 위한 수단. 목적 없는 수단? 말 그대로이다. 그 투쟁의 목적이 권력을 탈취하는 것도, 자본주의 사회의 재생산 메커니즘을 장기적으로 변혁해나가는 것도 아니기 때문이며, 지금은 아직 그럴 수 없기 때문이다. 이 투쟁에서 유일하게 가능한 것은, 소득의 지평에서 효과적으로 행동하는 법을 알게 된 하나의 힘에 대해 그 실재와 그 인식을 구축하는 것뿐이다. 이 단계를 거침으로써 처음으로, 즉 투쟁을 구성적으로 사용해 하나의 정치적 주체를 확정하고 인식함으로써 처음으로, 더 이상 기본소득 교섭에 머물지 않는 새로운 투쟁을, 공통적인 것의 재전유와 그 민주적 관리를 목적으로 하는 새로운 투쟁을 개시하는 것이 가능해지는 것이다."10)

물론 기본소득 투쟁은 우선적으로 "지대에서 일정량의 임금을 뽑아내는" 것을 '목적'(형식)으로 삼은 투쟁(경제 투쟁)이자 이 목적을 위한 '수단'(내용)과 다름없다. 프로테스탄티즘이 그리스도교 신앙의 철저화라는 목적을 위한 수단으로 금욕 의무가 수도원에서 사회 전체로 확대되도록 촉진했듯이, 기본소득 투쟁도 임금 제도의 철저화라는 목적을 위한 수단으로 소득이 공장 내부에서 사회(기업화된 사회) 전체로 확대되는 것을 추구한다. 프로테스탄티즘으로 인해 그리스도교 신앙의 철저화라는 형식 아래에서 자본주의적 내용이 실현됐듯이, 기본소득 투쟁에서도 임금이라는 자본주의적 형식 아래에서 코뮤니즘적 내용(무조건적·보편적인 동일 금액의 소득 지급)의 실현이 목표가 된다. 프로테스탄티즘이 형식 수준에서는 중세 봉건 사회와 연속하면서 내용 수준에서는 근대 자본주의 사회와 연속하고 있었듯이, 기본소득 투쟁도 형식 수준에서는 근대 자본주의 사회와 연속하면서 내용 수준에서는 코뮤니즘과 연속하고 있다. 그러나 중요한 것은, 중세 봉건 사회에서 근대 자본주의 사회로의 불연속적 이행이 완수되려면 프로테스탄티즘을 통해 그리스도교적 형식과 자본주의적 내용 사이의 차이가 역능으로서 사회에 해방되는 것만으로는

---

10) Antonio Negri, "La democrazia contro la rendita"(2007), *Dalla fabbrica alla metropoli: Saggi politici*, Roma: Datanews, 2008, p.182.

불충분했듯이, 근대 자본주의 사회에서 코뮤니즘으로의 불연속적 이행(혁명)이 발생하려면 기본소득 투쟁을 통해 자본주의적 형식과 코뮤니즘적 내용 사이의 차이가 역능으로서 사회에 발생되는 것만으로는 불충분하다는 점이다. 낡은 목적(형식) 아래에서 철저화를 통해 새로운 수단(내용)이 불러들여져 거기에 역능이 자연발생한다는 것에 더해, 이 동일한 과정이 '목적 없는 수단'이라는 과잉적 측면에서 새롭게 포착되고 역능의 실재와 그에 대한 인식이 그 자체로 구축되어야 한다. 다시 말해 기본소득 투쟁의 한가운데에서 그 역능을 통해 항상 이미 소곤거리고 있는 "지대에서 일정량의 임금을 뽑아내는 것이 그 자체로 자본의 작동에 위기를 가져올 수 없다"는 목소리를 알아듣고 이 목소리를 그대로 역능 자체로 되돌림으로써, 이 역능을 '구성하는 과잉'의 차원으로 확실하게 정립시켜야 한다.

네그리에게 우리가 살고 있는 사회에 '외부'가 없다는 것은, 모든 것(즉, 혁명)을 역능의 순전한 '사물' 차원에서의 자기 발전에 맡길 수밖에 없음을 의미하는 것이 전혀 아니다. '외부'에서 역능에 부여되는 '말'을 우리가 더 이상 갖고 있지 않다면, 네그리에게 이는 역능 자체가 항상 이미 '구성하는 과잉'으로서 '말'을 갖고 있기 때문이다. '사라지는 매개자'는 '사물'로서 존재할 뿐만 아니라 항상 이미 '말'하고 있기도 한 것이다. 정체성(개별적 힘)의 철저함이라는 형식 아래에서 '무-력'화(개별적 힘의 무화)라는 내용이 필연적으로 실현된다는 현대 유럽의 역설에서 대문자 타자의 힘의 사용(그리고 그에 동반되는 이 힘의 끊임없는 강화)이라는 새로운 형식이 도래할 필요충분조건을 발견하는 발리바르는, 네그리의 관점에서 보면 눈앞의 스크린에 펼쳐지는 발성 영화(맑스가 주연을 맡고 레닌이 목소리를 입힌

더빙 영화)를 무성 영화라고 착각하는 어리석은 관객일 뿐이다. 이런 의미에서 4장에서 다시 다룰 네그리의 발언을 여기서는 먼저, 레닌주의자 네그리의 발리바르 비판으로 읽을 수 있다. "변증법적 유물론을 사용해야 하는 경우는 우리에게는 전혀 없습니다. 하지만 역사적 유물론은 다릅니다. 역사적 유물론에서 행동의 목적은 행동의 성공이나 실현과 결정론적인 방식으로 결부되어 있지 않습니다. 헤겔주의가 아닌 것이죠. 행동과 목적의 관계는 역사적 유물론에서는 항상 우연적인 것으로 존재합니다. 그리하여 우리는 텔로스(의 실현)를 일체의 필연성에서 해방시킵니다. 그렇다고 행동을 텔로스에서 해방시킨다는 의미는 아닙니다. 그렇기 때문에 바로 주체/특이성이 텔로스에 대한 책무를 담당하는 것입니다. 그리고 그렇다면, 공통적인 행동을 통해 하나의 보편성이 구축될 가능성을 포착해야 하는 것이 당연해집니다. 그 보편성에는 다양한 양의적 요소들이 동반되며, 물론 경우에 따라서는 비이성적인 상태로 일탈해버릴 가능성이 고려됩니다. 그러나 공통적인 것을 구축하는 과정 속에서 이 보편성이 다뤄질 가능성 역시 충분히 고려할 수 있습니다. 공통 관념이나 제도에 대한 공통적 의지라고 말한 것의 구축 메커니즘은 그와 같은 것이라고 생각합니다. …… 우리가 하는 행위는 모두 우연적인 것입니다. 그러나 그럼에도 구축은 가능합니다. 우리는 공통적인 것에 대한 욕망을 표현하고 있고, 누구도 이것을 방해할 수 없습니다."[11]

---

11) Antonio Negri, "Una discussione intorno al comune"(2009), *Il comune in rivol -ta: Sul potere costituente delle lotte*, Verona: Ombre Corte, 2012. p.165. 필리포 델 루체제, 제이슨 E. 스미스와의 대담.

3장

여기가 로도스다,
여기서 뛰어라!

네그리의 레닌주의에 있는 7가지 계기

ここがロードスだ、ここで跳べ。
ネグリのレーニン主義における
七つのモメント

"Hic Rhodus, hic salta!"
Ovvero: Un neoleninismo ed i suoi sette momenti fondamentali

안토니오 네그리의 무엇이 사람들을 매료시키는 것일까? 네그리의 스피노자주의도, 들뢰즈·가타리주의도 아니다. 아니, 그런 측면은 부차적인 것에 지나지 않는다. 사람들을 매료시키는 네그리의 요소는 맑스-레닌주의이지 다른 측면이 아니다. 더 정확히 말하자면, 단적으로 레닌주의라고 말해도 될 것이다. 왜냐하면 네그리에게 있어서 맑스란 어디까지나 블라디미르 일리치 레닌이 독해하는 맑스이며, 레닌주의적 틀 속에 자리매김된 맑스이기 때문이다.

　네그리의 매력이 그의 맑스-레닌주의에 있다는 것은, 네그리에 대한 관심이 사람들 사이에서 언제 높아지는지를 생각해봐도 확인할 수 있다. 네그리가 사람들의 관심을 끈 시기는 지금까지 적어도 두 번 있었다. 첫 번째는 1960년대 후반~1970년대 후반의 시기로, 특히 이탈리아 내부에서 그랬다. 두 번째는 1990년대 후반~2000년대 초반의 시기이다. 이때는 네그리에 대한 사람들의 관심이 더 이상 이탈리아 내부에 국한된 것만이 아닌, 말하자면 전 세계적인 현상이었다. 한 명의 사상가에 대한 사람들의 관심이 이처럼 특정 시기에만 높아진다는 것은, 어떤 의미에서[든] 극히 드문 경우라고 말할 수 있지 않을까? 네그리와 동시대를 산 사상가들만 보더라도 그런 예는 좀처럼 찾아볼 수 없을 것이다. 자크 데리다도, 질 들뢰즈도, 미셸 푸코도 어떤 특정 시기에만 집중적으로 읽힌 적은 없었다. 그들에 대한 사람들의 관심은 초기 저작에서 만년의 저작에 이르기까지 항상 일정하게 지속되어왔다. 네그리 혼자만 예외인 것이다. 중요한 것은 네그리에 대한 관심이 높아진 두 번의 시기가 똑같은 특징을 공유하고 있다는 점이다. 그것은 말할 것도 없이 두 시기 모두 운동이 사회적인 가시성을 띠고 있을 때였다는 특징이다. 1960년대 후반~1970년대 후반의 이탈리아에서는 '노동자의 자율성'과 '노동 거부'를 내건 운동이 모든 사람의 눈에 확연히 보이는 형태로 광범위하게 전개되고 있었다. 1990년대 후반~2000년대 초반에는 '대안지구화'를 내건 '운동들의 운동'이 마찬가지로 부인하기 힘든 가시성을 동반했는데, 그때는 운동이 전 지구적인 규모에서 전개됐다. '안토니오 네그리'라는 이름이 회자되는 일은 단연코 그런 운동의 계절에 일어난다. 더 정확히 말하자면, 네그리는 운동이 이런 식으로 사회의 주요 무대를 메워나가고 있을 때, 바로 이때라는 듯 사람들 곁으로 돌아온다.

네그리는 운동이 전개되는 곳으로 다가온다. 네그리는 엎드린 채 사냥감을 기다리는 동물처럼 항상 주변을 둘러보고 귀를 세우고 바람의 냄새를 맡으면서, 발생 중인 운동의 징후를 결코 놓치지 않으려 한다(운동에 대한 네그리의 이런 야성적 감성이 특히 두드러진 저작으로 『굿바이 미스터 사회주의』*를 들 수 있다). 운동이 일어나고 네그리가 개입하는 순서는 바뀐 적이 없다. 운동은 네그리 없이 발생해 확

---

* Antonio Negri, *Goodbye Mr. Socialism*, a cura di Raf Valvola Scelsi, Milano: Feltrinelli, 2006. [박상진 옮김, 『굿바이 미스터 사회주의』, 그린비, 2009.]

대되는 것이지, 네그리가 또는 네그리의 호소가 제로 상태인 운동을 가동시키는 것이 아니다. 프랑스에서 유럽헌법 조약 비준을 둘러싸고 국민투표가 진행됐을 때, 네그리는 어느 시점에 개입했는가? 프랑스에서는 헌법 조약안이 신자유주의적이라는 이유로 대규모 비준 반대 운동이 일어났다. 투표일이 다가오고 반대 운동이 최고조에 달했다 싶을 무렵, 그때까지 다소 침묵을 지켰던 네그리는 갑자기 반대 운동을 펼치던 사람들을 향해 찬성표를 던지라고 호소했다. 네그리는 운동이 최고조에 이른 바로 그때, 사람들 곁으로 다가온다. 그러나 단순히 운동을 응원하기 위해 다가오는 것이 아니다. 헌법 조약 반대자들에게 찬성표를 던지라고 호소하는 것은, 말할 것도 없이 단순한 '응원'과는 한참 동떨어진 행동이다. 그렇다면 네그리의 이런 개입은 도대체 무엇인가? 확실한 것은 네그리가 찬성표를 던지라고 호소한 것은 어디까지나 반대 운동이 고조되는 상황이던 사회에 호소한 것이지, 그런 운동을 모르는 사회(정치·경제 엘리트와 매스미디어에 이끌린 채 운동을 거치지 않고 찬성표가 던져지는 사회)에 호소한 것이 아니라는 점이다. 다시 말해 네그리의 개입이 의미를 갖는 것은 어디까지나 그의 개입에 앞서 운동이 전개되고 있는 한에서이다. 따라서 그런 운동의 상황으로부터 유리되어 순수하게 헌법 조약안에 대한 네그리의 견해 자체의 옳고 그름을 논한다면, 결코 네그리의 개입이 갖는 의미를 충분히 이해할 수 없다(네그리가 움직이는 것은 어디까지나 운동에 자신을 부품으로 접속시켜 운동과 함께 하나의 기계를 구성할 때이다). 사실에 더 부합하게 말하자면(어떤 의미에서 당연한 것이기도 한데), 결국 네그리는 자신과 똑같이 비준 찬성표를 호소한 자크 시라크 대통령보다 반대 운동을 하는 사람들에 훨씬 더 가깝다.

어쨌든 네그리는 운동이 있는 곳에 개입한다. 여기에 네그리식 레닌주의의 **제1계기**가 있다. 『무엇을 할 것인가?』의 유명한 구절을 인용하며 서술되는 다음 대목은, 레닌뿐만 아니라 네그리에게도 진실이다. "'혁명적 이론이 없다면 혁명적 운동도 있을 수 없다'는 것은, 혁명적 운동이 없다면 혁명적 이론도 있을 수 없다는 것과 엄밀하게 똑같은 의미이다."[1] 따라서 네그리가 헌법 조약에 반대하는 운동 한복판에 개입한 것은 단지 운동을 비판하기 위해서가 아니다. 물론 반대 주장자들에게 찬성을 촉구하는 것이니, 거기에 어떤 비판도 없다는 것은 지나친 말이리라. 그러나 네그리에게 그런 비판은 어디까지나 하나의 커다란 긍정을 통한 것, 커다란 긍정을 전제로 한 것이다. 다시 말해 거기에 운동이 있다는 것에 대한 기쁜 긍정, 운동을 구성하는 사람들을 관통하는 역능에 대한 절대적 긍정이다. 그리고 바로 이 긍정이 네그리식 레닌주의의 **제2계기**를 이루는 동시에 네그리식 레닌주의를 교조적인 '레닌주의'와 가르는 것이기도 하다. 『무엇을 할 것인가?』를 독해할 때 네그리는 거기서 레닌이 운동의 자생성을 절대 부정하지 않는다는 점을 강조한다. 오히려 레닌은 1897년 말 유형지에서 집필한 『러시아 사회민주주의자들의 임무』에서 이미 자생적인 투쟁, 즉 경제 투쟁의 필연성을 주장했고, 그 뒤로도 생각을 바꾼 적이 없었다. 네그리는 교조적 레닌주의자들이 부정하기 일쑤인

---

1) Antonio Negri, *Trentatre lezioni su Lenin*, Roma: Manifestolibri, 2004, p.32. [레닌의 말("혁명적 이론이 없다면 혁명적 운동도 있을 수 없다")은 다음에 나온다. Vladimir Ilyich Lenin, "What Is To Be Done?"(1902), *Collected Works*, vol.5, Mos-cow: Progress Publishers, 1961, p.369; 최호정 옮김, 『무엇을 할 것인가?』, 박종철출판사, 1999, 30쪽.]

이 점을 특히 강조한다. "레닌은 일생 다음과 같은 이론적 주장을 기초로 삼고 놓지 않았다. 즉, 노동계급은 설령 자생성과 경제 투쟁의 수준에서였다고 해도 자신들의 면전에 있는 권력 전체의 구조에 직접적으로 대립하고 있으며, 또한 자생성과 경제 투쟁의 그런 출현이야말로 사회민주주의의 발생(따라서 사회민주주의의 조직 형성)에 있어 절대적으로 필수불가결한 계기를 이루고 있다는 것이다."[2] 자생적인 투쟁을 혁명 운동의 출발점으로 자리매김하는 것, 그리고 이런 의미에서 투쟁의 자생성을 절대적으로 긍정하는 것. 네그리가 개입하려고 다가오는 것이 항상 운동이 고조될 때인 것은, 자생성에 대한 이런 레닌주의적 긍정에 기초하고 있어서이다.

　그러므로 로자 룩셈부르크와 레온 트로츠키 모두를 '과정으로서의 조직화'론자로 간주한 뒤 레닌을 이들에 대립시킬 때 네그리가 레닌주의의 입장에서 이 두 사람을 비판하는 것은, 단지 그들이 자생성주의자여서가 아니다. 네그리에게 레닌주의와 자생성주의는 서로의 반대말이 아니다. 레닌주의적 관점에서 볼 때, 룩셈부르크와 트로츠키에게서 발견되는 '과정으로서의 조직화'론이 문제인 것은 자생성을 긍정하고 있어서가 결코 아니라, "본래 자생성에 속해 있지 않은 기능까지도 자생성에 맡겨버림"으로써 자생성을 과대평가하고 있기 때문이다.[3] 운동의 자생성은 절대적으로 긍정되어야 하지만 과대평가되어서는 안 된다. 유럽헌법 조약을 반대하는 운동에 개입할 때 네

---

2) Negri, *Trentatre lezioni su Lenin*, p.34.

3) Antonio Negri, *Il potere costituente: Saggio sulle alternative del moderno* (1992), Roma: Manifestolibri, 2002, pp.346~347; *Trentatre lezioni su Lenin*, p.126.

그리가 찬성을 호소하며 펼친 곡예 같은 작전은, 자생적인 운동에 대한 이런 레닌주의적 입장에서 직접적으로 유래하는 것이라 할 수 있겠다. 그리고 여기서 네그리식 레닌주의의 **제3계기**, 즉 조직화와 관련된 계기, 당과 관련된 계기가 발견된다. 헌법 조약에 반대하는 자생적인 운동을 향해 찬성을 호소하는 것이 조직화와 관련되어 있다는 것은 도대체 어떻게 된 일인가? 네그리의 레닌주의에서 조직화란 바로 다음을 두고 말하는 것이다. "조직화란 …… 자생성의 확인이자 자생성의 정련精鍊이다. …… 조직화란 자생성의 자기 반영이다."[4] 다시 말해 조직화란 자생성을 조직하는 것이며, 그럼으로써 자생성을 의식의 수준으로 고양시키는 것, 자생성을 자기 의식화로 이끄는 것, 나아가 다른 식으로 말하면 자생적인 운동의 즉자를 대자를 통해 뒷받침하는 것 외에는 아무것도 아니다.『무엇을 할 것인가?』에서 레닌이 1902년 러시아에서 '해야 할 일'로 간주하고 있었던 것은 무엇이었을까? 레닌은 "대중의 자생성은 사회민주주의자인 우리에게 하나의 높은 의식을 요청하고 있다"*고 말한다. 레닌은 우선, 대중운동의 자생성이 고조되는 데 알맞은 정도의 '의식'이 혁명가들에게도 획득되어야 한다고 말하고 있다. 그러나 혁명가가 높은 의식을 가져야 한다고 여겨지는 것은 '사회민주주의적 의식'이라고도 불리는 그 의식을 통해 자생적인 대중운동 자체를 이중화해야 하기 때문이다. 1890년 이후 러시아에서 나타난 일련의 파업에 대해 레닌은 다음과 같이 지적한다. "이것은 '자생적 요소'가 다름 아닌 의식성의 맹아적

---

4) Negri, *Trentatre lezioni su Lenin*, p.42.

　* Lenin, "What Is To Be Done?," p.396. [『무엇을 할 것인가?』, 68쪽.]

형태임을 우리에게 보여준다. 초기의 순진한 폭도조차도 이미 어느 정도 의식의 각성을 보여줬다는 것이다."** 자생적인 대중 운동에서의 이런 의식의 각성을 '노동조합적 의식'이라는 그 자체로 '자생적인' 덜 깬 상태에 가둬놔서는 안 된다. '사회민주주의적 의식'이라는 혁명적 의식 속에서 진정한 각성으로까지 이끌어야 한다. 바로 이것이 레닌에게 1902년의 러시아에서 해야 할 일이었다.

유럽헌법 조약에 반대하는 대중 운동에 찬성을 호소한 2005년 프랑스의 네그리도, 1902년 러시아의 레닌과 똑같다. 레닌주의적 관점에서 말하면, 유럽헌법 조약에 대한 반대는 자생적인 것이며 그런 의미에서 경제 투쟁의 차원에 머물러 있었다. 그러나 동시에 이 자생성의 한복판에 이미 "의식성의 맹아적 형태" 또는 "어느 정도 의식의 각성"이 경향으로서 배태되어 있기도 하며, 이 경향을 진정한 각성으로, 즉 의식으로 고양시켜야 한다. 반대 운동을 전개하던 사람들에게 찬성표를 던지라고 호소하는 작전의 관건은 바로 여기에 있다. 다시 말해 자생성을 조직하는 것, 자생성을 의식을 통해 이중화하는 것, 또한 그런 조직화를 통해 경제 투쟁을 정치 투쟁으로 변형시키는 것. 확실히 네그리식 레닌주의의 이 **제4계기**에서는 이른바 '자생성에 무릎 꿇는 것에 대한 거부'라는 문제가 제기되고 있다. 그러나 그것은 어디까지나 다음과 같이 이야기되는 한에서이다. "자생성에 무릎 꿇는 것에 대한 거부가 명확해지고 확고해지는 것은 그 자생성이 절정에 이를 때이다. 자생성의 저편으로의 도약 그 자체가 자생성을 통해 이뤄지는 것이다."5) 즉, 네그리식 레닌주의에서 조직화가 항상 **자생**

** Lenin, "What Is To Be Done?," p.374. [『무엇을 할 것인가?』, 38쪽.]

성의 조직화인 것은, '자생성에 무릎 꿇는 것에 대한 거부'가 단순한 '자생성에 대한 거부' 같은 것이 전혀 아니라는 의미에서이다.

자생성의 조직화를 통한 경제 투쟁에서 정치 투쟁으로의 이행이라는 네그리의 레닌주의적 강령은 예를 들어 이렇게 서술된다. "'경제 투쟁은 정치 투쟁이다'라는 긍정을 철저히 함으로써만 제2의 중요한 긍정으로, 즉 정치 투쟁은 경제 투쟁인 것만이 아니라는 것에 대한 긍정으로 도약할 수 있다. 경제 투쟁의 물질성을 통해 조직화의 초기 단계가 표현됐고 하나의 정치 운동이 전면적으로 전개됐다. 프롤레타리아트의 정치 투쟁은 바로 이런 필수조건에 기초해, 자신이 몸담은 '규정된 사회구성체'formazione sociale determinata 전체를 공격하기 위한 힘을 발견한다."6) 경제 투쟁에는 정치 투쟁이 이미 잠재적으로, 즉 '맹아적 형태로' 포함되어 있다. 조직화를 통해 이 잠재성을 현실화해야 한다. 네그리가 호소하는 헌법조약에 대한 '찬성'의 관건은, 자생적 '반대'를 그 절정으로까지 이끎으로써 이 자생적 '반대'를 그 자체의 저편으로 도약시키는 데 있다. 여기에 네그리식 레닌주의의 **제5계기**, 즉 조직화와 자율성의 불가분의 관계가 발견되는 '조직된 자율성'의 계기가 있다(1973년 이탈리아에서 〈노동자의 힘〉이 해체·흡수된 새로운 단체의 명칭이 Autonomia operaia organizzata, 즉 〈조직된 노동자 자율성〉이 된 것*은 이런 의미에서이다). 자율성은 "자본주의

---

5) Negri, *Trentatre lezioni su Lenin*, p.35.

6) Negri, *Trentatre lezioni su Lenin*, p.35.

* 〈노동자의 힘〉은 1967년 결성되어 1973년에 해산한 비의회 좌파 단체였으며, 〈조직된 노동자 자율성〉은 단일한 단체라기보다는 다양한 좌파 조직·활동가들의 네트워크였다. 더 자세한 내용으로는 다음을 참조하라. 조정환, 『아우또노

구조가 계급 운동에 부과하는 모든 물질적 한계를 항상 넘어선다"는 의미이며, 이런 의미에서 [노동계급은] 자본에 대해 "항상 전위로서 존재한다"는 것, 요컨대 절대적 전위라는 의미이다.[7] 여기서 전제가 되는 것은, 네그리뿐만 아니라 동시대의 많은 이탈리아 활동가들이 공유해온 다음의 인식이다. 즉, 적어도 1848년 2월 혁명을 통해 노동자들이 노동자의 자율성을 분명하게 보인 이래로, 노동계급은 그저 '착취의 **대상**'으로서가 아니라 무엇보다도 먼저 '힘의 **주체**'[8]로서 존재한다(그러므로 사회 변동에서 선차적인 것은 항상 노동계급이며 자본은 그 뒤를 좇는 데 불과하다)는 인식. 따라서 조직화를 통해 자생성을 의식의 수준으로까지 고양시키는 것은, 노동계급으로 하여금 '힘의 주체'로서 자신의 존재를 자각하게 만드는 것이다. 그리고 여기서 네그리식 레닌주의의 두 가지 주요 정식이 도출된다. 첫째는 "자율성 없이 조직화는 없다"는 공식으로, 이것은 자생성이 본디 항상 자율적인 '힘의 주체'로서의 자생성이며 '착취의 대상'으로서의 자생성은 어디까지나 부차적인 것일 뿐임을 함의한다. 두 번째는 "조직화 없이는 계급의 자율성이 항상 산발적인 것에 머문다"는 정식인데, 이것은 자생성이 절대적 자율성을 유지하기 위해서는 자생성의 즉자를 그 대자를 통해 이중화하는 것이 필수불가결함을 함의한다.

미아: 다중의 자율을 향한 네그리의 항해』, 갈무리, 2003, 27~52쪽; Steve Wright, Storming Heaven: Class Composition and Struggle in Italian Autonom -ist Marxism, 2nd. ed., London: Pluto Press, 2017, pp.140~162.

7) Negri, Il poetere costituente, pp.345~347.

8) Antonio Negri, "Partito operaio contro il lavoro"(1973), I libri del rogo, Roma: Castelvecchi, 1997, p.78.

따라서 유럽헌법 조약에 반대하는 사람들에게 찬성표를 던지도록 호소하는 작전은 자생성을 조직하고자 하는 시도이며, 그런 의미에서 그것은 (아무리 생뚱맞게 들린다 해도) 레닌주의적 '당'을 조직하려는 시도이다. 레닌주의자 네그리는 단 한 번도 '당'을 단념한 적이 없다(1970년대 이탈리아에서의 투쟁 말기에 발간된 책 『지배와 사보타지』에도 이런 구절이 있다. "그럼에도 내가 혁명가로서의 의식과 실천에 있어 당이라는 문제를 버릴 줄 모른다는 데는 조금도 변함이 없다"[9]). 자생성 속에 나타나는 '힘의 주체'를 그 모든 물질적 조건에서 해방시켜 절대적 자율성으로, 따라서 절대적 전위성으로 인도하는 것. 이것은 당을 조직하는 것에 다름 아니다. 네그리에게 당은, '힘의 주체'와의 관련 속에서 서로 불가분한 두 개의 주요 기능을 담당하는 것

---

9) "이제 프롤레타리아트의 혁명적 발전이 지닌 근본적 특성은 프롤레타리아트의 자기-가치증식 과정이다. 이것은 발본적 욕구와 욕망의 발전 속에서 계급구성의 (더 독립적이고 자율적인) 변화를 수반하는, 부와 권력의 직접적 전유에 입각해 구축된 물질적 과정이다. 확실히 이 틀 속에 당이 용해될 수는 없다. 당은 자기-가치증식 과정의 직접적 요소가 아니다. 그러나 이렇게 이야기함으로써, 다른 종류의 문제가 모습을 드러낸다. 자기-가치증식 과정은 국가 형태의 대립자이다. 자기-가치증식 과정은 탈구조화된 권력을 탈구조화하고 지속적으로 탈안정화할 수 있는 능력이다. …… 그러나 이것은 그 관계의 극단적으로 일반적인 형태만을 묘사한다. …… 이 일반적인 관계 형태가 어떻게 노동계급의 자기-가치증식의 관점에서 결정되는가? 이는 오직 분리의 논리 속에서만 답변할 수 있다. 당은 자기-가치증식의 보증자로 인식되는 프롤레타리아 권력의 한 기능이다. 당은 프롤레타리아트의 독립성의 경계 지대를 지키는 군대이다. 그래서 자연히 당은 자기-가치증식의 내적인 실행에 개입해서는 안 되며 개입할 수도 없다. 당은 자기-가치증식의 완전히 원숙한 상태에서 이식된 직접적인 급진적 대항권력이 아니다. 당은 권력 기능이지만, 그러나 때로 자기-가치증식 과정과 모순되고 분리된 기능인 것이다." Antonio Negri, "Il dominio e il sabotaggio"(1977), *I libri del rogo*, Roma: Castelvecchi, 1997, p.299. [윤수종 옮김, 『지배와 사보타지』(개정판), 중원문화, 2012, 111쪽.]

으로서 구상되고 있다. 하나는 자생성을 통해 발동하는 '힘의 주체'를 산발적인 것으로 끝나지 않도록 하는 것이다. "분명 자생성이 탁월한 역할을 담당하는 경우도 충분히 있을 수 있지만, **항상 반드시** 그런 것은 아니다."[10] 바로 이 때문에 룩셈부르크와 트로츠키가 주장하는 '과정으로서의 조직화'론으로는 안 되는 것이며, 역시 동일한 이유에서 멘셰비키도 다음과 같이 비판받는다.

그러나 레닌의 해석에서 '소비에트'의 출현과 그 확대는 볼셰비키 노선에 모순되는 것이 아니었다. '소비에트'는 '대중 조직화'의 출발점이며, 봉기의 자생적 형태이자 자생적 조직이었다. '소비에트'는 노동자의 자생성의 순전한 산물이었지만 그런 자생성이 문제시되는 일은 없었다. 레닌에게 자생성은 계급이 존재하고 자기 표현을 하기 위한 지극히 당연한 조건이며, 따라서 기록되고 지지받아 한층 더 고양되어야 하는 것이었지만 극복되어야 할 것이기도 했다. 오히려 모순되는 쪽은 '소비에트'를 자기-통치 혁명 조직이라고 간주한 멘셰비키 쪽이었다. '소비에트' 자체를 봉기의 중심으로 자리매김하고 최악의 민주주의 유토피아 사상에 빠져 당의 기능을 부정하는 멘셰비키 노선이야말로 모순이었던 것이다. …… 당이 만들어지고 그 기능이 필요하다고 여겨진 것은 이런 의미에서였다. 즉, 레닌에게 계급의 '자율성'과 그 '조직화'라는 두 가지 항은 결코 떼어낼 수 없는 것으로서 존재했다. …… 자율성이 없으면 조직화는 없다. 레닌의 관점에서 보면, 민주적 조직화를 내건 온갖 이론들은 이 점을 전혀 이해하지 못하고

---

10) Negri, *Trentatre lezioni su Lenin*, p.126; *Il potere costituente*, p.347.

있는 셈이다. 그러나 조직화가 없으면 자율성 역시 항상 단명할 수밖에 없다. 다시 말해, 특히 [계급 운동에 대응해] 자본이 뒤쫓아 발전을 이뤘을 때 그 수정주의에 의해 타도될 위험을 항상 안고 있게 된다. …… 레닌의 관점에서 보면, '과정으로서의 조직화'를 내건 온갖 가설들이 전혀 이해하지 못한 것은 바로 이 점이었다. 그렇다면 '소비에트'는 어떻게 되는 것인가? 오직 당만이 그 사용법을 결정할 수 있다. 단, 이것은 자생성이 혁명에 가져다준 도구를 과소평가하는 것이 아니다. 어디까지나 그 도구를 당의 전술과 전략 속에 자리매김하는 것이며, 그럼으로써 그 힘을 한층 더 키우는 것이다.[11]

네그리식 레닌주의의 틀 안에서 '당'이 '힘의 주체'와의 관련 속에서 맡아야 하는 것으로 여겨지는 또 하나의 주요 기능에 대해서는, 가장 간결하게 다음과 같이 말할 수 있다. "당은 주체성 생산의 엔진이다. 더 정확히 말하자면 전복적인 주체성을 생산하기 위해 사용되는 도구이다."[12] 전복적인 주체성을 생산하는 데는 적어도 두 가지 작업 단계가 있다. 하나는 '계급 구성'을 지배적·정치적 측면에서 분석하고 거기서 '경향'을 추출하는 것(네그리식 레닌주의의 **제6계기**)이

11) Antonio Negri, "Lenin e i soviet nella rivoluzione," *Classe operaia*, anno 2, no.1, 1965; Guido Borio, Francesca Pozzi, e Gigi Roggero, *Futuro anteriore: Dai "Quaderni rossi" ai movimenti globali: Ricchezze e limiti dell'operaismo italiano*, Roma: DeriveApprodi, 2002, pp.247~249. 재인용.

12) Antonio Negri, "Che farne del *Che fare?* Ovvero: Il corpo del General intellect"(2002), *Dalla fabbrica alla metropoli*, Roma: Datanews, 2008, p.26. [정남영·박서현 옮김, 「《무엇을 할 것인가?》로 오늘날 무엇을 할 것인가 혹은 일반지성의 신체」, 『다중과 제국』, 갈무리, 2011, 220쪽.]

며, 다른 하나는 그렇게 추출된 '경향'을 육화하고 해방시키기 위한 시공간을 확정하는 것(**제7계기**)이다. 제6계기는 두 가지 단계로 나뉜다. 첫째는 기술적·직접적 관점에서 수행되는 '규정된 사회구성체'에 대한 분석이고, 둘째는 첫 번째 분석에 기초해 정치적·경향적 관점에서 수행되는 '규정적 추상'이다. 제6계기의 1단계, 즉 '규정된 사회구성체'에 대한 분석은 레닌이 『'인민의 벗'이란 무엇인가?』(1894)에서 보여준 맑스 독해에서 직접적으로 유래하는 것이다. 이 글에서 젊은 레닌은 '『자본』의 얼개'가 다음과 같은 점에 있다고 논했다.

> 물질적 사회관계에 대한 분석이 일거에 가능하다는 것은 반복성과 규칙성을 끌어낸다는 것이며, 다양한 나라의 시스템을 '사회구성체'라는 하나의 기본 개념을 통해 개괄한다는 것이다. 이와 같은 개괄을 통해 처음으로, 사회 현상에 대한 서술(그리고 이상理想이라는 관점에 기초한 사회 현상에 대한 평가)에서 사회 현상에 대한 엄밀하게 과학적인 분석으로의 이행이 가능해진 것이다. 일례를 들어 설명하면, 이는 어떤 자본주의 국가가 다른 자본주의 국가와 구별되는 점을 가려낸 다음 그것들 모두에 공통된 것을 분석하는 데 있다. …… 바로 이 가설을 통해 처음으로 과학적 사회학의 가능성이 창출됐다고 말할 수 있는 것은, 사회관계를 생산관계로 환원하고 생산관계를 생산력 차원으로 환원함으로써만 사회구성체의 전개를 자연사적 과정으로 포착하기 위한 확고한 기반을 손에 넣을 수 있기 때문이다.*

---

* Vladimir Ilyich Lenin, "What the 'Friends of the People' Are and How They Fight the Social-Democrats"(1894), *Collected Works*, vol.1, Moscow: Progress

생산력이 구성하는 물질적 사회관계의 총체로서 추출되는 이 '규정된 사회구성체'를 네그리(그리고 동시대의 다른 이탈리아 논자들)는 '노동력의 기술적 구성'이라고도 부른다. 그러나 네그리에 따르면, 레닌이 맑스를 독해함으로써 끌어낸 방법론은 '규정된 사회구성체'에 대한 이런 기술적·직접적 분석만이 아니다. 레닌은 이렇게 분석되는 '규정된 사회구성체' 한가운데에서 '경향'을 읽어내는 방법론('규정적 추상')을 발견하기도 하는데, 네그리에 따르면 이 방법론은『러시아에서의 자본주의 발전』(1899)에서 이미 완벽하게 적용된다. 네그리는 이 '규정적 추상'을 다음과 같이 정의한다.

우선 계급 투쟁의 발전에서 최첨단의 계기를 파악하고, 이에 따라 그 귀결로서 존재하는 자본주의 발전의 최첨단의 계기를 파악한 다음, 이어서 이 최첨단의 계기를 그것을 둘러싸고 있는 직접적인 규정에서 분리시키고, 반대로 그것으로부터 과정의 필연적 경향성을 보이는 추상 개념을 도출하는 것.13)

[이렇듯 레닌에게서는] 규정된 사회구성체에 대한 기술적·직접적 분석에서 계급 투쟁(노동자/자본의 계급적 역관계)이 이미 '해결할 수 없는 모순'으로서 자리매김되고 있거나,또는 노동계급이 이 사회구성체를 발전시키는 '힘의 주체'로서 자리매김되고 있다(이런 의미에

Publishers, 1960, pp.140~141. [김우현 옮김,『인민의 벗이란 무엇인가』, 중원문화, 2012, 20쪽.]

13) Negri, *Trentatre lezioni su Lenin*, p.29.

서, 네그리의 관점에 따르면, 레닌이 사회구성체의 발전을 '자연사적 과정'이라 생각하는 것은 시대적 한계인 셈이다). "따라서 레닌은 이와 같이 규정된 사회구성체를 발견함으로써 혁명 주체의 계급 구성을 발견하기 위한 조건을 획득한다."[14] 그리고 이것에 이어지는 '규정적 추상'에서는 사회구성체에 대한 이런 기술적 분석을 통해 '힘의 주체'로서 추출된 노동계급이, 이번에는 그 '정치적 구성'에 대한 분석("어떤 특정한 역사적 계기에서 주체로서의 노동계급에 의해 제시되는 요구, 행동, 정치의식의 정도 등의 확정"[15])을 통해 '부단한 경향적 과정의 엔진'으로서 새로이 파악되게 된다. 규정된 사회구성체에 대한 경향적·정치적 분석으로서의 이 '규정적 추상'에서 두 가지 중요한 점이 있다. 하나는 구체/추상의 일반적인 구별이 여기에서는 전도되어 있다는 점이다. "가장 추상적으로 보이는 것이 경향에 있어서는 가장 구체적인 것이 된다. 구체적이고 직접적인 것은 한가운데에서 갈라진다. 진정으로 구체적인 것은 직접적인 것이 아니라 모든 실재적 규정의 총체인 것이다. 구체란 직접적 규정을 파악하고 분석함으로써 발견되는 경향적인 한계인 것이다."[16] 다른 하나는 현재의 한가운데에서 미래가 발견된다는 점, 더 정확히 말해 현재의 한가운데에서 미래가 산출된다는 점이다. 이 점에 대해서는, 예컨대『도자기 공장: 정치의 새로운 문법을 위하여』에서 이렇게 언급된다. "보통명사를 향해 나아간다는 것은 도대체 무엇을 의미하는가? 보통명사를

---

14) Negri, *Trentatre lezioni su Lenin*, p.29.

15) Negri, *Trentatre lezioni su Lenin*, p.43.

16) Negri, *Trentatre lezioni su Lenin*, p.29.

구축하는 실천은, 다양한 특이성들 사이에서 진행되는 협력의 과정을 존재론적 표현이자 시간적 열림으로 간주한다. 이런 맥락에서 현재가 독해의 대상이 될 수 있는 것은 어디까지나 그것을 '도래하고 있는 것'이라는 관점에서 포착할 때, 즉 현재 속으로 헤치고 들어가 현재 한가운데에 잉태되어 있는 미래를 향한 경향을 움켜쥘 때이다. 공통적인 것은 바로 이런 틀에서 생산되는 것이다."[17]

네그리식 레닌주의의 이 제6계기를 구성하는 두 가지 단계는, 네그리가 마이클 하트와 공저한 '제국' 3부작과 연결시키면 각각 『제국』과 『다중』에 상응한다.* 다시 말해, 『제국』은 규정된 사회구성체에 대한 기술적·직접적 분석, 즉 노동력의 기술적 구성에 대한 분석에 초점이 맞춰진 저작이고, 『다중』은 이와 동일한 규정된 사회구성체에 대한 정치적·경향적 분석, 즉 노동력의 정치적 구성에 대한 규정적 추상에 초점이 맞춰진 저작이다. 실제로 『다중』에는 교조적 맑스주의자들에 대한 반박으로서 이런 구절이 있다.

오늘날의 경제가 비물질적 생산의 헤게모니에 의해 규정된다고 주장했을 때 우리는 이미 맑스의 경향 개념을 채택했다. 비물질노동이 양적인 면에서 지배적이지 않다 할지라도, 그것이 다른 모든 노동 형

---

17) Antonio Negri, *Fabrique de porcelaine: Pour une nouvelle grammaire du politique*, Paris: Stock, 2006, pp.196~197.

　* Antonio Negri and Michael Hardt, *Empire*, Cambridge, MA.: Harvard Univer-sity Press, 2000. [윤수종 옮김, 『제국』, 이학사, 2001]; *Multitude: War and De-mocracy in the Age of Empire*, New York: Penguin Books, 2004. [정남영 외 옮김, 『다중: 제국이 지배하는 시대의 전쟁과 민주주의』, 세종서적, 2008.]

태들을 그 자신의 특성들에 따라 변형시키면서 하나의 경향을 부과해 왔으며 그런 의미에서 헤게모니적 지위를 차지했다는 것이 우리의 주장이다. …… 오늘날 정통 맑스주의자들이 전 세계의 산업노동계급의 수가 감소하지 않았으며, 그러므로 산업노동과 공장이 모든 맑스주의적 분석을 이끄는 핵심으로 남아야 한다고 말할 때, 우리는 그들에게 경향에 대한 맑스의 방법을 상기시켜줘야 한다. 수도 중요하지만, 열쇠는 현재의 방향을 파악하는 것이며, 어떤 씨앗들이 자라고 어떤 씨앗들이 말라죽을 것인지를 읽어내는 것이다.[18]

하트와 공저한 3부작에서 『제국』과 『다중』이 네그리식 레닌주의의 제6계기에 대응한다면, 『공통체』**는 뒤이은 제7계기, 즉 '경향' 또는 '경향적 헤게모니'로 파악된 '다중'이라는 혁명 주체를 육화하고 해방시키기 위한 시공간 확정을 중심 과제로 삼은 저작이다.

2002년에 발표된 네그리의 글 「《무엇을 할 것인가?》로 무엇을 할 것인가」는 네그리 자신의 저작 『맑스를 넘어선 맑스』***를 본떠 '레닌을 넘어선 레닌'이라는 제목을 붙여도 전혀 이상하지 않은 것으로, 지금까지 검토한 레닌주의의 입장에서 명백하게 '당' 건설을 호소하는 '신레닌주의' 선언이다. 이 글에는 다음과 같은 구절이 있다.

---

18) Negri and Hardt, *Multitude*, p.141. [『다중』, 181쪽.]

** Antonio Negri and Michael Hardt, *Commomwealth*, Cambridge, MA.: Belknap Press, 2009. [정남영·윤영광 옮김, 『공통체: 자본과 국가 너머의 세상』, 사월의책, 2014.]

*** Antonio Negri, *Marx au-delà de Marx: Cahiers du travail sur les "Grundrisse"*, Paris: Christian Bourgois, 1979. [윤수종 옮김, 『맑스를 넘어선 맑스』, 중원문화, 2012.]

그러나 '레닌을 넘어선다는 것'은 그저 새로운 현실을 인식하고, 그에 따른 조직화의 긴급성을 재인식한다는 것만을 뜻하지는 않는다. 해방의 기획에는 시간적·공간적 규정이 존재할 수밖에 없다. 신체는 늘 이런저런 특정한 시간에 존재하는 것처럼 늘 [이런저런 특정한 공간 안에] 국지화되어 있다. 주체성의 생산에는 (제 효과를 발휘하려면) 공간적·시간적 규정이 필요하다. (특정한 시간의 특정한 장소에 놓여 있던) 러시아를 예로 들어보면, 레닌에게 이런 규정[제한]은 절대적이었으리라. 바로 지금 이곳이 아니면 결코 안 된다! 그런데 '탈출' 중이고 자율적인 비물질적 프롤레타리아트의 전복적 조직화와 가능한 혁명에는 어떤 공간과 시간이 열려 있을까?[19]

신레닌주의는 새로운 규정된 사회구성체를 발견하고 거기서 새로운 경향적 헤게모니를 추출함으로써 새로운 혁명 주체를 지명하는 것만으로는 끝나지 않는다. 왜냐하면 레닌주의에는 이미 구체로서 존재하는 추상에 살을 부여한다는 '생명정치적' 측면, 즉 피와 살의 차원에서 추상을 겪는 '존재론적' 측면도 있으며, 이로써 처음으로 '권력 탈취'와 그것을 통한 '국가 사멸'이라는 코뮤니즘 강령이 완성되기 때문이다.

"레닌(그리고 일반적인 혁명적 맑스주의)에게는 코뮤니즘적 투쟁이 곧 생명정치적일 수밖에 없다는 사실이 바로 그것이다. 그럴 수밖에 없는 이유는 코뮤니즘적 투쟁이 삶의 모든 측면과 결부된 것이기 때문이기도 하지만, 무엇보다도 코뮤니스트들의 혁명적 정치 의

---

19) Negri, "Che farne del *Che fare?*," p.165. [「《무엇을 할 것인가?》로……」, 224쪽.]

지가 그 스스로 비판하고 구축하고 변형시키는 비오스에 속한 것이기 때문이다."[20] 네그리의 레닌주의에서 이야기되는 '구성권력으로서의 당'이란 무엇보다도 먼저 비오스(삶)를 구성하기 위한 조직화이며, 나아가 그것이야말로 '전복적인 주체성의 생산'의 실제 내용이다. 그리고 이를 위해서는 '당 건설'을 가능케 하는 시공간을 확정하는 것이 필수불가결하다.

프랑스의 유럽헌법 조약 비준에 반대하는 운동에서는 말할 것도 없이 '다른 지구화'를 욕망하는 새로운 주체성의 발동이 발견된다. 그러나 네그리의 관점에서, 헌법 조약에 반대함으로써 이 조약을 통해 열릴 수 있는 '유럽'을 잃는 것은 새로운 주체성이 육화되기 위한 시공간을 놓치는 것에 다름 아니다. "핵심적이고 객관적으로 규정된 순간에 약한 고리에 개입해 들어가는 레닌주의의 장치가 완전히 쓸모없어졌다는 것이 이제 분명하다. 또한 비물질적인 노동력의 활력이 자본주의적 착취의 힘보다 강한 곳에서만 해방의 기획이 가능해지리라는 것 역시 분명하다. 반자본주의적 결단은 [저항, 봉기, 혹은 혁명의] 주체성이 가장 강력한 곳, 제국에 맞서 '내전'을 전개할 수 있는 곳에서만 효력을 발휘할 수 있게 됐다."[21] 이 마지막 말이 유럽헌법 조약에 대해 자생적으로 반대 운동을 일으킨 사람들에게 찬성표를 던지라고 호소하는 작전의 관건이라고 할 수 있겠다.

---

20) Negri, "Che farne del *Che fare?*," p.158. [「《무엇을 할 것인가?)로……」, 217쪽.]

21) Negri, "*Che farne del Che fare?*," p.168. [「《무엇을 할 것인가?로……」, 226쪽.]

4장

분노인가, 치욕인가?

(맑스주의 정치철학을 위하여):
네그리와 들뢰즈

怒りか、恥辱か
（マルクス主義政治哲学のために）
ネグリとドゥルーズ

Negri e Deleuze:

L'indignazione o la vergogna?
(per una filosofia politica marxiana)

펠릭스 가타리와 나는 아마 방식은 서로 달랐겠지만 둘 다 여전히 맑스주의자였다고 생각합니다. 자본주의와 그것의 발달에 대한 분석을 중심으로 하지 않는 정치철학이란 없다고 믿었기 때문입니다.
—— 안토니오 네그리와의 대담에서 질 들뢰즈가 한 말[1]

안토니오 네그리가 일본을 방문했을 때(2013년 4월) 나는 3일 연속 그와 함께 지내는 행운을 누렸다. 도쿄에서 강연 등 예정된 일정이 없었던 기간 동안 네그리는 가족과 함께 교토에 머물렀는데, 국제문화회관이 내게 '관광' 통역을 맡겼던 것이다.

여든이 된 네그리에게 많은 휴식(호텔방에서 '휴식' 중일 때도 공부를 하거나 원고를 집필하고 있었던 것 같다)이 필요한 것도 있고 해서, 방문할 수 있는 곳은 아주 적은 수의 '대표적인' 관광 명소로 한정됐다. 게다가 네그리 본인이 그 어떤 것에 대해서도 별로 큰 관심이 있는 것 같지 않았다. 아마 교토 여행 자체가 일종의 '가족 서비스'였을 것이다(관서 지방에서는 관계자들이 모인 저녁식사 모임을 제외하면 행

---

1) Gilles Deleuze, "Contrôle et devenir"(1990), *Pourparlers 1972-1990*, Paris: Mi -nuit, 1990, p.232. [김종호 옮김, 「통제와 생성」, 『대담 1972~1990』, 솔, 1993, 190쪽.]

사라고 부를 만한 일정이 하나도 없었다). 그렇긴 했지만 네그리는 방문한 곳에서 간혹 흥미로운 감상을 말하기도 했다. 가령 은각사에서 네그리는 '제2의 자연'에 대해 말했다. 우리가 원하든 원하지 않든 만들어진 것이 '자연' 그 자체가 되고 이 '제2의 자연'이 우리에게 유일한 현실이 됐기 때문에, 바로 여기가 우리의 로두스이며 우리는 여기서 뛸 수밖에 없다(여기서 뛰어야 한다)는 이야기였다. 즉, 네그리는 '만들어진 것의 진리'와 그 디스토피아에 대한 자신의 이 탈근대론이 철저하게 인공적으로 조성된 선사의 정원에도 체현되어 있다는 것을 간파했던 것이리라. 네그리의 이 말에 나는 정원 안에 재구성된 작은 냇물과 연못 속에 사람들이 던져놓은 동전 무더기로 시선을 끌면서 "이런 새전賽錢은 말하자면 '제1의 자연'의 회귀를 억누르기 위한 것이었겠지요"라고 말했다. 그러자 네그리는 바닥에 쌓여 있는 새전이 1엔짜리나 5엔짜리 같은 잔돈밖에 없다는 것에 주목하면서 제1의 자연이라는 것이 이제는 이런 푼돈으로 억제할 수 있는 정도의 것이라고, 요컨대 제1의 자연의 회귀가 이제는 있을 수 없다는 것이 이런 잔돈으로 긍정되고 있다고 말하며 재미있다는 듯 웃었다. 그러면서 동시에 지진과 쓰나미를 언급하며 그것을 마주하더라도 반동적인 낭만주의에 빠지지 않는 것이 중요하다는 말도 덧붙였다.

만들어진 것의 추상성과 표면성을 '존재'로서 긍정하고 바로 거기서 '진리'를 발견한다는 점에서 은각사에서처럼 용안사에서도 나름 즐거워하는 것 같았는데, 그랬던 네그리가 '뭐든 상관없다'는 표정을 노골적으로 보인 것은 금각사에서였다. 네그리는 비슷한 종교시설을 이전에도 본 적이 있다며 말을 꺼냈다. 키토였는지 리마였는지 보고타였는지 모르겠지만,* 산티아고는 아니었던 것으로 생각되는데, 아무튼 라틴아메리카의 태평양 쪽 도시를 방문했을 때의 이야기였다. 네그리가 말해준 것은 이랬다. 그 도시에는 스페인에서 온 식민지 개척자들이 세운 대성당이 있는데, 외관상으로는 특히 시선을 끌 만한 특징이 없는 대성당이지만 그 내부는 모두 금으로 덮여 있고 그 중앙에 노예들의 고통을 그대로 체현해놓은 듯한 유난히 잔혹하게 묘사된 책형도磔刑圖가 걸려 있다. 내가 "훌륭한 '장치'로군요"라고 말하자, 네그리는 조금 상기되어 라틴아메리카에는 정말로 '장치'라는 이름에 걸맞은 그런 교회 건축이 다른 곳에도 몇 개가 있고 그것들은 예수회뿐만 아니라 프란체스코회에 의해서도 세워졌다고 알려줬다. 물론 건물 외부를 금으로 두르는 것과 내부를 금으로 두르는 것에서 예상되는 노동이 전혀 다르다는 것은 말할 것도 없지만 자신은 라틴아메리카의 '장치'라는 것이 계속 흥미롭게 느껴진다고, 네그리는 말을 이어나갔다.

가는 곳마다 네그리와 조금씩 나눴던 위와 같은 대화도 물론 자극이 되긴 했지만, 그와 보낸 3일이 내게 특히 중요했던 데는 다른 이유가 있다. 짧게 말하자면, 네그리가 새삼 '희망'을 던져줬기 때문이다. 안토니오 그람시가 인용해 유명해진 로맹 롤랑의 구절("이성의 비관주의는 의지의 낙관주의를 가로막는 것이 아니다")을 뒤집어 네그리가 자신의 말로서 항상 외쳐온 '이성의 낙관주의'("코뮤니즘이란 '이성의 낙관주의'이다")를, 문장으로 읽었을 때와는 또 다른 강한 힘으로 맞닥뜨렸던 것이다. 네그리는 언어와 사유뿐만 아니라 신체적으로도

---

* 키토(Quito)와 리마(Lima)는 각각 에콰도르와 페루의 수도이다. 이곳에는 식민 통치를 받던 시기에 건설된 여러 종교 시설(성당, 수도원 등)이 산재해 있다.

그 일거수일투족에 이르기까지 철저하게 '이성의 낙관주의'가 관철되고 있는 사람이었다. 그런 네그리의 신체의 존재 자체를 통해, 나는 '이성의 낙관주의'와 그 '희망'을 더없이 강력하게 맞닥뜨리게 된(조직화된) 것이다. 네그리 자신이 의식하고 있었는지는 알 수 없지만, 내게 그 3일은 이런 경험을 빼면 아무것도 아니었다.

네그리와 함께한 날들을 '희망'의 날로 보내게 된 데는 내게도 원인이 있다. 2013년 5월 초, 나는『절망론: 혁명적이 되기에 관하여』[2]라는 책을 출간했다. 안이한 희망이 넘쳐나는 이 세계에서 절망을 진정한 역능으로 만들어내는 것, 자신의 목전에 불가능성이라는 벽을 세워 그것에 떠밀려 탈주선을 그리는 것, 혁명의 불가능성을 스스로 창출해 그것에 저항함으로써 혁명적이 되는 것을, 다중을 돌쩌귀로 삼아 들뢰즈와 장-뤽 고다르의 관점에서 독해하는 데 주안점을 둔 책이다. 네그리가 일본에 온 4월은 바로 이 책의 최종 준비 단계에 있을 때였고, 따라서 나는 나의 절망론을 마무리하던(희망 비판을 관철시키던) 와중에 이 세상 어느 누구보다도 절망이나 불가능성과 거리가 먼 네그리를 맞이했을 것이었다. 바로 그 때문에 네그리의 '희망'이, 그리고 그 근거가 되는 그의 '이성의 낙관주의'가 내게 지금까지 그랬던 것보다 유독 선명하고 강렬하게 감각됐던 것 같다. 그렇다고 "나는 네그리와는 생각이 다르다"고 정색하면서 말을 맺는 것도 내게는 도저히 불가능한 일이었다. 생각해보라. 1950~60년대에 투쟁을 계속해나가면서 '졌다'고까지는 할 수 없지만 최소한 한 번도 '이겨본' 적 없는(그리고 이 점을 누구보다도 자각하고 있는) 네그리가 그럼에

---

2) 廣瀬純,『絶望論: 革命的になることについて』, 東京: 月曜社, 2013.

도 여전히 희망을 전혀 잃지 않는 데 비해, 아직 그가 살아온 세월의 절반밖에 살지 않은 젊은이인데다 투쟁했던 적이 한 번이라도 있는 지조차 크게 의심스러운 내가 희망을 안이하다고 비판하며 "절망하라"고 떠들고 다닌다……. 이런 이상한 일이 일어나도 괜찮은 걸까? 괜찮을 리 없다. 내가 해야 할 일은 한 가지밖에 없다. 네그리가 몸으로써 살아온(그리고 지금도 여전히 살고 있는) 그 압도적인 희망을 다시 한 번 제대로 받아들여 그의 관점으로 나의 절망론을 다시 독해하는 것. 네그리가 내게 던져준 것은 바로 이 '숙제'였다.

이 숙제는 내가 『절망론』에서 문제로 삼은 '정치'를 '경제'와 관련지어 새롭게 질문하는 데 있을 것이다. 따라서 마찬가지로 '생성'을 '역사'와 관련지어, '욕망'을 '이해관계'와 관련지어, '치욕'을 '분노'와 관련지어 각각 새롭게 질문하는 데 있을 것이다. 그 '숙제'는 어쩌면 들뢰즈의 절망과 네그리의 희망 사이에서, 마치 곡예와도 같이 그 접합 가능성을 검토한다는 의미에서 가타리론(특히 1980년대 초의 가타리)으로서 달성되어야 하는 것일지도 모른다. 또한 동시에 프랑코 베라르디 비포론에도 있어야 하는 것일지 모른다(비포와 가타리가 매우 친했다는 사실은 잘 알려져 있다). 실제로 비포를 잘 아는 네그리는, 이번에 교토에 머물렀을 때 스기무라 마사아키와 재회한 자리에서 비포에 대해 실로 정곡을 찌르는 말을 했다. 비포는 매우 조숙하고 활발했으며 스무 살이 되기 전에 이미 〈노동자의 힘〉의 리더 중 한 명이었지만 〈노동자의 힘〉에 금방 실망해 그 내부에서 누구보다도 격렬한 비판을 전개하기도 했고, 그때부터 줄곧 희망을 품었다 절망하고 얼마 뒤 다시 희망을 되찾아 정력적으로 활동을 전개하기를 지금까지 계속 반복해온 그런 별난 녀석이었다고 말이다. 네그리와 마찬가지로 비포와 친했던 스기무라도 자기 생각과 똑같다는 듯 네그리의 지적에 무릎을 치며 웃었다.

이 장에서는 가타리론과 비포론으로서 달성되어야 할 '숙제'의 개요를 서술하고자 한다.

❧

먼저 다뤄야 할 것은 네그리의 '이성의 낙관주의'가 원래 어떤 것인가라는 문제인데, 간단히 말하면 그것은 노동자를 '힘의 주체'로서 긍정하는 것이라고 할 수 있다. 노동자는 '착취의 **대상**'일 뿐만 아니라 '힘의 **주체**'이기도 하다는 것에 대한 긍정. 노동자의 투쟁은 항상 자생적이라는 것에 대한 긍정. 노동자가 자생적으로 경제 투쟁을 개시하지만 그 경제 투쟁이 정치 투쟁, 즉 혁명으로 바뀌는 것도 어디까지나 노동자의 주체성을 그 유일한 힘으로 삼음으로써 가능하다는 것에 대한 긍정. 따라서 네그리의 '이성의 낙관주의'에는 두 가지 다른 차원에 대한 긍정이 포함되어 있다. 하나는 경제 투쟁이 자기 발생적이라는 것에 대한 긍정이고, 다른 하나는 경제 투쟁에서 정치 투쟁으로의 이행 역시 자기 발전적이라는 것에 대한 긍정이다.

먼저 경제 투쟁의 자기 발생성을 검토해보자. 노동과 자본 사이의 '해결할 수 없는 모순'은 자본에게는 한없는 축적을 가져다주지만 노동에게는 한없는 '분노,' 즉 "반역과 반란의 운동들이 전개되는 원점이자 그 기본적인 재료"3)로서의 분노를 가져다준다. 노동자가 '힘의

---

3) Antonio Negri and Michael Hardt, *Commonwealth*, Cambridge, MA.: Belknap Press, 2009, p.235. [정남영·윤영광 옮김, 『공통체: 자본과 국가 너머의 세상』, 사월의책, 2014, 331쪽.]

주체'라는 것은 그들이 이 분노 자체로서 존재하고 있다는 것에 다름 아니며, 그런 분노로서 그들은 항상 이미 경제 투쟁을 개시하고 있다. 실제로 네그리가 쓴 문장 중에는 경제 투쟁의 개시를 호소하는 문장이 없다. 당연하다. 경제 투쟁은 자기 발생적인 것이어서 네그리가 텍스트를 통해 개입할 필요가 전혀 없기 때문이다. 노동자들의 운동은 경제 투쟁이라는 형태로 항상 이미 자생적으로 개시되고 있으며, 그 것을 개시시키기 위해 네그리가 해야 할 일은 하나도 없다. 소비에트는 자신이 발생하는 데 레닌이 필요하지 않았으며, 레닌이 귀환하는 것은 언제나 소비에트가 이미 존재하고 있는 장에서이다.

그렇지만 네그리는 텍스트를 쓰며, 텍스트를 써야 한다. 레닌은 귀환해야 한다. 무엇을 위해? 네그리의 '이성의 낙관주의'에 있는 두 번째 긍정, 다시 말해 경제 투쟁에서 정치 투쟁(혁명)으로의 자기 발전에 대한 긍정은 이 문제와 관련이 있다. 문제는, 경제 투쟁에서 정치 투쟁으로의 이행 역시 일체의 '매개' 없이 노동자의 자생성 그 자체를 통해 실현된다는 것이 이 두 번째 긍정의 내용인데도 불구하고 도대체 왜 여기서 네그리의 텍스트가 요청되는가라는 점에 있다. 경제 투쟁이 정치 투쟁으로 자기 발전하기 위해서는, 경제적 **이해관계**와 정치적 **욕망** 사이에서 발생하는 어긋남을 자생성이 자신의 연속성 속에서 극복해야 한다. 다시 말해, 자생성이 자신의 힘을 통해 자생성의 저편으로 도약해야 한다는 것이다. 자생성에 이런 자기 도약력이 있다는 것에 대한 긍정, 이것이 경제 투쟁에서 정치 투쟁으로의 자기 발전인 것이다. 네그리에게 있어서는, 경제 투쟁에서 정치 투쟁으로의 자생적 연속성에 대한 이런 긍정이 텍스트를 씀으로써 거기에 개입해야 한다는 필연성과 전혀 모순되지 않는다. 네그리에게 텍스트는 '당'과 엄밀하게 똑같은 뜻이며, 그에게 당은 '매개'가 아니라 '조직화'[과정 속]에 존재한다. 즉, '텍스트=당'은 자생성과 그와 이 질적인 외부를 매개해 양자를 연결시키는 것이 아니라 자생성이 자신의 힘으로 자기 속에 있는 '타성'과 연결되도록 자생성을 조직하는 것, 자생성이 자신의 힘으로 분기 또는 이중화("하나가 나뉘어 둘이 된다")하도록 촉진하는 것이라는 말이다. 투쟁의 주체, 투쟁의 힘은 어디까지나 노동자이지 그 외의 것이 아니며, 모든 것은 노동자의 자생성을 통해 자율적으로 전개된다. 그러므로 네그리의 '텍스트=당'이 거기에 개입하는 것은, '힘'으로서가 아니라 '촉매'라고 불러야 할 것으로서이다. 다시 말해 노동자의 힘의 자기 발전 운동을 촉매해 그 자기 조직화를 촉진하는 것으로서이다(1970년대 이탈리아에서 〈노동자의 힘〉이라는 이름의 운동 이후에 〈조직된 노동자 자율성〉이라는 이름의 운동이 형성된 것은 우연이 아니다).

'힘의 주체'는 어디까지나 노동자이며 모든 투쟁은 노동자의 자율성을 그 유일한 힘으로 삼아 전개되는데, 그로 인해 '텍스트=당'을 통한 개입의 필요성이 폐기되는 일은 전혀 없다. "우리는 여전히 자크리에서 표현되는 분노와 반란이 변혁의 과정에 본질적이라고 확신한다. 그러나 조직화 없이는 자크리가 변혁을 달성할 수 없다는 것역시 확신한다. 다시 말해, 자크리는 충분하지 않지만 필수적이다."[4] 이 점에 대해서는, 네그리가 레닌의 '자생성에 무릎 꿇는 것에 대한 거부'를 논한 구절을 인용해 다시 한 번 확인하고자 한다.

---

4) Negri and Hardt, *Commonwealth*, p.240. [『공통체』, 337쪽. '자크리'(Jacqueries) 는 백년 전쟁(1337~1453) 중인 1358년 프랑스 북부에서 발생한 농민 반란이다.]

그러나 레닌의 해석에서 '소비에트'의 출현과 그 확대는 볼셰비키 노선에 모순되는 것이 아니었다. '소비에트'는 '대중 조직화'의 출발점이며, 봉기의 자생적 형태이자 자생적 조직이었다. '소비에트'는 노동자의 자생성의 순전한 산물이었지만 그런 자생성이 문제되는 일은 없었다. 레닌에게 자생성은 계급이 존재하고 자기 표현을 하기 위한 지극히 당연한 조건이며, 따라서 기록되고 지지받아 한층 더 고양되어야 하는 것이지만 극복되어야 할 것이기도 했다. 오히려 모순되는 쪽은 '소비에트'를 자기-통치 혁명 조직이라고 간주한 멘셰비키 쪽이었다. '소비에트' 자체를 봉기의 중심으로 자리매김하고 최악의 민주주의 유토피아 사상에 빠져 당의 기능을 부정하는 멘셰비키 노선이야말로 모순이었던 것이다. …… 당이 만들어지고 그 기능이 필요하다고 여겨진 것은 이런 의미에서였다. 즉, 레닌에게 계급의 '자율성'과 그 '조직화'라는 두 가지 항은 결코 떼어낼 수 없는 것으로서 존재했다. …… 자율성이 없으면 조직화는 없다. 레닌의 관점에서 보면, 민주적 조직화를 내건 온갖 이론들은 이 점을 전혀 이해하지 못하고 있는 셈이었다. 그러나 조직화가 없으면 자율성 역시 항상 단명할 수밖에 없다. 다시 말해, 특히 [계급 운동에 대응해] 자본이 뒤쫓아 발전을 이뤘을 때 그 수정주의에 의해 타도될 위험을 항상 안고 있게 된다. …… 레닌의 관점에서 보면, '과정으로서의 조직화'를 내거는 온갖 가설이 전혀 이해하지 못하고 있는 것은 바로 이 점이다. 그렇다면 '소비에트'는 어떻게 되는 것인가? 오직 당만이 그 사용법을 결정할 수 있다. 단, 이것은 자생성이 혁명에 가져다준 도구를 과소평가하는 것이 아니다. 어디까지나 그 도구를 당의 전술과 전략 속에 자리매김하는 것이며, 그럼으로써 그 힘을 한층 더 키우는 것이다.5)

'자생성에 무릎 꿇는 것에 대한 거부'는 자생성에 대한 거부가 전혀 아니다. 여기서 거부되고 있는 것은 "본래 자생성에 속해 있지 않는 기능까지도 자생성에 맡겨버리는"[6] 것이지 자생성 그 자체가 아닌 것이다. 더 나아가 '자생성에 무릎 꿇는 것에 대한 거부'는 자생성에 대한 더할 나위 없는 적극적 긍정이며, 자생성이 그 자체의 힘을 항상 한층 더 키울 수 있는 것(코나투스)으로서 존재한다는 점에 대한 긍정이자 자생성이 일체의 매개 없이 그 자체의 힘으로 자생성의 저편으로 도약할 수 있다는 점에 대한 긍정인 것이다. 요컨대 혁명을 이뤄내기 위한 역능은 이미 거기에 존재한다. 노동자들의 분노로서, 그 분노의 과포화로서, 그리고 그 분노를 통한 경제 투쟁으로서 언제나 이미 거기에 존재한다는 것. 바꿔 말하면, 별도의 힘을 새롭게 만들어내 그것을 외부로부터 주입할 필요 같은 것이 전혀 없다는 것. 그저 자생성 그 자체의 자기 발전 운동을 촉매하면 된다는 것. 당만이 담당할 수 있는 기능을 소홀히 하고 있는 것으로 간주되는 '과정으로서의 조직화'론자들(멘셰비키 외에도 레온 트로츠키와 로자 룩셈부르크 역시 포함된다)에 대한 레닌주의자 네그리의 비판은, 자생성의 조직화 필요성을 설명하는 것인 동시에 자생성에 대한 위와 같은 낙관주의적 긍정 그 자체이기도 하다.

---

5) Antonio Negri, "Lenin e i soviet nella rivoluzione," *Classe operaia*, anno 2, no.1, 1965; Guido Borio, Francesca Pozzi, e Gigi Roggero, *Futuro anteriore: Dai "Qua -derni rossi" ai movimenti globali: Ricchezze e limiti dell'operaismo italiano*, Roma: DeriveApprodi, 2002, pp.247~249. 재인용.

6) Antonio Negri, *Trentatre lezioni su Lenin*, Roma: Manifestolibri, 2004, pp.125 ~126; *Il potere costituente: Saggio sulle alternative del moderno* (1992), Roma: Manifestolibri, 2002, pp.346~347.

위에 인용한 구절에서 네그리는 이렇게 말하고 있기도 하다. 즉, 자생성이 그 역능을 한층 더 키울 수 있는 방식으로 자생성을 사용할 방법을 결정하는 것은 당이며, 따라서 '텍스트=당'([즉,] 선동)이다. 여기서 문제로 제기되는 것은 똑같은 것을 다른 방법으로 '사용'하는 것, 경제 투쟁으로서 존재하는 운동을 정치 투쟁으로서 사용하는 것이다. 역사의 현상으로 보면, 정치 투쟁은 경제 투쟁에 뒤이어 일어나는 것이라고 해도 전혀 틀리지 않다. 먼저 소비에트가 발생하고 다음에 레닌이 귀환한다……. 그러나 사건의 관점에서 보면, 정치 투쟁은 경제 투쟁과 동시에 일어난다고 말해야 한다. 경제 투쟁과 정치 투쟁은 하나의 동일한 운동을 두 개의 다른 방법으로 사용하는 것으로서, 하나의 동일한 운동에서 분기하는 두 개의 다른 활용으로서 존재하기 때문이다. 경제 투쟁으로서 현상하는 운동을 그대로 이중화해 이 동일한 운동을 정치 투쟁으로 사용한다. 네그리가 오늘날의 기본소득 도입 투쟁에 대해 텍스트를 쓸 때 문제로 삼고 있는 것도 이와 동일한 '조직화,' 즉 경제 투쟁을 그대로 정치 투쟁으로 새롭게 사용하는 것, 이미 현상하고 있는 경제 투쟁을 그대로 정치 투쟁으로 재연하는 것에 다름 아니다.

⚜

오늘날의 인지자본주의에서는 '일반지성,' 즉 사회 전체에 네트워크 형상으로 퍼져 있는 대중의 지력의 총체가 주된 생산수단이 되고 있다. 이 생산수단의 소유자는 인류 전체이고 우리 한 사람 한 사람이어서 산업자본주의의 생산수단(공장 기계, 공장 설비 등)의 경우와는 다르며, 오늘날의 자본은 이제 그 소유자가 아니다. 자본은 생산수단을 자신의 외부에서 발견함으로써, 자기 돈을 들여 생산수단을 준비할 필요에서 해방된 것이다. 산업자본주의 시대의 자본은 자신을 고정자본/가변자본으로 나눠 전자를 생산수단 구입(설비 투자)에, 후자를 노동력 구입(임금)에 할당했다. 그러나 일반지성이 생산수단이 된 지금, 자본은 자기 돈으로 생산수단을 준비할 필요가 전혀 없다. 사회 그 자체로서 언제나 이미 자신의 외부에 준비되어 있는 생산수단을 임대하면 되는 상황이 됐다. 고정자본에서의 이런 변화는 가변자본에도 변화를 가져온다. 아니 더 정확히 말하면, 지금까지 유지됐던 고정/가변의 구별을 뒤흔들게 된다. 왜냐하면 생산수단의 소유자란 결국 노동자이며, 자본이 임대료를 지불하는 상대가 노동자이기 때문이다. 즉, 인지자본주의에서는 임금에 노동력 구입 대금뿐만 아니라 생산수단의 임대료 또한 포함되는 것이다. 그러나 이야기는 여기서 끝나지 않는다. 칼 맑스는 '노동력'을 "인간의 신체, 즉 살아 있는 인격 속에 존재하는 …… 육체적·정신적 능력의 총체"[7]로 정의하지 않았던가? 이 정의가 말하는 바는 결국 노동력과 일반지성이 서로 구별되는 것이 전혀 아니라는 점이다. 실제로 개개의 노동자에게 있는

---

7) 칼 맑스가 쓴 『자본』 제1권의 4장 3절을 참조하라(今村仁司·三島憲一·鈴木直 訳, 『資本論: 第一巻』[上], 東京: 筑摩書房, 2005, 248頁; 강신준 옮김, 『자본 I-1』, 도서출판 길, 251쪽). 또한 『정치경제학 비판 요강』에는 다음과 같은 구절이 있다. "노동자가 공급해야 하는 사용가치는 어떤 생산물로서도 물질화되어 있지 않고 노동자 외부에서는 존재하고 있지 않다. 다시 말해 그것은 실재적으로 존재하는 것이 아니라 가능적인 형태로만, 바꿔 말하면 노동자의 능력으로서만 존재하고 있는 것이다"(ドイツML研究所 編, 『資本論草稿集 1』, 資本論草稿集 翻訳委員会 訳, 東京: 大月書店, 1971, 315頁; 김호균 옮김, 『정치경제학 비판 요강 1』, 그린비, 2007, 266쪽).

이런 능력, 특히 '정신적인' 능력이 사회 전체에 의해서만 형성될 수 있다고 하면 노동력을 일반지성, 즉 대중의 지력의 총체와 동일시해도, 나아가 사회 그 자체와 동일시해도 전혀 문제가 없을 것이다. 그러면 인지자본주의에서 자본이 노동자에게 지불하는 임금은 순수하게 지대로만 구성되게 된다. 뿐만 아니라 과거 산업자본주의의 경우에도 자본에 의해 '구입'되는 노동력이 여전히 계속 노동자의 소유물이었다는 점에 비춰보면, 이때의 임금 역시 실제로 이미 지대였다고 해도 과언이 아닐 것이다.

인지자본주의의 발전은 임금이 지대와 다르지 않다는 점을 밝혀낸다. 자본은 일반지성 또는 노동력의 임대료를 그 소유자인 노동자에게 임금으로 지불한다. 문제는 도대체 누가 어떤 근거로 임대료 금액을 결정하고 있는가이다. 가령 셋집의 경우, 그 집세를 결정하는 것은 집의 소유자이다. 집을 소유한 주인은 여러 가지 근거(토지·집 구입 대금과 그 시장가격 등)를 들어 집세를 결정한다. 설령 빌리는 쪽에 집세를 협상할 여지가 얼마간 있다 해도, 집세의 최종 결정은 어디까지나 빌려주는 쪽인 집주인의 재량에 맡겨져 있다. 일반지성의 임대료에 대해서도 이와 똑같이 말할 수 있는가? 답은 명백히 '아니오'이다. 임금=지대의 금액을 결정하는 것은 셋집의 경우와는 반대로 빌리는 쪽인 자본이지 소유인 노동자 또는 사회 전체가 아니다. 과거 산업자본주의에서 노동력상품의 가격이 구매자인 자본에 의해 결정됐던 것과 동일하게 말이다. 그러면 그 근거는 어떤가? 자본은 일반지성의 임대료를 어떤 근거에 기초해 결정하고 있는가? 말할 것도 없이, 자본에 의해 결정되는 금액에는 어떤 근거도 없다. 아니, 적극적으로 '무근거'에 기초하고 있다고 말하는 편이 정확할지도 모른다.

앞서 셋집의 집세를 결정할 때 근거가 될 수 있는 요소 중 하나로 토지·집 구입액이 있다고 했는데, 일반지성에 대해서도 그 형성을 위해 소비된 총액을 산출할 수 있는가? 그렇지 않다. 그 형성 비용은 누구의 눈에도 자명하게, '막대하다'라는 말로도 다 표현되지 않는, 문자 그대로 '척도를 벗어나는'démesuré 것이기 때문이다. 일반지성 그 자체가 '탈척도' 자체로서 존재한다고 말해도 좋을 것이다. 자본은 '탈척도'라는 이 근거를 그대로 '무근거'로 반전시켜, 이 '무근거'에 기초해 임금-지대를 결정한다. '탈척도'라는 근거에 기초하는 것의 절대적 불가능성이, 바로 그 불가능성을 이유로 그대로 '무근거'로 반전되는 것이다. 맥도날드의 경우 '미소'라는 '탈척도'가 척도를 벗어난다는 이유로 '0엔'으로 반전되며, 마스터카드의 경우 삶의 정서적 측면이라는 '탈척도'가 척도를 벗어난다는 이유로 '프라이스리스'*로 반전된다. 따라서 무근거에 기초해 산출되는 일반지성의 임대료(임금=지대)는 객관적인 정당성을 조금도 갖지 못하는 순전히 주관적인 값 매기기가 되고, 결국은 가능한 한 '0엔'에 가까운 것이 된다. 그리고 임대되는 것의 '탈척도=∞'와 그 임대료로 지불되는 임금 사이에 생기는 차액이 그대로 자본의 몫을, 즉 이윤을 구성한다. 결국 오늘날의 인지자본주의에서는 임금이 지대가 될 뿐만 아니라, 이윤 역시 지대의 수탈로서 실현되게 된다. 지대-이윤-임금이라는 소득의 삼원 구

---

* Priceless. 1997년부터 마스터카드가 꾸준히 사용하고 있는 광고 슬로건. "세상에는 돈으로 살 수 없는 것이 있습니다. 그것 외의 다른 모든 것을 위해서는 마스터카드가 있습니다"(There are some things money can't buy. For everything else, there's MasterCard)라는 문구의 줄임말이다. 그러나 이 문구는 파라과이의 한 신용카드 광고 슬로건을 표절했다는 의심을 받기도 했다.

조는 '지대=소득의 일원성 아래 포섭된다. 그리고 바로 이 '이윤=지대'가 현대판 절대지대를 구성하며, 그것은 '임금=지대'를 점진적으로 '0엔'에 근접하게 함으로써 자신을 증대시키는 것이다.

과거 산업자본주의에서의 임금 투쟁은, 오늘날의 인지자본주의의 관점에서 회고적으로 파악하면 노동력의 임대를 둘러싸고 절대지대에 맞서 차액지대(상대지대)를 추구하는 운동이었다고 다시 정리할 수 있을 것이다. 노동력의 임대 요금이 노동력을 빌리는 쪽인 자본에 의해 근거 없이 결정되어버리는 것에 맞서, 적어도 그 노동력을 계속 유지하고 재생산해나가기 위해 필요한 비용을 근거로 해 임대 요금을 다시 결정하도록 강제하는 운동이었다고 말이다. 그리고 이 운동의 인지자본주의적 판본이 기본소득의 제도화를 추구하는 오늘날의 투쟁이다. 다만 기본소득 투쟁의 경우에는 애초부터 절대지대조차 지불되어야 할 사람에게 지불되고 있지 않는 사태, 실제로 산업자본주의 시대에도 이미 사실이었던 이 사태(바로 그 때문에 "가사노동에도 임금을" 같은 구호가 나왔다)가 과거의 임금 투쟁과는 비교가 되지 않을 정도로 압도적인 방식으로 전면화된다. 일반지성의 소유자로 그것을 자본에 임대하고 있는 것은 정규·비정규 고용의 임금 노동자뿐만 아니라 갓 태어난 아기부터 실업자, 와병 중인 노인에 이르기까지 모든 사람이며 문자 그대로 사회 전체, 인류 전체에 다름 아닌데도 불구하고, 그 임대료는 임금 노동자에게만 한정적으로 지불되고 있기 때문이다. 아니, 오히려 반대일지도 모른다. 다시 말해 임금 노동자이기 때문에 임대료가 지불되고 있는 것이 아니라 임대료가 지불되고 있는 사람들이 '임금 노동자'로, 지불되는 지대가 '임금'으로 불리고 있는 것에 지나지 않는 것이다. 요컨대 사회 전체가 자본에 의해 모조리 실질적으로 포섭된 현대에는, 임대료가 지불되고 있는 사람과 지불되지 않는 사람이 있다는 단순한 사실만이 존재한다. 그리고 그 경계 역시 자본이 '무근거'에 기초해 확정하고 있다. 따라서 엄밀히 말하면 절대지대가 지불되는 사람과 지불되지 않는 사람이 있다는 것 자체가 이미 절대지대의 본성을 구성하는 무근거에 입각한 사태이며, 이런 의미에서 절대지대의 지불/부불의 경계를 확정하는 것 자체가 절대지대에 포함되어 있다고 간주되어야 할지도 모른다. 역시 이런 의미에서 기본소득 투쟁은, 그것이 만인에게 조건 없이 동일한 금액의 임대료(이 점에서 흥미로운 것은 기본소득을 renta básica로 표현하는 스페인어인데, 스페인어에는 지대/소득이라는 단어상의 구별이 애초부터 없다*)를 지불할 것을 요구한다는 차원에서 이미 절대지대에 맞서는 투쟁을 하고 있다고 말할 수 있을 것이다. 기본소득 투쟁에 존재하는 절대지대에 대한 저항은 이런 식으로 먼저, 말하자면 절대지대 그 자체의 지평에서 개시된다. 물론 이 투쟁이 거기서 끝날 리는 없다. 기본소득 지급 금액의 결정을 둘러싼 투쟁, 일반지성의 임대 요금 결정과 그 근거를 둘러싼 투쟁이 그 뒤를 잇는다. 다시 말해, 빌리는 쪽인 자본이 그 금액을 근거 없이 결정해버리는 것(그리고 그로써 자본이 지대의 일부를 원하는 만큼 자기 몫으로 삼아버리는 것)을 거부하고 적어도 일반지성을 계속 유지·재생산해나가는 데 필요한 비용을 근거로 금액을 결정하도록 자본에 요구하는 투쟁[이자], 그럼으로써 제도화의 목표가 되는 차액지대가 바로 '기본소득'(시민소득)이라는 이름으로 불리고 있는 것이다.

---

* 스페인어 renta는 '소득'(수입)을 뜻하기도 하고 '지대'를 뜻하기도 한다.

서술이 길어졌는데, 바로 이것이 오늘날 인지자본주의에서의 경제 투쟁이다. 분명 네그리의 텍스트에서도 이 점을 논한 부분이 곳곳에서 발견되며, 실제로 앞서 다룬 내용은 네그리 본인이 다양한 기회를 통해 진행해온 논의를 다소 억지로 정리한 것이다. 그러나 그럼에도 여전히 네그리가 텍스트를 쓰는 것은 경제 투쟁의 개시를 호소하기 위함이 아니다. 왜냐하면 경제 투쟁은 이미 시작되고 있기 때문에, 자본의 무근거에 대한 노동자의 분노로 인해 네그리의 텍스트를 기다리지 않고 언제나 이미 자기 발생적으로 시작되고 있기 때문에 그렇다. 요컨대 노동자의 분노는 외부에서 불을 지필 필요가 전혀 없기 때문이다. 예를 들어 네그리는 「지대에 대항하는 민주주의」라는 제목의 텍스트에 "지대는 투쟁의 민주주의 아래에 있을 때 절대적인 것에서 상대적인 것으로 변하게 된다."[8]는 구절을 잊지 않고 넣는데, 절대지대를 차액지대로 변형시키는 그런 경제 투쟁은 절대지대의 폭력이 필연적으로 성장시킬 데모스[인민]의 저항을 통해 자기 발생적으로 항상 이미 시작되고 있는 것이며, 네그리에게 이 사실은 어디까지나 주어진 전제, 문자 그대로 '선先-맥락'이다. 문제는 상대지대에 대항하는 민주주의(데모스의 힘)를 '지대 (그 자체)에 대항하는' 힘으로까지, 즉 자신이 요구하는 차액지대까지 포함한 지대 전반에 대해 저항하는 힘으로까지 키운다는 점에 있으며, 바로 그 때문에 네그리는 텍스트(예컨대 1973년에 쓰여진 텍스트 「노동에 대항하는 노동자당」*의 인지자본주의 판본인 「지대에 대항하는 민주주의」라는 이 텍스

---

8) Antonio Negri, "La democrazia contro la rendita"(2007), *Dalla fabbrica alla metropoli: Saggi politici*, Roma: Datanews, 2008, p.181.

트)를 쓰고 자신의 눈앞에서 전개되는 기본소득 투쟁에 개입을 시도한 것이다. "민주주의는 절대지대를 파괴함으로써 상대지대에 대한 투쟁을 전개하는 데 필요한 역능 또는 강도를 획득할 수 있고, 획득해야 한다."[9] 경제 투쟁의 정치 투쟁으로의 자기 발전은 항상 이미 가능하지만, '텍스트=당'의 개입이 없으면 그 가능성은 순전히 잠재적인 것에 머문다. '텍스트=당'의 촉매적·비매개적 작용이 존재하면서 처음으로, 경제 투쟁은 자기 속에 내재한 이 가능성을 그 자체로 인식(현실화)하고 그 실현을 자신의 의무로 삼는다(가능성의 실재가 인식될 때 그 실현은 의무가 된다). 네그리는 이렇게 말한다. "당은 …… 전복적인 주체성을 생산하기 위해 사용되는 도구이다."[10]

경제 투쟁의 정치 투쟁으로서의 자기 발전은, '텍스트=당'에 의해 촉매되어 경제 투쟁이 자기 자신을 정치 투쟁의 '기원'으로서 재연하는 것에서 시작된다. 「지대에 대항하는 민주주의」에서 네그리는 기본소득 투쟁을 위해 다음과 같이 호소한다.

주의해야 할 것은, 지대(먼저 절대지대, 그 다음 상대지대[차액지대])에서 일정량의 임금을 뽑아내는 것이 그 자체로 자본의 작동에 위기를 가져올 수 없다는 점이며, 그렇게 생각할 문제가 아니라는 점이

---

* Antonio Negri, "Partito operaio contro il lavoro"(1973), *I libri del rogo*, Roma: Castelvecchi, 1997.

9) Negri, "La democrazia contro la rendita," p.183.

10) Antonio Negri, "Che farne del *Che fare?* Ovvero: Il corpo del General intellect"(2002), *Dalla fabbrica alla metropoli*, Roma: Datanews, 2008, p.162. [정남영·박서현 옮김, 「《무엇을 할 것인가?》로 오늘날 무엇을 할 것인가 혹은 일반지성의 신체」, 『다중과 제국』, 갈무리, 2011, 220쪽.]

다. 소득(여기서는 특히 기본소득)을 둘러싼 투쟁은 무엇보다도 먼저 하나의 수단이다. 새로운 정치적 주체, 새로운 정치적 힘을 구성하기 위한 수단. 목적 없는 수단? 말 그대로이다. 그 투쟁의 목적이 권력을 탈취하는 것도, 자본주의 사회의 재생산 메커니즘을 장기적으로 변혁해나가는 것도 아니기 때문이며, 지금은 아직 그럴 수 없기 때문이다. 이 투쟁에서 유일하게 가능한 것은, 소득의 지평에서 효과적으로 행동하는 법을 알게 된 하나의 힘에 대해 그 실재와 그 인식을 구축하는 것뿐이다. 이 단계를 거침으로써 처음으로, 즉 투쟁을 구성적으로 사용해 하나의 정치적 주체를 확정하고 인식함으로써 처음으로, 더 이상 기본소득 교섭에 머물지 않는 새로운 투쟁을, 공통적인 것의 재전유와 그 민주적 관리를 목적으로 하는 새로운 투쟁을 개시하는 것이 가능해지는 것이다.[11]

이 구절은 기본소득 투쟁의 사용법을 결정하는 것이며("오직 당만이 그[소비에트의] 사용법을 결정할 수 있다"), 구체적으로는 기본소득 투쟁에 스스로를 '구성적으로' 활용할 것을 촉구하는 것이다. 기본소득 투쟁의 '목적'은 물론 기본소득의 제도화, 즉 절대지대를 차액지대로 변형시키는 것에 다름 아니다. 그와 같은 명확하기 그지없는 '목적' 아래 전개되고 있는 이 경제 투쟁을 그대로 '목적 없는 수단'으로 자기 분기分岐시키는 것이, 그 '구성적 사용'에 있어 먼저 문제로 다뤄지고 있다. 기본소득 투쟁을 그 경제적 '목적'으로부터 분리된 차원에서 새롭게 파악하는 것이다. 그러나 동시에 이것과는 다

---

11) Negri, "La democrazia contro la rendita," p.182.

른 종류의 자기 분기가 문제로 다뤄지고 있다. "소득의 지평에서 효과적으로 행동하는 법을 알게 된 하나의 힘," 다시 말해 자생성 자체의 '실재'와 '인식'으로의 자기 분기이다. 여기서 네그리가 인식뿐만 아니라 실재 역시 '구축'해야 할 대상으로 이야기하고 있다는 점에 주의해야 할 것이다. 인식 없이 실재는 없다. 자생성은 자신에 대한 인식으로 자기 분기함으로써 처음으로 자신의 실재를 그 자체로 확인하고 구축하는 것이다. 네그리가 당의 기능으로 자리매김하는 자생성의 '조직화'란 바로 힘이 실재/인식으로 자기 분기하는 것이다. 레닌의 대한 강의에는 다음과 같은 구절이 있다. "조직화란 …… 자생성의 확인이자 자생성의 정련이다. …… 조직화란 자생성의 자기 반영이다."[12] 네그리는 바로 이 조직된 자생성, 실재/인식으로 자기 분기한 이 힘을 '정치적 주체,' '정치적 힘'이라고 부른다. 그리고 이 것을 구성하는 것이야말로 경제 투쟁을 구성적으로 새롭게 사용하는 것이다. 따라서 최종적으로는 다음과 같은 자기 분기가 문제시된다고 정리할 수 있을 것이다. 다시 말해 "소득의 지평에서 효과적으로 행동하는 법을 알게 된 하나의 힘"이 자신의 경제적 목적의 저편에서 '정치적 주체'로 자기 분기하는 것, 자생성 그 자체가 정치적 주체로 자기 분기하는 것 말이다.

　　절대지대의 차액지대로의 변형을 추구해온 자생성은, '텍스트=당'에 의해 촉매되어 자신의 실재를 그 자체로 인식·구축하는 이 구성적 계기 또는 조직화의 계기를 거쳐 차액지대(기본소득)까지 포함한 지대 전반을 총공격하고 자본에 위기를 가져오는 정치 투쟁을, 즉

---

12) Negri, *Trentatre lezioni su Lenin*, p.42.

권력을 탈취하고 "공통적인 것의 재전유와 그 민주적 관리를 목적으로 하는" 코뮤니즘 투쟁을 필연적으로 개시한다. 네그리의 이 시나리오는 지극히 이치에 맞다고 할 수 있다(바로 그 때문에 이는 '이성의 낙관주의'로 불린다). 요컨대 자생성이 자신의 실재를 그 자체로 인식한다는 것은 자신의 내부에서 자신을 움직이게 하는 '분노'를 그 자체로 인식하는 것, 자신의 분노를 바로 자신의 것으로 삼는 것과 다름없다. 자생성은 자신의 분노를 일단 자신의 것으로 삼으면 그 분노가 기본소득의 제도화 정도로 해소되는 일은 도저히 있을 수 없다는 것을 필연적으로 깨닫게 될 것이다. 데모스의 분노는 데모스가 소유한 '공통적인 것,' 즉 일반지성이 자본에게 임대되고 있다는 사실, 즉 '탈척도'로서 존재하는 일반지성이 절대적이든 상대적이든 '측정'되어 일정한 임대료로 환원되고 있다(그 차액이 착취되고 있다)는 사실에서 자라나는 것이기 때문이다. 따라서 이 분노를 해소할 방법은, 자본의 일반지성 임대('자본 밑으로 사회 전체가 실질적으로 포섭되는 것')를 해제하는 것 말고는 전혀 없다. 그리고 지대를 임금으로서 지불할 때 발생하는 차액을 이윤으로 삼음으로써($p = \infty - w$) 자기 증식을 꾀하는 자본에 말 그대로 죽음을 선고하는 이 임대 해제가 바로 '공통적인 것의 재전유'이다. 따라서 분노의 조직화, 분노의 자기 분기, 즉 분노가 그 자체를 자신의 것으로 삼는 것은, 일반지성의 탈척도와 그에 기초한 자본의 작동 사이의 '해결할 수 없는 모순'을 그 자체로 인식하는 것이기도 하다. "자본의 작동과 공통적인 것 사이의 관계를 그 모순에서 포착하고 이 모순을 폭발하는 데까지 이끄는 것, 바로 이것이 우리가 밟아야 할 과정이다. 이 문제를 해결할 수 있을 어떤 변증법도 이제는 존재하지 않는다는 것을 확실히 아는 한 말이다.

문제를 해결할 수 있는 것은 민주주의뿐이며, 이 민주주의가 절대적인 것이 될 때만이다."[13] 동일한 모순에 대한 동일한 분노가 경제 투쟁을 발생시키지만, 이 분노는 경제 투쟁의 변증법을 통해서는, 다시 말해 자본과 공통적인 것 사이의 '임금-지대'를 둘러싼 변증법을 통해서는 결코 해소될 수 없다. 민주주의(데모스의 힘)는 경제 투쟁의 변증법을 통해 절대지대를 상대지대로 변형시키지만, 이 상대지대라는 제도 속에서 데모스의 힘은 그 자체로 상대적으로밖에는 표현되지 않는다. 절대지대가 '불안정 상태'로 존재한다고 해도 상대지대는 '안정 상태'가 아니라 어디까지나 '준안정 상태'이며 그 안정성은 외관상으로 드러나는 것에 지나지 않고, 그 아래에는 절대적인 안정으로 향하는 초과의 잠재력이 항상 이미 충만해 있는 것이다. '텍스트=당'의 촉매적 개입에 의해 경제 투쟁이 구성적으로 새롭게 사용되어 데모스의 힘이 자신의 실재를 그 자체로 인식하는 것은, 결국 데모스의 힘이 자신의 초과로서 자기 안에 존재하는 이 잠재력을 알아차리는 것이다. 달리 말하면, 데모스의 힘이 상대적 자기 표현으로서 제도화되는 기본소득(구성된 권력)과 절대적 자기 표현을 추구하는 그 잠재력(구성적 권력)으로 자기 분기하고 그 비대칭성 자체를 자신의 것으로 삼는 것이다. 요컨대 경제 투쟁이 변증법을 통한 절대지대의 상대적 해결인 상대지대의 제도화로 존재한다면, 정치 투쟁은 상대지대 속에서는 상대적으로밖에 자기 표현을 하지 못하는 민주주의가 바로 그 때문에 모든 지대에 맞서 상대적인 자기 표현(공통적인 것의 재전유와 그 민주적 관리)을 뚫고나가는 운동인 것이다.

---

13) Negri, "La democrazia contro la rendita," p.184.

중요한 것은 네그리가 서술하는 이 혁명 시나리오에서는 모든 것이 연속되어 있다는 점, 즉 모든 것은 어디까지나 자생성의 자기 발생과 자기 발전으로 존재한다는 점이다. 경제 투쟁과 정치 투쟁은 '목적'을 달리하는 서로 이질적인 투쟁이지만, 그럼에도 여전히 경제 투쟁에서 정치 투쟁으로의 이행은 자생성의 연속적인 자기 발전으로서 실현된다. 그리고 네그리의 시나리오에 이 연속성을 보증하고 있는 것은 지금까지 봐온 대로 경제 투쟁의 구성적 사용이라는 계기이다. 경제 투쟁은 구성적으로 사용됨으로써 항상적인 준안정 상태로서 새롭게 파악되며, 정치 투쟁을 필연적으로 가져올 가능성이 그 한가운데에서 초과하는 실재로서 추출되게 된다. 경제 투쟁에서 정치 투쟁으로의 연속적 이행에서 말 그대로 그 핵심을 구성하고 있는 이 '구성적 사용'이 실현되려면, 이에 대한 '텍스트=당'의 촉매적 개입이 필수불가결한 것으로 간주된다. "본래 자생성에 속해 있지 않는 기능까지도 자생성에 맡겨버리는" 것은 불가능하다……. 이는 결국 다음과 같은 것을 의미할 것이다. 즉, 자생성의 운동이 혁명까지 도달할지는 '텍스트=당'에 달려 있다. 기본소득 투쟁을 마주한 네그리 자신의 문제로 이를 바꿔 말하면, 이 투쟁이 코뮤니즘 투쟁으로 이행할지는 모두 네그리 자신이 거기서 표출되고 있는 자생성의 자기 조직화를 촉매할 수 있는 '텍스트=당'을 산출할 수 있는가에 달려 있는 것이다. 네그리에게 있어, 혁명이 시작될지의 여부는 자기 자신에게 달려 있다! 네그리에게 이것은 러시아 혁명에 관해서도 이미 진실이었다. 이치다 요시히코의 지적처럼, 네그리에게 "러시아 혁명론은 레닌론이어야 하며, 레닌론이 그대로 러시아 혁명론이 된다."[14] 러시아 혁명이 시작될지의 여부는 레닌의 촉매성에 달려 있었다. 그리고 네그리가 결코 잃지 않는 '희망'의 근거는 모두 여기에 있다. 혁명을 시작하는 데 필요한 힘은 항상 이미 거기에 있으며 나머지는 네그리 자신이 그 자기 발전을 촉매할 수 있는 텍스트를 산출하는 것만으로 충분하기 때문이다(단, 3장에서 살펴본 대로 혁명이 성공하려면 이에 더해 혁명을 위한 '장'을 확정해야 한다. '공장에서 메트로폴리스로').

네그리의 이 '희망' 아래에서 『절망론』은 어떤 식으로 다시 독해될 수 있을까? 쉽게 발견할 수 있는 것은 양자의 차이가 아니라 유사성일 것이다. 『절망론』에서도 자생성은 주어진 전제로 간주되며, 그 발생을 제로 상태에서 불러일으키는 것은 문제시되고 있지 않다. 『절망론』 역시 자생성을 앞서 이미 존재하는 것으로서 자리매김한 뒤에 이 자생성의 자기 분기를 촉진하고자 씌어졌고, 그런 의미에서 네그리의 텍스트처럼 '조직화'를 그 기능으로 삼고 있는 일종의 '당'을 이루고 있다. 네그리는 경제 투쟁의 구성적 사용이 '해결할 수 없는 모순'을 그 자체로(해결 불가능성 그 자체로) 인식하고 그 실재를 구축하는 데 있다고 여기는데, 『절망론』에서도 자생성의 자기 분기는 '용인할 수 없는 것'(용인 불가능성)을 지각하고 이런 지각을 통해 그 실재를 창출하는 데 있다고 간주된다. 즉, 네그리와 『절망론』 모두 지각을 통해 주어진 상황을 이중화하고 그것을 '불가능성'의 측면에서 새롭게 파악하는 작용이 자생성의 정치 투쟁으로의 자기 분기를 낳는다고 간주하고 있는 것이다. 불가능성의 벽을 자신의 목전에 우뚝 세워

---

14) 市田良彦, 『革命論: マルチチュードの政治哲学序説』, 東京: 平凡社新書, 2012, 50頁. [김상운 옮김, 『혁명론: 다중의 정치철학 서설』, 도서출판 난장, 근간.]

그 불가능성의 힘을 자신의 힘으로 삼아 자신을 정치적 주체로까지 고양시키는 것. 자생성의 자기 조직화에 대한 네그리의 이런 논의는 『절망론』에서도 그대로 발견할 수 있다. 그러나 그런데도 불구하고, 네그리의 시나리오가 '혁명'(체제 전복)을 향하는 데 반해 『절망론』의 시나리오가 '혁명적이 되기'(저항)를 향하는 데 그치는 것은 왜일까? 가장 간결하게 말하면, 그것은 양자가 문제로 삼는 '불가능성'의 내용이 다르기 때문이다. 네그리의 경우에 불가능성은 노동/자본 간 모순의 해결 불가능성, 다시 말해 이 모순을 경제 투쟁의 변증법, 상대적 민주주의를 통해 해결하는 것의 불가능성이다. 바로 이 때문에 민주주의의 절대화가 필연적으로 요청되는 것이다(절대지대 → 상대지대, 상대적 민주주의 → 절대적 민주주의). 『절망론』에서도 노동/자본 간 모순의 해결 불가능성은 당연한 것이면서 문제가 된다. 그렇지만 『절망론』은 더 나아가 '인민의 결여'라는 사태 또한 문제로 삼는다. 『절망론』의 경우에 불가능성은 두 가지 다른 '거리'로 구성된 것이다. 즉, 하나는 노동/자본 간의 거리이고, 다른 하나는 사람들 간의 거리로서 인민을 원자 형태로 산산이 쪼개놓는 거리, [즉] (프롤레타리아트이든 다중이든) 인민이 형성되는 것을 일체 허락하지 않는 거리이다. 그리고 『절망론』에서 전자의 거리(의 해소 불가능성)는 후자의 거리(의 해소 불가능성)에 입각한 것으로서 자리매김된다. 자본/노동 간의 거리(모순)가 해소되려면 원자들 사이에 존재하는 거리가 해소되고 원자들이 서로 만나 모두가 하나의 인민(집단적인 정치적 주체)을 구성해야 한다. 후자[두 번째 거리]의 해소 없이는 전자[첫 번째 거리]의 해소도 없다. 『절망론』에서 그 창출이 문제가 되는 불가능성이란 결국, 전자의 해소 불가능성 그 자체(혁명의 불가능성)인 후자의 해소 불가능성(인민의 결여)인 것이다. 루이 알튀세르의 '가르침' 아래에서 들뢰즈를 다시 독해하려는 시도로서 씌어진 『절망론』이 들뢰즈의 표현대로 '용인할 수 없는 것' 또는 '치욕'이라고 부르고 있는 것은 이 '인민의 결여'가 실재함에 대한 인식과 다름없다. 『절망론』에서 자생성의 조직화(불가능성의 창출)는 이제 더 이상 네그리에게 그랬던 것처럼 자생성이 자신의 '분노'를 자신의 것으로 삼는 것이 아니라, 자생성이 '분노'에서 '치욕'으로 바뀌는 것이다.

'분노'가 자본의 명령(작동=명령)에 대한 것으로서 존재하는 반면에 '치욕'이 인민의 결여에 대한 치욕으로서 존재한다면, '분노'의 '치욕'으로의 자기 발전을 촉진하려는 『절망론』은 바로 그 때문에 "자본주의와 그것의 발달에 대한 분석"(앞서 제사로 인용한 들뢰즈의 말에서 맑스주의 정치철학이 그 이름에 걸맞은 것이기 위해 필수불가결하다고 여겨지는 것)에서 멀어져버릴지도, 또는 자생성을 자본주의와의 싸움 바깥으로 데리고 나가버릴지도 모른다(실제로 『절망론』의 주인공 중 하나인 조에 부스케*의 **정치** 투쟁은 자본주의와의 싸움 바깥에서 전개되는 것처럼 보이기도 한다). 『절망론』이 네그리로부터 '가르침'으로서 받아들여야 할 가장 중요한 것은, "자본주의와 그것의 발달에 대한 분석"을 결코 손에서 놓지 않고 모든 사유를 이 분석에 맞추는

---

* Joë Bousquet(1897~1950). 프랑스의 작가. 제1차 세계대전에 참전해 하반신 불구가 되어 여생을 침대에서 보냈다. 불구가 된 자기 몸에 치욕을 느껴 자살을 반복하다가, 자신에게 닥친 '사고'를 (문학을 통해) 새로운 존재로 거듭나는 '사건'으로 승화시켰다. 질 들뢰즈는 "자신의 몸에 깊이 새겨진 상처를, 그렇지만 그리고 바로 그런 만큼 그 영원한 진리에서의 순수 사건으로 이해"한 부스케를 진정한 '스토아주의자'라고 평가한 바 있다. Gilles Deleuze, *Logique du sens*, Paris: Minuit, 1969, p.174. [이정우 옮김, 『의미의 논리』, 한길사, 1999, 259쪽.]

맑스주의 정치철학으로서의 철저함이다(네그리를 비롯한 이탈리아인들의 위대함은, 자크 랑시에르와 알랭 바디우 같은 68세대 '정치철학자'들이 자본주의 분석을 방기하고 맑스주의자이기를 그만뒀기 때문에 한층 더 뛰어나다).『절망론』은 맑스주의 정치철학이 되길 바라는데, 이를 위해서는 '치욕' 또는 '인민의 결여'인 불가능성의 창출이라는 계기를 "자본주의와 그것의 발달에 대한 분석"에 기초하는 형태로 다시 새롭게 논해야 한다. 실제로『절망론』이 논의 대상으로 삼은 들뢰즈는, '치욕'이 맑스주의 개념일 수 있을 뿐만 아니라 '치욕'을 동기(모티브)로 삼으면 철학이 맑스주의 정치철학이 되는 것은 '필연'이기까지 하다고 언명한다.『전미래』창간호를 위해 1990년 네그리가 진행한 대담, 즉 우리가 이 장에서 진행하는 논의에 있어 결정적으로 중요한(제사에 인용된 구절이 포함되어 있는) 대담에서 들뢰즈는 이렇게 말한다. "인간이라는 치욕은 …… 철학의 가장 강력한 동기 중 하나로서, 바로 이 동기 때문에 철학은 필연적으로 정치철학입니다. 자본주의에서 보편적인 것은 하나밖에 없습니다. 시장입니다. 보편적인 국가 따위는 존재하지 않습니다. 보편적인 것은 시장뿐이지, 각 국가는 시장이 집중되는 다양한 초점 중의 하나, 요컨대 일종의 증권거래소에 지나지 않습니다. 그러나 자신만이 보편적인 것으로 존재하는 시장은 자신 이외의 것은 보편화하거나 균질화하지 않으며, 상상을 초월하는 기막힌 방식으로 빈부 격차를 낳습니다."[15]

　보편적인 것으로서 존재하는 것은 시장밖에 없으며, 국가를 비롯한(그러나 국가에 국한되지 않는) 시장 외의 모든 것은 원자 형태로

---

15) Deleuze, "Contrôle et devenir," pp.233~234. [「통제와 생성」, 191쪽.]

각기 쪼개져 있다. 이것이 자본주의이며, 이런 의미에서 들뢰즈는 '치욕'(원자화된 민중)을 자본주의의 문제로, 따라서 맑스주의 정치철학의 문제로 말한 것이다. 들뢰즈의 이 말에서 다시 출발함으로써, 『절망론』은 비로소 네그리가 던져준 '숙제'에 착수할 수 있으리라.

들뢰즈의 이 말, 그중에서 특히 "시장은 자신 이외의 것은 보편화하거나 균질화하지 않"는다는 부분은, 가령 "특이성들과 원자들로 뭉쳐진 우리 모두가 구성적 권력으로 나서게 될 방법이 있는가?"*라고 물으며 희망(다중 만들기)이 있는 곳을 찾으려 하는 네그리의 눈앞에 가차 없이 절망의 벽을 세우는 방식으로 발언되고 있다. 「통제와 생성」이라는 제목을 하고 있지만 "분노와 치욕" 또는 "희망과 절망"이라는 제목을 붙여도 이상하지 않을 이 대담, 이 '협상' 전체에 걸쳐, 들뢰즈는 실제로 네그리에게 한결같이 대략 다음과 같은 방식으로 답변을 반복한다. 내 논의에는 어딘가 비관적인 구석이 있다고 말하는데, 당신의 그 지적을 부정할 생각은 없다. 내 논의에 비관적인 구석이 있다고 느껴진다면, 그것은 '치욕'을 문제로 삼고 있기 때문일 것이다. 내가 말하는 '치욕'이란 프리모 레비가 **'인간이라는 치욕'**이라고 부르고 있는 것이며, 그래서 당신에게 어쩌면 이 개념이 더 이상 맑스주의와는 어떤 관계도 없는 것처럼 들릴지 모르겠다. 그리고 바로 그렇기 때문에 당신은 내게 다시 맑스주의자로 돌아오라고, 맑스주의자로 돌아와 논의의 방향을 다시 자본과 노동에 대한 분석에 정확히 맞추면 당신도 나도 똑같은 낙관주의를 공유할 수 있다고 슬쩍 권하고 있는 것이나 다름없다. 그러나 내 관점에서 보면 '치욕'

---

* Deleuze, "Contrôle et devenir," p.234. [「통제와 생성」, 192쪽.]

이야말로 오늘날 맑스주의 정치철학을 가능케 하는 유일한 철학적 동기이다. 당신은 자본주의를 제대로 분석하면 그로부터 '분노'의 조직화에 의한 민중(구성적 권력)의 구축이라는 희망이 나타나게 마련이라고 주장하고 있다. 그러나 내 관점에서는, 자본주의 분석을 통해 나타나게 되는 것은 바로 그런 보편적인 집단적 주체의 구축이 불가능하다는 것, 인민의 결여, 즉 치욕이다……

　자생성이 자신의 '분노'를 자신의 것으로서 되찾음으로써 이 '분노'를 그 자체로 실재하게 만드는 것(자율성), 이것이 자생성의 조직화이자 '구성적 권력'(구성하는 권력)의 구축이라고 생각하는 네그리의 논의는 다음과 같이 다시 정리될 수 있겠다. 즉, 각각의 환경과 각각의 입장에서 제각각 경제 투쟁을 전개하고 있는 사람들이 ('당=텍스트'에 의해 촉매되어) 자신들 모두에게 공통된 '분노'를 되찾음으로써 이 하나의 동일한 '분노' 아래 환경과 입장의 상이함을 극복하고 하나의 보편적인 정치적 주체(다중)로서 결집할 수 있으며, 바로 그것이 자생성의 조직화, 즉 "다중 만들기"인 것이다. "다중 만들기"로서의 자생성의 조직화란, 따라서 잠재적으로는 항상 이미 다중인 원자들이 다중임을 집단적으로 자각하고 자신을 다중으로서 실재하게 만드는 것, "다중의 정치적 의식을 구축하는 것," 과거에 그람시가 이탈리아공산당에 대해 말한 것을 본떠 말하면 "다중의 군주 되기"[16]이다. 네그리의 관점에서 보면, 설령 현실적인 차원에서는 오직 시장

---

16) Antonio Negri, "Una discussione intorno al comune"(2009), *Il comune in rivolta: Sul potere costituente delle lotte*, Verona: Ombre Corte, 2012. p.159. 필리포 델 루체제, 제이슨 E. 스미스와의 대담.

만이 보편적인 것으로서 존재하고 민중이 원자 형태로 추출되어있다해도, 잠재적 차원에서는 항상 이미 보편적인 '분노,' 즉 시장의 보편성에 대응하는 '분노'의 보편성이 원자들을 관통하고 있다. 그리고 바로 이 때문에, 이 '분노'를 자신의 것으로 삼으면 원자들은 틀림없이 만날 수 있으며 구성적 권력으로서의 원자들의 조직화는 틀림없이 가능하게 마련이다. 또한 이 가능성은 적대가 자라나는 곳이 공장에 집중되어 있었던 산업자본주의에서 그 장이 사회 전체로 확산된 인지자본주의로의 이행 속에서, 대담에서 사용한 표현으로 말하자면 '훈육사회'에서 '통제사회'로의 이행 속에서 한층 더 확실해지는 것 아닌가라고 네그리는 주장한다.

이 마지막 주장에 대해서도 들뢰즈의 반응은 차갑다. "글쎄요, 그럴 수도 있겠지요"라는 말 한마디로 때우고 있기 때문이다.* 산업자본주의(**규정적** 생산력으로서의 노동력에 기초한 체제)보다 인지자본주의(**일반적** 생산력, 즉 공통적인 것으로서의 일반지성에 기초한 체제)가 코뮤니즘에 가까울지, 프롤레타리아트보다 다중이 혁명에 가까울지 등은 '자신은 모른다'라는 말이다. '다중 만들기'로서의 원자들의 조직화를 둘러싼 네그리의 논의에는 그 자체로 설득력이 있다고 생각되며, 들뢰즈에게도 그 설득력은 변하지 않을 것이라 짐작된다. 그러나 그런데도 여전히 들뢰즈가 '치욕,' 즉 '인민의 결여'를 계속 문제 삼는다면, 그것은 도대체 왜일까? 네그리가 내준 '숙제'라고 해도 좋을 이 물음에 관해, 지금으로서는 하나의 답밖에 떠오르지 않는다.

---

* Deleuze, "Contrôle et devenir," p.237. [「통제와 생성」, 195쪽.] 본서 1장의 '옮긴이 주'(50쪽)를 참조하라.

들뢰즈에게 사람들의 '다중 만들기'라는 사태는, 그가 그 불가능의 창출을 문제 삼고 있는 '인민의 형성'과 다르다는 답 말이다. 보편적인 시장이 자신 이외의 그 무엇도 보편화하거나 균질화하는 일은 없다고 말한 뒤, 시장이 "상상을 초월하는 기막힌 방식으로 빈부 격차를 낳"는다고 들뢰즈가 덧붙이는 것은 바로 이 때문이다. 설령 오늘날의 인지자본주의에서 자본 밑으로 사회 전체가 실질적으로 포섭됐다는 것이 사실이라 해도 사회 전체가 빈자와 부자로 나뉘고 이런 분할이 항상 계속 강화되고 있다는 것 역시 사실이며, 빈자들이 하나의 동일한 '분노' 아래 '다중 만들기'를 수행한다 해도 부자들이 거기에 자신을 일체화시킬 필연성은 전혀 발견할 수 없다(뿐만 아니라 빈자이더라도 '분노'의 공유를 거부함으로써 자신을 잠재적으로 부자 쪽에 자리매김할 가능성 또한 대단히 크다. 예컨대 지금 일본에서 프레카리아트가 『니혼게이자이신문』이나 『월간 WEDGE』**를 정기구독하고, 자민당에 투표하고, 아베노믹스를 지지하고 규동 가격의 즉각적인 인상을 요구하고, 자신의 해고에 쌍수를 들어 찬성하는 사태는 결코 드문 일이 아니다). 여기서 문제가 되고 있는 것은, 알튀세르가 말하는 '전쟁상태'에서 발견되던 것과 완전히 똑같은 빈자/부자의 평행 관계이다. 다시 말해 어느 한쪽(사회 상태의 발생을 둘러싼 장-자크 루소의 논의에서는 빈자, 우리의 논의에서는 부자)에 '거대한 광기'가 순전히 우연한 사건으로서 도래하지 않는 한, 양자가 만나는 일은 결코 있을 수 없는 절대적인 평행 관계, 각각이 계속 수직 낙하하는 원자의 비 같

** 『月刊WEDGE』. 1989년 중상위층을 위한 경제 전문지로 창간됐고, 2008년부터 '종합 정보지'로 개편되어 2014년 제호를 'Wedge'로 바꿨다.

은 것이다. 들뢰즈가 '인민의 결여,' 즉 '치욕' 또는 '용인할 수 없는 것'이라고 부르고 있는 것은 바로 이것일 것이다.

네그리라면 이렇게 말했을지도 모른다. 적어도 오늘날의 인지자본주의에서 우리는 어느 하나 예외 없이 모두 빈자이고 '부자'로 정의될 수 있는 사람은 한 명도 없다고, 왜냐하면 자본에게 일반지성의 임대료를 (그것이 임대료로 환원된 시점에서 항상 이미) 떼어먹히지 않는 사람은 이 사회에, 이 지구상에 단 한 명도 존재하지 않기 때문이라고 말이다(실제로 네그리는 이렇게 말하고 있다. "프롤레타리아트도 공장 노동자도 프레카리아트도 오늘날에는 모두 빈자입니다. 생명권력에 의해 바로 빈자로서 포섭되고 있기 때문에, 오늘날의 빈자들은 이제 더 이상 '배제된 사람'이 아닙니다. 지구화된 세계, 생산이 사회화된 오늘날의 세계에서, 항상 빈곤은 사회를 포위하고 사회를 노동하게 만드는 자본 관계로의 포함, 더 정확히 말하자면 이 자본 관계로의 본래적 내속inerenza으로서 존재하는 것입니다"17)). 우리는 모두 '빈자'이다. 바로 그렇기 때문에 기본소득 지급은 무조건적이고 보편적이어야 한다. 더 정확히 말하자면, 기본소득 지급의 보편성이 '빈자'의 보편성에 대한 우리의 자각을 촉진한다. 그렇지만 들뢰즈의 관점에서 보면, 설령 우리 모두가 네그리가 말하는 의미에서 '빈자'일지라도 바로 그 '빈자'의 한가운데에 "상상을 초월하는 기막힌 방식으로 빈부 격차를 낳"는 시장이 문제가 된다(이렇게 빈부 격차의 창출은 '빈자'의 일원적 지평에서 이뤄지는 것이기 때문에, 앞서 살펴본 대로 빈자 내의 빈자여도 '분노'의 공유를 거부함으로써 자신을 잠재적으로 빈자 내

---

17) Negri, "Una discussione intorno al comune," p.175.

의 부자 쪽에 자리매김하는 곡예가 일반화될 수도 있다. '빈자'라는 일원적 지평에서 빈자 내의 빈자이든 빈자 내의 부자이든 그것은 우연의 산물에 지나지 않기 때문이다). 다중은 빈자 내의 빈자만으로 이뤄진 '하나의 집단'이어서, 인민일 수도 구성적 권력일 수도 '민주주의'일 수도 없다. 만일 다중이 인민과 합치하는 것이라면, 그것은 앞서 말한 것처럼 빈자 내의 부자들에게 '거대한 광기'가 순전히 우연한 사건으로서 도래해 그들이 자신의 이해관계를 거슬러 빈자 내의 빈자들의 '분노'를 공유하거나, 아니면 빈자 내의 부자들이 한 명도 예외 없이 문자 그대로 숙청될 경우뿐이겠지만 후자는 있을 수 없다. 인도적 또는 도덕적으로 있을 수 없다는 말이 아니다. 숙청이 실현 가능하다면, 오히려 인도적으로나 도덕적으로나 즉각 실행해야 할 것이다. 숙청은 그 자체로 실현 불가능한 유토피아이다. 바로 이 점이 막시밀리앙 로베스피에르를 비롯한 근대사의 모든 혁명가들을 괴롭혀 왔던, 정관사가 붙는 '문제'가 아니었을까? 예를 들어 네그리의 말대로 오늘날의 인지자본주의 사회에서 그 모든 구성원이 정의상 '빈자'라고 한다면, 도대체 누가 숙청 대상인 '부자'로 규정될 수 있겠는가? 또는 빈자 내의 부자를 어떤 기준(신조나 소득 따위)으로 확정하고 숙청 작업을 시작할 수 있다 해도, '빈자' 내의 빈부 격차는 항상 계속 유지되게 될 것이다. 그렇다면 도대체 언제까지 숙청을 해나가면 되는 것일까? 말할 것도 없이 마지막으로 남은 한 사람이 자기 자신을 숙청하는 그 순간까지이다. 요컨대 바로 인류 절멸의 날에 다중과 인민은 처음으로 합치되며 인민은 그 소멸과 함께 처음으로 형성된다. '인민을 결여하고 있다'는 것은 바로 이 점에 다름 아닐 것이다. '인간이라는 치욕'은 숙청의 이 절대적 불가능성인 것이다.

들뢰즈는 클레르 파르네와의 공저 『대화』(1977)를 이런 구절로 마무리하고 있다. "혁명의 미래에 대한 질문은 나쁜 질문입니다. 그런 것을 질문하는 한, 혁명가가 **되지** 못하는 아주 많은 사람들이 존재하기 때문입니다. 사람들의 혁명적이 되기를 모든 층위와 모든 장소에서 저지하는 것, 이것이 바로 그 질문이 제기되는 이유입니다."[18] 들뢰즈는 여기서 "혁명의 미래"에 대한 질문, 즉 바로 우리가 지금 논한 숙청을 둘러싼 질문은 그것을 질문하는 것 자체가 "나쁜" 것이라고 말하고 있다. 이 말은 적어도 두 가지 방식으로 해석할 수 있을 것이다. 하나는, 요제프 스탈린이나 마오쩌둥, 폴 포트 같은 이름을 예로 들며 어중간하게 숙청을 문제 삼고 그 '잔학함'을 신나게 떠들면서 '혁명'뿐만 아니라 '혁명적이 되기'에도 그 필요조건이 되는 자생성을 몽땅 범죄시하고 억압하는 행동에 대한 비판이라는 해석이다. 다른 하나는, 혁명이 본질적으로 숙청에 있다는 것, 그리고 숙청이 본질적으로 절대 불가능하다는 것을 애초부터 알고 있는데도 누구나 이미 알고 있는 이 대답을 굳이 애써 어중간한 상태로 만들고 망각함으로써 '혁명'의 불가능성/가능성을 둘러싼 끝없는 '고민'으로 사람들을 유도해 포위하고, 그리하여 사람들을 '치욕'의 창출에서, 즉 '혁명적이 되기'에서 떼어놓는 행동에 대한 비판이라는 해석이다. 이 장의 논의와 관련이 있는 것은 특히 후자의 해석으로, 이렇게 부연할 수 있을 것이다. 우리가 살고 있는 이 세계에는 여러 가지 어리석고 비열한 현상이 계속 일어나는데, 이런 현상을 계속 일으키는 '바

---

18) Gilles Deleuze et Claire Parnet, *Dialogues*, Paris: Flammarion, 1996, p.176. [허희정 옮김, 『디알로그』, 동문선, 2005, 253쪽.]

보들'을 우리는 어찌할 도리가 없다. 이것이 우리의 '치욕'이며, 우리는 이 '치욕'을 그 자체로 인식하고 그 실재를 만들어내야 한다. 왜냐하면 혁명의 절대적 불가능성인 이 '치욕'을 자신의 것으로 실재하게 만들고 그 비인칭적인 힘을 관통할 수 있을 때 비로소 우리는 '혁명적이 되'며 탈주선을 그리게 되기 때문이다……. 그리고 가령 들뢰즈가『시네마 2: 시간-이미지』에서 다음과 같이 서술하는 것은 바로 이런 의미에서이다. "우리에게는 하나의 윤리, 하나의 믿음이 필요하다. 이렇게 말하면 바보들은 웃을 것이다. 그러나 우리에게 필요한 것은 뭔가 다른 것을 믿는 것이 아니라 이 세계를 믿는 것, 즉 바보들도 그 일부를 이루고 있는 이 세계를 믿는 것이다."[19] 바보들의 존재를 인정하는 것은 '모순'의 해결 불가능성을 인정하는 것이며, 또한 모순의 해결을 불가능하게 만드는 그런 바보들의 존재를 포함하는 이 세계를 믿는 것은 모순의 해결 불가능성을 마주하고 그것에 떠밀려 탈주선을 그릴 가능성을 이 세계에서 긍정하는 것이다.

일반지성의 임대료를 떼어먹음(p=∞−w)으로써 자기 증식하는 오늘날의 자본은 바로 그렇게 함으로써 모든 사람을 예외 없이 '빈자'로 만드는데, 동시에 그런 '빈자'의 한가운데에 엄청난 빈부 격차를 만들어내지 않으면 인지자본주의의 생산과정은 있을 수 없다. 이 점은 물론 네그리도 알고 있다. 실제로『공통체』에는 가령 이런 구절이 있다. "공통적인 것에 대한 지대의 관계가 순전히 수동적이고 기생적이기만 한 것은 아니다. 물론 이윤을 낳는 산업자본과 달리 지대는

---

19) Gilles Deleuze, *Cinema 2: L'image-temps*, Paris: Minuit, 1985, p.225. [이정하 옮김,『시네마 2: 시간-이미지』, 시각과언어, 2005, 340쪽.]

생산의 조직화와 직접적인 관계를 맺지는 않는다. 그러나 그런데도 불구하고 (계급 분할을 보존·확대하는) 부의 포획과 재분배는 사회적 생산, 구체적으로는 비물질적 노동력이 갖는 생산성의 조직화와 연관된다. …… 지대는 공통적인 것의 탈사회화를 통해 작동하며, 메트로폴리스에서 생산되고 다져진 공통적 부를 사유화해 부자들의 수중에 몰아준다."[20] 산업자본은 이윤의 일부를 생산수단 구입에 재투자함으로써 생산과정에 적극적으로 참여하고 생산력(노동)과 '유기적으로' 연결되어 있었지만, 산업자본주의에서 인지자본주의로 이행하는 가운데 일반지성이 서서히 주된 생산수단이 되어감에 따라 노동의 자율이 높아지고 그에 상응해 자본이 생산과정에 외부적이고 수동적인 것이 된다. 노동에 대한 자본의 관계("공통적인 것에 대한 지대의 관계")는 노동에 의해 자율적으로 전개되는 생산과정에 자본이 그 외부로부터 기생적으로 업히는 형국이 되어간다. 인지자본(지대자본)은 이처럼 사회 전체 또는 그 구성원 전체에 보편적이며 한결같이 기생해 그로부터 지대의 일부를 빨아먹음으로써 자기 증식을 수행하지만, 그런 기생 또는 수동성이 가능해지고 유지되기 위해서는 자본이 숙주의 조직화에 적극적으로 작용하고 그 한가운데에 빈부격차, 그 비대칭성, 그 동학을 도입해야 한다. 네그리가 마이클 하트와 함께 여기서 말하고 있는 바는 이런 점일 것이다.

그러므로 네그리의 '빈자'에서도 빈자/부자의 분열은 필연적이다. '빈자' 내에서 특권적 소수를 구성하는 "자본의 지대 관리인," 즉 "코그니타리아트"는 "인지자본주의 안에서도 가장 수익이 많은 부

---

20) Negri and Hardt, *Commonwealth*, p.258. [『공통체』, 360~361쪽.]

문, 많은 경우 가장 기생적인 부문에 고용되어 있"고 그들의 급여에는 "금융자본의 배당[금] 또한 포함"되어 있으며, 그들은 "연기금나 보험회사 등으로 구성된 시스템에 연동된 보장 혜택도 받고 있다." 이에 반해 '빈자' 내의 대다수는 "새로운 인지 분업 속에서도 가장 불안정한 부문"을 맡은 프레카리아트이며, 그들의 상당수가 "저임금의 인적 서비스 확대를 통해 새롭게 출현한 획일적 서비스업으로 이뤄진 신테일러주의적 일"을 맡고 있기도 하다.21) 그러나 중요한 것은 네그리가 말하는 부자란 본성상 '빈자'가 띨 수 있는 우발적 형태일 뿐이며, 바로 이 본성에 비추어 부자는 빈자와 동일한 '분노'(자본이 일반지성 임대료를 떼어먹는 것에 대한 분노)를 적어도 잠재적으로는 항상 이미 공유하고 있다는 점, 그런 의미에서 부자/빈자가 만나는데 '거대한 광기' 같은 것은 전혀 필요하지 않으며, 다중이 인민 또는 구성적 권력과 합치되는 데 숙청 같은 것도 전혀 필요하지 않다는 점이다(네그리에게도 "혁명의 미래에 대한 질문은 나쁜 질문"일 뿐이다). "공통적인 것의 재전유와 그 민주적 관리를 목적으로 하는" 구성적 권력으로서 다중이 조직되기 위해 필요한 것은 부자 쪽에 '거대한 광기'가 도래하는 것이 아니라, 정반대로 빈자 쪽에서처럼 부자 쪽에도 이성이 관철되는 것이다. 코뮤니즘이란 이성의 낙관주의인 것이다……. 그리고 코뮤니즘의 실현을 위해 그 절대적인 관철이 빈자 쪽과 부자 쪽 모두에서 똑같이 추구되는 이 이성은, 오늘날 자본주의가

---

21) Antonio Negri e Carlo Vercellone, "Il rapprto capitale/lavoro nel capitalismo cognitivo"(2008), in Antonio Negri, *Inventare il comune*, Roma: Derive-Approdi, 2012, pp.197~198.

자신을 유지하기 위해 어쩔 수 없이 최소한 상대적인 방식으로 따를 수밖에 없는 자본주의 자신의 이성과 다르지 않다.

자본주의의 이성의 이 '역설'을 네그리는 가령 이렇게 논한다.

자본주의는 지금까지 사람들을 탈주체화(개인화, 계열화)해왔습니다. 사람들을 둘로 쪼개어 머리 둘 달린 골렘으로 만들어온 것이죠(생산 단위로서의 '개인', 그리고 집합적 관리 대상으로서의 '인구'). 우리가 주장하고 있는 것은 자본주의가 오늘날 더 이상 그런 것을 자신에게 허락할 수 없게 됐다는 점입니다. 오늘날 가치를 생산하고 있는 것은 바로 주체들에 의한 공통적인 생산이기 때문입니다. …… 오늘날 가치의 창조란, 주체들을 네트워크 형상으로 연결시켜 그들이 공통적인 것에 생명을 부여하도록 하고, 공통적인 것으로부터 주체들이 만들어내는 것을 포획하고 일탈시키고 전유하는 것입니다. 자본주의는 오늘날 주체들을 필요로 하며 주체들에게 의존하고 있습니다. 그리고 그렇기 때문에 역설적으로 이는 자본주의를 위기에 빠뜨리는 것과 결부되어 있기도 합니다. 왜냐하면 저항, 즉 절대로 양도될 수 없는 사람들의 자유에 대한 긍정은 바로 주체적 혁신의 역능을, 그 특이한 다양체를, 차이에서 공통적인 것을 생산하는 역능을 가치화하는 것과 다르지 않기 때문입니다. 생산의 주축을 이루는 살[肉] 그 자체가, 즉 모든 신체와 뇌가 그대로 자본주의에 대항하는 무기로 바뀌었습니다. 공통적인 것 없이는 자본주의는 더 이상 존재할 수 없습니다. 동시에 공통적인 것과 함께 충돌의 가능성, 저항과 재전유의 가능성이 무한히 높아져가게 됩니다. 바로 이것이 근대의 모든 허식을 끝까지 불식시켜버린 시대의 멋진 역설입니다.[22]

이 "멋진 역설"을 네그리는 또한 다음과 같이 논하고 있다.

'실질적 포섭'이 실현되고 근대에서 탈근대로의 이행(포드주의에서 포스트포드주의로의 이행)이 이뤄지면, 노동력은 자본의 권력과 그 축적에 대해 상대적인 자율을 획득하게 된다. 즉, 주체들의 자율이 자본에 의한 사회의 실질적 포섭 '내부에서' 역설적으로 부여된다는 것, 주체들의 자율이 자본 축적과정으로부터 잠재적으로 독립된 것으로서 그 모습을 드러낸다는 것이다. '교환가치'가 그 절대적 헤게모니를 보이던 장소에 새로운 '사용가치'가 출현한다. 자본 독재는 …… 파괴당하게 된다. 다시 말해 축적의 '탈척도'가 산 노동의 초과/자율에 대립할 수 없게 되고 그 초과/자율이 자본주의에 의한 포섭의 전체적 균형을 틀어버리게 되는 것이다. …… 자본주의는 사회 전체를 자신이 성장하기 위한 토양으로 삼는 것이며, 이 사회로부터 산 노동의 역능이 토양으로서 부상하는 것이다.[23]

탈근대 인지자본주의(생명정치적 자본주의, 포스트포드주의)의 이 "멋진 역설"은, 자신의 가치 증식을 유지하려면 주체들의 자율, 즉 민주주의라는 초과를 자기 옆에 출현시킬 수밖에 없다는 자본의 이성이다. 자본이 위와 같이 상대적인 방식으로 자신의 이성을 따름으로써, 자본주의 한가운데에 민주주의가 상대적으로 실현되게 된다. 이

---

22) Antonio Negri, "Inventare il comune degli uomini"(2007), *Il comune in rivol-ta: Sul potere costituente delle lotte*, Verona: Ombre corte, 2012, pp.140~141.

23) Antonio Negri, *Fabrique de porcelaine: Pour une nouvelle grammaire du politique*, Paris: Stock, 2006, p.203.

장에서 앞서 살펴본 경제 투쟁의 구성적 사용이란, 말하자면 자본주의 한가운데에서 현실화되는 이 상대적 민주주의를 그대로 절대적 민주주의의 잠재적 형태로 새롭게 인식하는 것(상대성=잠재성), 그럼으로써 절대적 민주주의를 잠재적으로 실현하는 것으로서 창출하는 것과 같다. 그리고 절대적 민주주의의 잠재적 실재로서의 이런 창출은, 자본이 상대적인 방식으로 따르고 있는 그 이성을 그대로 절대화함으로써 이뤄지는 것으로 간주된다. 자본 밑으로 사회 전체가 실질적으로 포섭됐다고 분석되는 오늘날의 상황에서는, 노동의 자생성의 조직화가 자본의 이성의 조직화와 완전히 합치(경제 투쟁에서 정치 투쟁으로의 자생성의 연속적 자기 발전과 자본주의에서 코뮤니즘으로의 이성의 연속적 자기 발전의 합치)되며, 네그리에게는 이 합치야말로 다중과 구성적 권력(민중)의 합치를 보증하는 것이다.

❧

따라서 네그리에게 도래되어야 할 것은 이성의 절대화, 즉 절대적 이성이다. 알튀세르가 이야기한 루소에게 있어서의 '거대한 광기'의 도래는 순전히 우연한 사건이었는데, 네그리가 도래를 추구하는 절대적 이성의 경우는 어떤가? 이성의 절대화가 혁명을 이끌어낸다는 의미에서 혁명 자체의 원인과 일치하는 절대적 이성을 도래시키는 원인은, 네그리에게 있어 어디서 확인되는가?

『공통체』의 마지막 장에는 『제국』, 『다중』, 『공통체』 3부작의 '최종 장'에 걸맞은 구절이 있다. "물론 자동적인 진보의 운동이란 존재하지 않으며, 내일이 오늘보다 나으리라는 보장도 없다. 그러나 이처럼 미래가 정해져 있지 않다는 사실에 대한 인식이 냉소적 결론으로 이어져서 우리가 우리 세계, 우리 사회, 우리 자신을 더 낫게 만들 수 있는 힘을 가지고 있다는 사실을 무시하도록 해서는 안 된다. 이것은 역사를 앞으로 끌고 가는 보이지 않는 손이나 목적인에 대한 어떤 환상도 갖지 않는 유물론적 목적론이다. 이것은 최종 목적지 없이 우리의 욕망과 우리의 투쟁에 의해서만 앞으로 나아가는 목적론이다."[24] 『공통체』의 이탈리아어판 출간에 앞서 진행된 대담에서 이 구절에 대해 질문을 받은 네그리는 다음과 같이 설명하고 있다.

변증법적 유물론을 사용해야 하는 경우는 우리에게는 전혀 없습니다. 하지만 역사적 유물론은 다릅니다. 역사적 유물론에서 행동의 목적은 행동의 성공이나 실현과 결정론적으로 결부되어 있지 않습니다. 헤겔주의가 아닌 것이죠. 행동과 목적의 관계는 역사적 유물론에서는 항상 우연적인 것으로 존재합니다. 그리하여 우리는 텔로스(의 실현)를 일체의 필연성에서 해방시킵니다. 그렇다고 행동을 텔로스에서 해방시킨다는 의미는 아닙니다. 그렇기 때문에 바로 주체/특이성이 텔로스에 대한 책무를 담당하는 것입니다. 그렇다면, 공통적인 행동을 통해 하나의 보편성이 구축될 가능성을 포착해야 하는 것이 당연해집니다. 그 보편성에는 다양한 양의적 요소들이 동반되며, 물론 경우에 따라서는 비이성적인 상태로 일탈해버릴 가능성이 고려됩니다. 그러나 공통적인 것을 구축하는 과정 속에서 이 보편성이 다뤄질 가능성 역시 충분히 고려할 수 있습니다. 공통 관념이나 제도에 대한 공통적 의지라고 말한 것의 구축 메커니즘은 그와 같은 것이라고

---

24) Negri and Hardt, *Commonwealth*, p.378. [『공통체』, 515~516쪽.]

생각합니다. …… 우리가 하는 행위는 모두 우연적인 것입니다. 그러나 그럼에도 구축은 가능합니다. 우리는 공통적인 것에 대한 욕망을 표현하고 있고, 누구도 이것을 방해할 수 없습니다.[25]

요컨대 '거대한 광기'의 대극을 이루는 절대적 이성, 즉 이성의 절대화 역시 그 도래는 순전히 우연적인 것 또는 우발적인 것이며, 순전히 우연한 사건에 다름 아니다. 다중 또는 네그리가 논하는 루소에게서 구성적 권력(계약을 구성하는 권력)의 구축을 낳는 원인이 순전한 우연성에 맡겨지는 것과 완전히 똑같게, 네그리에게서도 구성적 권력의 구축은 그 원인을 순전한 우연성에서 찾는 것으로서 간주되는 것이다. 절대적 이성을 향한 힘은 그 상대적 실현으로서 이미 거기에 존재한다. 즉, 절대적 이성은 자본주의의 한가운데에 잠재적으로 이미 존재하며, 따라서 이성의 절대화는 어디까지나 가능적인 것으로서 존재한다. 그렇기 때문에 역사적 유물론은 '낙관주의'이리라. 그러나 이성의 절대화를 향한 이 힘이 거기에 존재하는 것은, 루소가 말한 '전쟁 상태'에서 '거대한 광기'를 향한 힘이 잠재적으로는 이미 거기에 존재하는 것과 완전히 똑같은 방식으로써가 아닐까?

인지자본주의의 한가운데에서 절대적으로 현실화되는 상대적 민주주의를 그대로 절대적 민주주의의 잠재적 실현을 향해 자기 분기시키는 계기, 즉 경제 투쟁의 구성적 사용은 어디까지나 상대적 민주주의의 그 자생성을 유일한 힘으로 삼는 것이지만, 그럼에도 여전히 이에 대한 '텍스트=당'의 촉매적 개입 없이는 결코 있을 수 없다. 따

---

25) Negri, "Una discussione intorno al comune," p.165.

라서 『제국』으로 시작된 3부작의 최종 장에서 이야기되는 '우연성'은 결국 '텍스트=당'에 의한 이 촉매적 개입의 성공이 (가능적이긴 하지만) 결코 필연적인 것은 아니라는 점, 네그리가 레닌이 될 수 있는지의 여부는 네그리 본인을 포함해 누구와도 관련이 없는 원인에 맡겨진 문제라는 것을 의미한다고 말할 수 있겠다. "자본주의와 그것의 발달에 대한 분석"을 철저히 추구하고, 그럼으로써 바로 '맑스주의 정치철학'으로 존재하는 네그리의 철학은, 그 극한에서 위와 같이 '우연성'을 요청하게 된다. 다시 말해, 혁명을 필연적으로 낳는 원인은 '우발성'이며, 순전히 우연적인 사건이고, 최종적으로는 자본주의 분석으로부터 추출될 수 없다. 혁명의 원인은 맑스주의 정치철학의 내부에서는 규정될 수 없다. 또는 혁명의 원인이라는 이 문제에 대해 맑스주의 정치철학이 할 수 있는 것은 그 규정 불가능성, 그 부재 또는 외재성을 그 자체로 추출하는 것뿐이다. 이런 점을 맑스주의 정치철학이 자신의 극한에서 고백하게 되는 것이다. 거꾸로 말해, 그럼에도 여전히 맑스주의 정치철학이 '낙관주의'일 수 있는 것으로 간주된다면 그것은 자본주의 분석을 통해 자생성의 존재, 힘의 존재가 확실히 추출될 수 있기 때문에, "공통적인 것에 대한 욕망을 표현하고 있고, 누구도 이것을 방해할 수 없"다는 긍정이 그로부터 추출될 수 있기 때문에, 그런 의미에서 보편성의 구축은 (필연은 아니지만) 어디까지나 가능하기 때문에 그렇다고 할 수 있을 것이다.

'분노/혁명'이라는 네그리의 개념쌍 대신 들뢰즈가 '치욕/혁명적이 되기'라는 개념쌍을 제시할 때 관건이 되는 것은, '분노/혁명'이라는 개념쌍을 유지하는 한, 맑스주의 정치철학의 범위 밖으로 필연적으로 퇴출되고 마는 위와 같은 원인의 문제를 맑스주의 정치철학 내부에 붙들어두는 것이라고 말할 수도 있다. 인간이라는 치욕을 동기로 삼음으로써 "철학은 필연적으로 정치철학"이다……. 분노에서 혁명으로 향하기 위해서는 분노 아래에서 모든 원자들이 만나고 구성적 권력으로서 결합되어야 하지만, 설령 분노가 잠재적인 차원에서는 모든 원자들이 공유하는 것으로서 존재하더라도 현실적인 차원에서의 원자들의 통일은 우연성을 그 원인으로 하며, 이런 의미에서 혁명을 가져오는 원인은 분노 그 자체의 내부에는 존재하지 않고 어디까지나 그 외부에 우연성으로서 존재하게 된다. 이에 반해 치욕에서 혁명적이 되기로 향하는 들뢰즈적 과정에서는 치욕 그 자체가 혁명적이 되기의 원인으로서 존재한다. 치욕이란 바로 원자들의 통일이 자신의 분노 외부에서 순전한 우연성으로서 그 원인을 찾아야 한다는 것(원자들은 혁명의 힘이자 그 가능성이지만 그 원인은 될 수 없다는 것) 자체에 대한 치욕인 것이며, 바로 그 때문에 그것은 '용인할 수 없는 것' 또는 『절망론』에서의 '절망'과 똑같은 것이다. 그러나 우리는 이 치욕 자체를 원인으로 삼을 수 있으며, 그럼으로써 우리는 정치의 원인을 자기 안으로 되돌릴 수 있고 그와 동시에 정치의 원인을 자본주의 분석, 즉 맑스주의 정치철학 내부로 되돌릴 수 있다. 아니 더 정확히 말하자면, 맑스주의 정치철학의 내부에 머무는 한 원인은 치욕 말고는 없으며 정치는 혁명적이 되기와 같다. 왜냐하면 맑스주의 정치철학이 우리에게 말해주는 것은, 모든 현실화 과정은 우리가 전혀 관련되지 않은 원인(우연성)에 의해서만 생겨날 수 있다는 점이며 원인을 자신의 것으로 삼으려면 잠재적인 차원에 머무는 것 외에는 길이 없다는 점이기 때문이다.

『시간-이미지』에는 다음과 같은 구절이 있다.

만약 인민이 결여되어 있다면, 그리고 더 이상 의식도, 진화도, 혁명도 존재하지 않는다면 전복의 도식 자체가 불가능해질 것이다. 이제 더 이상 프롤레타리아트나 단결된 혹은 통합된 인민에 의한 권력의 쟁취란 가능하지 않다. …… 의식화에 조종을 울린 것은 이제는 더 이상 인민이 없다는, 그러나 여전히 통합해야 할 다수의 인민, 혹은 한없는 인민이 존재한다는 의식, 혹은 더 나아가 문제가 진정으로 변하려면 인민을 단일화해서는 안 된다는 것에 대한 의식화이다. 바로 이를 통해 제3세계의 영화는 소수집단의 영화가 되는데, 그것은 인민이란 소수 상태로만 존재하는 것이기 때문이고, 바로 그런 이유로 인민은 결여되어 있는 것이다. 소수집단 속에서 사적인 일은 즉각적으로 정치적인 것이 된다. 전제적인 통일성을 재건할 수도, 다시 새로이 인민을 배반할 수도 없을, 융합 혹은 통합의 실패를 확인하면서, 현대의 정치영화는 파편화와 파열 위에 구성됐다.26)

요컨대 맑스주의 정치철학에 있어서 "사적인 일은 즉각적으로 정치적인 것이 된다." 단, 그것은 "모든 것이 정치"라는 말이 전혀 아니다. 그것이 아니라 사적인 것만이 정치라는 뜻이다. 우리들 한 사람 한 사람에게서 발견되는 '치욕'은 우리의 것으로 존재하는 유일한 정치의 원인이기 때문이다.

---

26) Deleuze, *Cinema 2*, pp.286~287. [『시간-이미지』, 425쪽.]

백 투 더 퓨처!

네그리와 푸코

BACK TO THE FUTURE!

ネグリとフーコー

Negri e Foucault:
Ritorno al futuro!
(clinica e critica del *bios*)

"미셸 푸코가 위대한 철학자인 것은 그가 이처럼 역사를 다른 것을 위해 이용했기 때문이다"[1]라는 질 들뢰즈의 말은 들뢰즈 자신에게도, 그리고 안토니오 네그리에게도 그대로 적용되어야 한다. '역사'로부터 '다른 것'(역사의 절단)을 무매개적으로 생산하는 것, 그 이론의 구축을 자신의 철학의 핵심에 두는 것, 바로 여기에 푸코, 들뢰즈, 펠릭스 가타리, 네그리가 공유하는 위대함이 있다. "(1968년 이후) 프랑스에서 맑스주의와 연결된 코뮤니즘이 존재했던 적이 있었는가."[2] 푸코도, 들뢰즈도, 가타리도 세상을 떠난 지금 홀로 남은 네그리가 그 고독 속에서 제기하는 이 물음은, 그러므로 푸코의 물음, 들뢰즈와 가타리의 물음이기도 하다.

푸코 본인은 구별 없이 사용한 '생명권력'과 '생명정치'를 네그리는 서로 **대립하는** 개념으로 만들어 제시하는데, 명백히 의도적인 이

---

1) Gilles Deleuze, "Qu'est-ce qu'un dispositif?"(1989), *Deux Régimes de fous*, Paris: Minuit, 2003, p.323. [박정태 옮김, 「장치란 무엇인가?」, 『들뢰즈가 만든 철학사』, 이학사, 2007, 482쪽.]

2) Antonio Negri, "È possibile essere comunisti senza Marx?," *Il comune in rivol -ta: Sul potere costituente delle lotte*, Verona: Ombre Corte, 2012, pp.46~47. [본서의 '부록 1'을 참조하라(190쪽).]

오독은 푸코의 '역사'(존재론)[라는 개념]을 충실히 따른 것이다. 푸코에게 역사란 매 순간 근과거와 근미래로 자신을 분기시키면서 전개되는 것이며, 이 역사에서 현재는 근과거/근미래의 분기 그 자체(들뢰즈라면 '결정'結晶이라고 부를 것이다)로서 존재한다. 근과거란 우리가 얼마간 자각적으로 겪고 있는 시간이며, 근미래란 우리가 그렇게 자각하지는 못하지만 이미 거기에 집단적으로 연루되어 있는 시간이다. 들뢰즈가 자신의 푸코론에서 지적하는 대로, 푸코에게서 근과거는 '분석'의 대상으로 그리고 근미래는 '진단'의 대상으로 자리매김된다. 분석과 진단으로 이뤄진 푸코의 존재론에서 일차적인 것은 항상 분석이다. 현재를 분석하고 그 근과거를 규정하는 일 없이 현재에 대한 진단, 근미래에 대한 파악은 없다. 왜일까? 간결하게 말하면, 근미래란 근과거에서 특정한 방식으로 사용되고 있는 것을 다른 방식으로 사용할 가능성을 일컫는 것이기 때문이다. 근과거에서 사용되고 있는 것인 **그것**은 분명히 현재의 한가운데에 존재하고 있으며, 따라서 **그것**을 다른 방식으로 사용할 가능성인 근미래에 우리는 이미 자각 여부와 관계없이 집단적으로 연루되어 있다……

이런 순서로 진행되는 존재론적 탐구는, 푸코 자신에게서는 가령 다음과 같이 전개된다. 먼저 현재에 대한 분석을 통해 특정한 권력 관계가 그 근과거로서 규정된다. 여기서 무엇보다도 중요한 것은, 특정한 권력 관계가 그렇게 규정됨과 동시에 그 권력 관계까지 포함한 모든 권력 관계의 성립조건을 이루는 것으로서 '자유'의 **존재**가 발견된다는 점이다. "권력은 자유로운 주체들에게만, 주체들이 자유로운 한에서만 행사된다. 자유로운 주체란 여러 가지 행동, 여러 가지 반응, 다양한 태도가 실현될 수 있는 가능성의 장을 마주하고 있는 개별적 또는 집단적 주체이다."[3] 무슨 뜻일까? 유명한 판옵티콘을 생각해볼 수 있다. 판옵티콘은 정체를 알 수 없는 시선에 사람들을 노출시킴으로써 그들을 얌전히 행동하게 만드는 장치이다. 그러나 시선과 사람들 사이에 존재하는 **거리**(절대적 거리)에 입각한 것인 한, 당연히 사람들은 항상 다른 다양한 행동 가능성에 열려 있는 상태로 있다(얌전히 행동하지 않는 것이 언제라도 가능하다). 권력 관계의 중심에 그 성립조건으로서 자유가 존재하다는 것은 바로 이런 것이다. 판옵티콘은 자유를 특정 방식으로 사용하는 데 있던 권력 관계 장치이며, 분석은 판옵티콘에서 특정 방식으로 사용되는 것으로서의 자유를 현재(역사)의 한가운데에서 발견하는 것이다. 현재의 한가운데에 존재하는 것이 분석을 통해 이렇게 발견됨으로써 비로소 진단이 가능해진다. 진단을 통해 파악되는 것은, 여기서는 특정한 권력 관계에 의해 그것에 고유한 방식으로 사용되는 자유를 그것과는 다른 방식으로 사용할 가능성이다. 푸코는 이렇게 말한다. "권력 관계의 핵심에 그 존재의 항구적 조건으로서 '불복종'과 본질적으로 통제할 수 없는 자유가 존재하는 것이 사실이라면 저항 없는, 빠져나갈 구멍이나 탈주 없는, 가능한 반전 없는 권력 관계는 존재하지 않기 때문이다. 따라서 모든 권력 관계는 적어도 잠재적으로는 투쟁 전략을 포함하고 있다."[4] 진단이란 이 '투쟁 전략'을, 즉 현행 권력 관계에 대한 저항으로서 자유를 사용할 가능성을 파악하는 것, 즉 근과거(또는

3) Michel Foucault, "Le sujet et le pouvoir"(1984), *Dits et écrits*, t.2: 1976-1988, Paris: Gallimard, 2001, p.1056. [서우석 옮김, 「주체와 권력」, 『미셸 푸코: 구조주의와 해석학을 넘어서』, 나남, 1989, 313쪽.]

4) Foucault, "Le sujet et le pouvoir," p.1061. [「주체와 권력」, 318쪽.]

현재)의 한가운데에 항상 이미 '잠재적으로' 포함되는 근미래를 파악하는 것이다(따라서 권력 관계론에서 현재의 분기란 사람들이 '자유롭다'는 사실 그 자체의 분기, 현재의 한가운데에서 그 존재가 발견되는 자유 그 자체의 근과거/근미래로의 분기라고 말할 수 있다).

　분기하는 현재에서 사람들은 근과거와 근미래 모두에 집단적으로 속해 있다. 단, 근과거에 있어서는 귀속이 현실적인데 반해, 근미래에 있어서는 귀속이 잠재적인 상태에 머물러 있다. 근과거는 사람들이 그것을 집단적으로 겪는 현실성이며, 근미래는 사람들이 그것에 집단적으로 연루되어 있는 잠재성이다. 들뢰즈가 가타리와의 마지막 공저 『철학이란 무엇인가』(1991)에서 '역사'와 '생성'이라는 개념쌍을 도입해 전자를 근과거에, 후자를 근미래에 각각 대응시키고 있는 이유는 여기에 있다. 네그리는 어떨까? 예컨대 블라디미르 일리치 레닌에 관한 강의에서 네그리는 푸코의 근미래, 들뢰즈의 생성에 해당되는 것을 '경향'이라고 칭하며 다음과 같이 논하고 있다. "가장 추상적으로 보이는 것이 경향에 있어서는 가장 구체적인 것이 된다. 구체적이고 직접적인 것은 한가운데에서 쪼개지게 된다. 실로 구체적인 것은 직접적인 것이 아니라, 실재의 한정된 모든 것을 합친 총체이다. 구체란 직접적 한정을 파악하고 분석함으로써 거기서 발견되는 경향적 한계이다."[5] 이런 네그리의 논의는 권력 관계와 자유에 대한 푸코의 논의에 그대로 들어맞는 것이다. 다시 말해, 현재의 직접성(근과거)에 있어 "가장 추상적으로 보이는 것"은 사람들이 자유롭다는 사실이지만(반대로 구체적으로 보이는 것은 특정한 권력 관계

---

5) Antonio Negri, *Trentatre lezioni su Lenin*, Roma: Manifestolibri, 2004, p.29.

이다), '경향'(근미래)에 있어서는 그것(자유의 존재)이 "가장 구체적인 것"이 되는 방식으로 말이다. 거꾸로 말하면, 경향(근미래)이란 분석을 통해 현재의 직접성(근과거) 속에서 발견되는 것 안에서 "가장 추상적인 것"을 그대로 "가장 구체적인 것"으로 갖고 있는 차원이 될 것이다. 나아가 푸코에게 근과거가 분석의 대상으로, 그리고 근미래가 진단의 대상으로 간주됐던 것과 같이, 네그리에게도 직접성은 '분석'의 대상으로 그리고 경향은 '독해'의 대상으로 간주된다. 『도자기 공장: 정치의 새로운 문법을 위하여』에는 이런 구절이 있다. "보통명사를 향해 나아간다는 것은 도대체 무엇을 의미하는가? 보통명사를 구축하는 실천은, 다양한 특이성들 사이에서 진행되는 협력의 과정을 존재론적 표현이자 시간적 열림으로 간주한다. 이런 맥락에서 현재가 독해의 대상이 될 수 있는 것은 어디까지나 그것을 '도래하고 있는 것'이라는 관점에서 포착할 때, 즉 현재 속으로 헤치고 들어가 현재 한가운데에 잉태되어 있는 미래를 향한 경향을 움켜쥘 때이다. 공통적인 것은 바로 이런 틀에서 생산되는 것이다"[6](바로 이런 의미에서 '손을 더럽히지 않는' 알랭 바디우가 비판된다). 권력 관계와 자유에 대한 푸코의 논의에 비추어 이 구절을 다시 읽어보면, 현재의 한가운데에서 분석을 통해 발견되는 자유를 현행 권력 관계에 있는 것과는 다른 방식으로(현행 권력 관계에 대한 저항으로서) 사용할 가능성이 여기서 '보통명사' 또는 '공통적인 것'이라 불리고 있음을 알게 될 것이다. 현재를 진단하고 거기서 근미래를 파악하는 것이 보통명

---

6) Antonio Negri, *Fabrique de porcelaine: Pour une nouvelle grammaire du politique*, Paris: Stock, 2006, pp.196~197.

사(또는 '공통 관념')의 구축, 공통적인 것의 생산이라고 일컬어지고 있는 것이다. 현재에 대한 진단이 공통적인 것을 생산한다. 네그리의 이런 주장에 푸코는 주저 없이 동의할 것이다. 진단을 통해 파악되는 근미래(권력 관계에 있어서 다른 방식으로 자유를 사용할 가능성)를 푸코는 '진리'라고 부르기도 하는데, 이 진리는 사람들이 이미 집단적으로 연루되어 있는 것이라는 점에서 바로 집단적 진리, 공통적 진리와 다를 바 없기 때문이다.

네그리가 구별하는 생명권력/생명정치의 문제로 돌아가보자. 네그리는 다음과 같이 서술하고 있다.

> 생명[삶]을 착취하는 것, 개개인의 신체적 힘을 노동에 사용토록 하는 것, 개개인의 신체를 관리하는 것, 그리고 개개인의 욕구를 통제하는 것, 요컨대 개개인이 하는 일을 규범화하는 것. 이런 것에 기초한 새로운 권력 경제(판옵티콘적 경제)를 명명하는 데 푸코가 사용한 표현은 사실 두 가지이다. 바로 '생명권력'과 '생명정치'이다. 우리는 지금껏 이 두 가지 표현을 구별하지 않고 거의 동일한 의미로 사용해 왔다. 그러나 실제로는 동일한 의미가 아니다. 여기서 문제는 다음과 같은 점에 있다. 생명권력과 생명정치를 구별하지 않는 입장에 머무는 한, 생명을 포획당하는 것에 대한 저항, 규범화를 통해 생명이 관리되는 것에 대한 저항은 더 이상 불가능하게 된다. 즉, 그에 대한 타성은 더 이상 존재하지 않고 어떤 대항권력도 더 이상 상상할 수 없게 되며, [우리가] 해방되고 싶어 하는 그 권력을 그대로 재생산하는 것 외에 다른 것을 할 도리가 없게 되어버린다. …… 바로 그 때문에 생명권력은 생명정치와 구별되어야 하며, 생명정치는 생명에 대한

권력**에 맞서는** 생명의 역능을 긍정하는 것으로 간주되어야 한다. 더 정확하게 말하자면, 새로운 주체성이 창조되는 장을 생명 자체(정동과 언어활동을 통해 이뤄지는 생산, 사회적 협동, 신체와 욕망, 새롭게 개발되는 삶의 양식)의 한가운데에 자리매김해야 하며, 동시에 그 장이 온갖 예속을 파괴하는 계기가 되어야 한다.[7]

생명권력과 생명정치를 구별해야 할 필요성을 설명하는 네그리의 이 논의가 푸코의 존재론 구성에 충실히 대응하고 있다는 것은 이제 명확할 것이다. 다시 말해, 현재에 대한 분석을 통해 근과거로 규정되는 것이 생명권력(생명에 대한 권력)이고, 진단을 통해 이 권력 관계의 중심에서 발견되는 생명을 그것과는 다른 방식으로(그것에 맞서는 방식으로) 사용할 가능성(근미래)으로 현재의 한가운데에서 파악되는 것이 바로 생명정치를 향하는 경향(생명의 역능)이다. 분석은 현재의 직접성에서 생명권력을 규정함과 동시에 그 권력의 **대상**으로서 생명의 존재를 발견하는 것이고, 진단은 현재의 경향을 생명정치의 가능성으로서 파악함과 동시에 생명을 그 **주체**로서 새롭게 자리매김하는 것이다. 이런 의미에서 근과거/근미래로의 현재의 분기란, 여기서는 생명권력/생명정치로의 생명 자체의 분기, 생명권력의 대상/생명정치의 주체로의 생명 자체의 분기라고 말할 수 있겠다. 직접성으로서의 권력 관계/경향으로서의 역능으로의 생명의 분기는, 네그리에게는 대상/주체로의 노동의 항상적인 분기, 구성된 것/구성

---

7) Antonio Negri, "Quando e come ho letto foucault"(2011), *Il comune in rivolta: Sul potere costituente delle lotte*, Verona: Ombre Corte, 2012, pp.70~71.

하는 것으로의 권력의 항상적인 분기라는 문제에도 그대로 적용되어야 하는 것으로 존재할 것이다.

어쨌든 여기서 분명히 확인해둬야 할 것은, 하나의 동일한 현재 속에서 분석을 통해 권력이 규정됨과 동시에 진단을 통해 역능이 파악된다는 점("하나가 둘로 나뉜다"), 그리고 권력에 대한 분석과 역능에 대한 진단으로 이뤄진 이 존재론(칼 맑스와 베네딕투스 데 스피노자)을 네그리는 푸코(그리고 물론 들뢰즈)와 공유한다는 점이다.

❧

생명권력이란 모든 사람의 삶 전체를 남김없이 통째로 대상으로 삼는 권력 관계이다. 네그리에게 이것은 "사회가 자본에 의해 구조화되고 남김없이 포섭됐다"는 것, 따라서 우리가 사는 현재에는 "더 이상 '외부'가 전혀 없다"는 것, 즉 생명권력에 맞서는 정치적 주체의 발생을 현재의 '외부'에 기대하는 것('정치적 영역'의 자율성)이 결코 불가능함을 의미한다.[8] 푸코가 생명권력을 "자본 밑으로 사회 전체가 실질적으로 포섭되는 것'이라고 말하지는 않지만 푸코에게도 우리가 사는 현재에 외부가 전혀 없다는 것은 진실이며, 이런 의미에서 "[그런데도 불구하고] 어떻게 주체성을 회복하고 그것을 이 새롭고 강고한 내재적 틀 '내부'에 위치시킬 것인가?"[9]라는 네그리의 물음은 푸코의 물음이기도 하다. 더 구체적으로 말하면, 생명권력과는 다른 방

<hr>

8) Antonio Negri, "Alle origini del biopolitico: Un seminario"(1997-2009), *Il comune in rivolta: Sul potere costituente delle lotte*, Verona: Ombre Corte, 2012, p.86.

9) Negri, "Alle origini del biopolitico," p.84.

식으로 (생명권력에 맞서) 생명을 사용할 가능성을 실현하는 주체는 어떻게 현재의 한가운데에 구성될 수 있는가? 또는 생명정치의 가능성(생명의 역능)이 현재의 경향을 구성하고 거기에 우리가 이미 집단적으로 연루되어 있다는 의미에서 이 가능성을 집단적 진리라고 부른다면, 어떻게 우리는 이 집단적 진리를 실현하는 주체, 즉 '진리의 주체'가 될 수 있는가? 요컨대 현재의 한가운데에 그 경향으로서 이미 미래가 포함되어 있다면, 우리는 어떻게 이런 미래로 귀환할 수 있는가? 존재론에서 주체론으로의 무매개적 도약에 대한 이런 물음을, 푸코는 네그리(그리고 들뢰즈)와 완전히 공유하고 있다.

푸코가 네그리와 멀어지고 들뢰즈와 가까워지는 것은, 위의 물음에 직면해(물음에 의해 강요되어) 산출되는 답변의 차원에서이다. 간결히 말하면, 네그리에게는 집단적 진리(공통적인 것)를 철저히 **집단적으로** 실현하는 것이 추구되는 반면, 푸코에게는 동일한 집단적 진리를 개개인이 **사적으로** 실현하는 것이 관건이 된다. 네그리는 집단적 진리를 실현할 주체가 집단적으로 구성될 수 있다고 끝까지 주장하는데, 그 근거가 그의 '이성의 낙관주의'에 있다는 점은 이 책에서 이미 상세히 논한 대로이다(다중이 자신의 분노를 자신의 것으로 삼고 자신을 군주로 만드는 것은 이성의 관철을 통해 가능해진다고 간주된다. 이 '이성의 낙관주의'에 네그리가 대치시키는 '의지의 낙관주의'란 바로 '정치적 영역의 자율성'이다). 푸코의 논의가 들뢰즈의 논의에 가깝다고 말할 수 있는 것은 들뢰즈처럼 푸코 역시 네그리와 함께 '의지의 낙관주의'(존재론적 차원의 '외부'에 자율적인 의지를 상정하고 이것에서 정치 또는 혁명의 조건을 구하는 것)를 단호히 거부하고 있음에도 '이성의 낙관주의'는 공유하지 않기 때문이다. 푸코에게 우리가 사는 현재에 "더 이상 '외부'가 전혀 없다"는 것(푸코는 이를 '반反사목 혁명의 불가능성'으로 논한다[10])은 이를테면 집단적 진리를 집단적으로 실현하기 위해 필요한 이성의 절대적 관철(현재의 한가운데에 있는 자유의 존재를 모든 사람이 인식한다는 것)이 도래하는 원인인 '외부'가 우리가 사는 현재에는 '없다'는 말이며, 푸코는 집단적 주체 형성의 불가능성에 부딪혀 갑자기 이른바 '자기'soi 개념으로 돌아가 거기서 집단적 진리를 실현할 유일한 장을 발견하는 것이다.

구체적으로 푸코에게 집단적 진리의 사적 실현이란, 그 진리를 개인이 자신의 삶(인생 또는 생활)에서 가시적인 형태로 그대로 체현해 보여주는 것을 의미한다. 현재에 대한 분석은 특정한 권력 관계를 그 근과거로 규정하고, 거기서 특정한 방식으로 사용되고 있는 것으로서 자유의 존재를 발견한다. 분석을 통해 권력 관계의 중심에서 발견된 이 자유를 현재의 한가운데에서 새롭게 순전한 역능으로서 포착하는 조작이 바로 진단이다. 자유는 항상 이미 현재의 한가운데에 순전한 역능으로서 존재한다는 점이 진단을 통해 집단적 진리, 즉 공통적인 것으로 파악된다. 자유를 그것이 사용되고 있는 현행 권력 관계와는 다른 방식으로(그 권력 관계에 맞서) 사용하는 것, 그럼으로써 자유에 (온갖 종류의 권력 관계에 맞서는 것으로서) "그 본래의 가치를 회복시키는 것."[11] 우리는 바로 이것을 한 사람 한 사람 각자의 삶에서 실천해보아야 하며, 푸코에게 이것은 '용기'('진리에 대한 용기')만

---

10) 箱田徹, 『フーコーの闘争: 〈統治する主体〉の誕生』, 東京: 慶応義塾大学出版会, 2013, 209~211頁. [김상운 옮김, 『푸코의 투쟁: '통치하는 주체'의 탄생』, 도서출판 난장, 근간.]

11) 箱田, 『フーコーの闘争』, 227頁. [『푸코의 투쟁』, 근간.]

있다면 항상 가능한 것이다. 이리하여 푸코는 말하자면 네그리의 '이성의 낙관주의' 대신 **용기의 낙관주의**라고 불러야 할 것을 제시한다(이 '용기의 낙관주의'는 그것이 어디까지나 존재론에 입각한 것이라는 점에서 바디우 또는 자크 랑시에르 유의 '의지의 낙관주의'와는 구별되어야 한다). 문제는 용기의 낙관주의를 근거로 삼는 이 사적 실천, 집단적 진리의 사적 실현이 그럼에도 '정치'라는 이름에 값하는 것인가에 있다. 정치란 네그리와 들뢰즈에게 그렇듯이 푸코에게도 새로운 집단을 구성하는 것, 새로운 인민을 구성하는 것이며, 그런 의미에서 '혁명'과 다름없다. 집단적 진리의 사적 실현은 새로운 인민의 창조인가? 이 물음에 대해 하코다 테츠는 푸코론에서 예컨대 다음과 같이 말하고 있다. "파르레시아의 공적인 장으로부터의 철퇴, 사적인 장에서의 실천으로의 질적 변화는 …… 그 탈정치화, 개인주의화를 의미하는 것일까? 그렇지 않다. 철학적 파르레시아와 정치는 윤리적 정치라고 말해야 할 관계에 들어간다"[12] ('파르레시아'란 집단적 진리의 실현이며, '철학적 파르레시아'란 그 사적인 장에서의 실천이다). 윤리, 즉 에토스, 요컨대 우리 각자의 삶의 방식, 태도가 그대로 '정치'가 된다는 것은 도대체 어떤 것인가? 무엇보다도 주의해야 할 것은, 집단적 진리의 실현이 우리 한 사람 한 사람의 자기를 무대로 삼아야만 이뤄진다 해도 그 진리가 집단적인 것(공통적인 것)이라는 사실에는 조금도 변화가 없다는 점이다. 결국 집단적 진리의 사적 실현, 즉 "**내가** 진리의 주체가 된다"는 것은 내가 바로 집단이 된다는 것, 내가 바로 인민이 된다는 것, 나의 에토스가 바로 정치가 된다는 것

---

12) 箱田, 『フーコーの鬪争』, 220頁. [『푸코의 투쟁』, 근간.]

이며, 바로 그 때문에 하코타는 정당하게도 이를 '윤리적 정치'(윤리=정치)라고 부르는 것이다. 들뢰즈가 '사람들이 혁명적이 되는' 것으로서, 또는 '나와 인민의 이중의 생성'(내가 인민이 될 때 인민 역시 뭔가 다른 것이 된다)으로서 논한 것 역시 이 윤리적 정치 아니었는가? 들뢰즈·가타리(『천 개의 고원』)에게 블라디미르 슬레피안*이, 푸코에게 시노페의 디오게네스가 각각 (양이기를 멈추고) '개가 될' 때, 이 개는 단 한 마리로 이미 무리를 이루고 있다(들뢰즈·가타리의 입장에서 보면, 이는 국소적 자아 또는 부분충동의 무리와, 원자 또는 부분대상의 무리가 무의식/기관 없는 신체라는 두 가지 표면이 서로 접해 있는 경계면과 완전히 일치함으로써 형성되는 좀비 무리이다.[13])

❧

집단적 진리(공통적인 것)를 실현하는 주체는 집단적으로 구성될 수 있는가, 아니면 집단적으로 구성될 수 없다는 그 불가능성에 부딪혀 사적으로 구성되는가? 혁명인가, 혁명적이 되기인가? 네그리/푸코, 네그리/들뢰즈를 가르는 그들의 정치철학의 이 최종 국면에 대해 우

---

* Vladimir Slepian(1930~1998). 러시아 유대인 혈통의 프랑스 예술가 겸 작가. 1958년 프랑스로 이주해 해프닝, 액션페인팅, 행위예술 등에 전념하다가 1963년부터 글쓰기에 매진했다. 1974년 슬레피안은 「개의 후예」(Fils de chien)라는 단편 소설을 발표하는데, 개가 되기로 결심한 한 남자의 이야기를 다룬 이 소설은 질 들뢰즈와 펠릭스 가타리에 의해 '동물-되기'의 일례로서 분석되기도 했다. Gilles Deleuze et Félix Guattari, *Mille Plateaux: Capitalisme et schizophrénie 2*, Paris: Minuit, 1980, pp.316~318. [김재인 옮김, 『천 개의 고원』, 새물결, 2001, 489~493쪽.]

13) 더 자세한 내용으로는 다음을 참조하라. 廣瀬純, 『絶望論: 革命的になることについて』, 東京: 月曜社, 2013.

리 자신이 어느 쪽에 가담할 것인지를 결정하는 것은 이 책의 목적이 아니다. 오히려 우리는 그 틈에서, 그 틈에 직면해 자신의 정치철학을 새롭게 창출해야 할 것이다. 이 책의 목적은 네그리가 푸코(그리고 들뢰즈·가타리)와 공유하고 있는 것을 명쾌하게 확인하고, 그것을 우리 또한 자신의 것으로 삼는 데 있다. 다시 말해 "역사를 다른 것을 위해 이용"하는 것, 역사(존재론)를 견지하면서 정치(주체론)를 놓지 않는 것. 바디우와 랑시에르에게서 보이는 '대상 없는 과정'(역사 외부에서의 정치의 자율)에도, 에티엔 발리바르와 프레드릭 제임슨에게서 보이는 '주체 없는 과정'(정치 없는 역사의 자기 발전)에도 결코 함몰되지 않도록 하는 것. 현재에 대한 분석을 통해 '대상'(권력의 대상)으로 규정되는 노동(삶)을 진단을 통해 그대로 '주체'(역능)로 새롭게 파악하는 것("노동은 대상으로서는 절대적 빈곤이지만, 주체이자 활동으로서는 부의 일반적 가능성"*이다), 또한 동시에 현재의 한복판에서 그와 같이 '맹아적인 형태'로 ('경향으로서') 발견되는 주체가 자율적인 정치적 주체로 자기 발전하기 위해서는 조직화가 필수불가결하다는 점을 결코 잊지 않는 것("우리는 여전히 자크리에서 표현되는 분노와 반란이 변혁의 과정에 본질적이라고 확신한다. 그러나 조직화 없이는 자크리가 변혁을 달성할 수 없다는 것 역시 확신한다"**). 요컨대 존재론과 주체론, 맑스와 레닌, 임상과 비판의 무매개적 접합 외에 정

---

* Negri, "È possibile essere comunisti senza Marx?," p.50. [본서, 195쪽. 또한 본서 1장의 첫 번째 옮긴이 주(43쪽)를 참조하라.]

** Antonio Negri and Michael Hardt, *Commonwealth*, Cambridge, MA.: Belknap Press, 2009, p.240. [정남영·윤영광 옮김, 『공통체: 자본과 국가 너머의 세상』, 사월의책, 2014, 337쪽.]

치철학이란 있을 수 없으며, 또한 바로 그 때문에 정치철학은 필연적으로 '미래로의 귀환'을 서술하는 시도가 되는 것이다.

감사의 말

이 책을 출간하는 데 발단이 되어준 것은 안토니오 네그리와 마이클 하트를 다룬『현대사상』의 특집호(2013년 7월)[1]에 게재된「분노인가, 치욕인가?: 맑스주의 정치철학을 위하여」[본서 4장의 원형]였다. 이 글을 읽은 세이도샤의 와타나베 카즈키가 일본어로는 최초인 네그리 연구서를 기획해 내게 제안해줬다.

애초부터 나는 네그리를 책 한 권으로 정리한다면 네그리에게서 존재론과 주체론의 접합을 배운다는 것 말고 다른 주제는 있을 수 없다고 생각했다. 그랬기 때문에 어떤 텍스트가 필요하고 그것들을 어떻게 배열할 것인지는 거의 확실했다. 머리말에는 나의 책『봉기와 함께 사랑이 시작된다: 사상/정치에 관한 32장』[2]에서 이미 펼친 바 있는 자크 랑시에르 비판을 네그리의 이름으로 반복하는 텍스트를 배치했다, 1장으로는 존재론의 결여에 관한 네그리의 알랭 바디

1) "特集=ネグリ+ハート: 〈帝国〉・マルチチュード・コモンウェルス,"『現代思想』(7月), 第41券, 第9号, 東京: 青土社, 2013.

2) 廣瀬純,『蜂起とともに愛がはじまる: 思想/政治のための32章』, 東京: 河出書房新社, 2012. [김경원 옮김,『봉기와 함께 사랑이 시작된다: 세계를 전복하는 사상 입문』, 바다출판사, 2013.]

우 비판을 다룬 텍스트를, 2장으로는 주체론의 결여에 관한 네그리의 에티엔 발리바르 비판을 다룬 텍스트를, 3장에는 존재론과 주체론의 접합을 네그리의 레닌주의로 도입하는 텍스트를, 4장으로는 존재론과 주체론의 접합을 질 들뢰즈는 어떻게 시도하는지, 네그리의 접합과 어떻게 다른지를 논의한 텍스트를, 그리고 마지막 장(나오는 말)으로는 네그리와 들뢰즈를 대비시킬 때 생겨나는 문제계 속에 미셸 푸코를 자리매김하는 텍스트를 배치했다.

가필·수정한 원고로는 「분노인가, 치욕인가?」를 다듬은 4장 이외에도 2장과 3장이 있다. 2장은 홋카이도대학교에서 사토 준지가 주재하는 연구회에 이치다 요시히코, 오지 켄타와 함께 초대받았을 때 발표한 원고를, 3장은 『사상』의 네그리 특집호(2009년 8월)[3]에 기고한 글(「여기가 로두스다, 여기서 뛰어라: 안토니오 네그리의 신레닌주의」)을 가필·수정한 것이다. 나머지는 모두 새로 집필한 것인데, 그중 마지막 장의 경우에는 약 1개월 동안 발간을 준비하던 기간 중에 하코다 테츠의 『푸코의 투쟁: '통치하는 주체'의 탄생』[4]이 출간되는 행운이 없었다면, 더 나아가 『푸코의 투쟁』 출간에 맞춰 고베·모토마치 영화관에서 개최된 후기 푸코에 관한 공개 연구회(2013년 11월 23일)에 초대받아 사토 요시유키와 함께 연단에 오르는 행운이 없었다면 결코 쓸 수 없었을 것이라는 점을 덧붙이고 싶다.

---

3) "特集=思想史のなかのアントニオ・ネグリ," 『思想』(8月), 第1024号, 東京: 岩波書店, 2009.

4) 箱田徹, 『フーコーの闘争: 〈統治する主体〉の誕生』, 東京: 慶応義塾大学出版会, 2013, 209~211頁. [김상운 옮김, 『푸코의 투쟁: '통치하는 주체'의 탄생』, 도서출판 난장, 근간.]

위에 언급한 모든 분들께, 『사상』에 게재한 글을 옮겨 실을 수 있도록 흔쾌히 승낙해준 『사상』의 편집장 타가이 모리오 씨와 이탈리아 일간지 『일마니페스토』(세계에서 가장 읽을 가치가 있는 신문인 이 일간지는 현재 그 존속을 위해 후원을 모으고 있다)에 게재된 서평을 번역해 실을 수 있도록 곧바로 허락해준 네그리에게, 그리고 내 모든 활동의 기반이며 이 책의 내용에 관하여 많은 시사점을 던져준 세상에서 가장 사랑하는 사토 쿠미에게 진심으로 감사드린다.

2013년 12월 12일,

교토에서

히로세 준

원문 출처

머리말 새로 집필.

1장 새로 집필.

2장 홋카이도대학교 대학원 문학연구과 연구회 〈'사라지는 매개자' 에 대하여〉(〈消滅する媒介者〉をめぐって)에서 행한 구두 발표(2012년 9월 23일)를 가필·수정해 구성.

3장 다음의 논문을 가필·수정해 구성. 「ここがロードスだ, ここで跳べ: アントニオ·ネグリのネオレーニン主義」, 『思想』(8月), 第1024号, 東京: 岩波書店, 2009, 38~50頁.

4장 다음의 논문을 가필·수정해 구성. 「怒りか, 恥辱か: マルクス主義 政治哲学のために」, 『現代思想』(7月), 第41券, 第9号, 東京: 青土社, 2013, 210~227頁.

나오는 말 새로 집필.

부 록

맑스 없이 코뮤니스트가 되는 것은 가능한가?*

맑스 없이 코뮤니스트가 되는 것은 가능한가? 물론 그렇다. 그래도 나는 다른 [지적·운동] 전통의 동지들 및 전복적 지식인들과 함께 종종 이 문제를 토론하곤 한다. 특히 프랑스에서 그렇다. 뒤이을 숙고도 본질적으로는 프랑스의 상황과 관계가 있다. 그러나 고백컨데, 나는 이런 논쟁에 대해 생각하기를 곧잘 지겨워한다. 너무나 다양한 갈래와 모순점이 있어서 이런 논쟁이 검증되거나 실험을 통해 해답을 구하는 데까지 진행되는 일도 드물다. 이런 논쟁은 곧잘 실제 정치를 추상적으로 다루는 수사적 대결이 되어버린다. 그런데 때로는, 맑스주의자라면 코뮤니스트라고 선언할 수 있다는 것을 근본적으로 부정하는 사람들을 만나게 된다. 예컨대 한때 이보다 더 급진적일 수 없는 '마오주의적' 가설들을 전개한 어느 저명한 학자는 최근 내게 이렇게 말했다. 프롤레타리아트가 권력을 장악한 이후의 국가의 '사멸'

---

* Antonio Negri, "È possibile essere comunisti senza Marx?"(2010), *Il comune in rivolta: Sul potere costituente delle lotte*, Verona: Ombre Corte, 2012, pp.41~50. 이 글은 2010년 베를린에서 열린 '코뮤니즘이라는 이념' 제2차 컨퍼런스에서 발표됐고 다음의 잡지에 처음 수록됐다. "Est-il possible d'être communiste sans Marx?," *Actuel Marx*, no.48: Communisme?, 2010, pp.46~54.

또는 '소멸'을 예측한 혁명적 맑스주의를 [계속] 고집한다면, 그리고 결국 이런 일이 일어나지 않으리라는 것을 깨닫지 못한다면, 우리는 더 이상 자신을 '코뮤니스트'라 선언할 수 없을 것이라고 말이다. 나는, 그것은 요한계시록이 예지한 최후 심판의 날이 가까운 장래에 도래하지 않을 것이기 때문에, 그리고 '죽은 자들의 부활'을 실제로 보지도 못했기 때문에 그리스도교가 거짓이라고 말하는 것과 다름없다고 반박했다. 그리고 이렇게 덧붙였다. [지금과 같은] 이 각성의 시대에, 그리스도교도들이 말하는 이 세상의 종말과 사회주의적 종말론의 위기는 똑같은 처지에 놓인 것 같다고, 아니 차라리 둘 다 동일한 인식론적 명령에 의해 고통을 받고 있는 것 같다고, 그러나 그 명령은 **완전히 거짓**이라고 말이다. 확실히 그리스도교는 거짓이다. 그렇지만 그것은 [사람들이 흔히 말하는 것과는] 다른 이유 때문에 그렇다고 생각한다. [이와 마찬가지로] 코뮤니즘이 거짓이라면, 확실히 그것은 그 종말론적 희망이 실현되지 않아서가 아니다. 그런 희망이 사실은 코뮤니즘의 전제에 들어 있지 않았다고 말하는 것은 아니다. 그보다는 맑스의 코뮤니즘이 내놓은 예언들(더 정확히 말하면, 이론 장치들) 중 상당수가 실현됐다고 말하는 것이다. 자본의 예속[화]에 맞서 싸우는 문제를 다루는 것이 오늘날에도 (맑스 없이는) 불가능할 만큼 말이다. 바로 이런 이유 때문에 그리스도교에서 그리스도로, 코뮤니즘에서 맑스로 돌아가는 것이 중요한 것이리라.

그래서? 국가는 사멸되지 않았다. 러시아와 중국에서는 국가가 전능해졌고, **공통적인 것**comune은 **공적인 것**pubblico의 형태로 조직(변조)됐다. 이로써 국가주의가 승리했고, 이 국가주의의 헤게모니 아래에서 공통적인 것이 아니라 고도로 중앙집권화된 관료제 자본주의가 세워졌다. 그렇지만 내가 보기에는, 20세기의 위대한 코뮤니즘 혁명 경험을 통해, '절대적 민주주의'와 '인류의 공통체'라는 생각은 **가능하다**는 것이 입증됐다. 나는 여기서 '절대적 민주주의'를 자유주의 국가의 '상대적' 민주주의 너머에 구축되는 정치적 기획으로, 따라서 국가에 대항하는 급진적 혁명의 신호로, '공적인 것'에 대항하는 실천이자 '공적인 것'에 대항해 '공통적인 것'을 구성하는 실천의 신호로, 그리고 기존의 것에 대한 거부이자 착취당하는 노동자 계급에 의한 구성권력의 행사로 이해하고 있다.

차이는 여기에서 생긴다. 결국 어떻게 끝났던지 간에, (맑스주의적 가설에 따라 움직이는) 코뮤니즘은 (비록 실현되지는 않았지만) 단지 우발적이기만 한 것도 아니고 일시적이기만 한 것도 아닌 일련의 실천을 통해, 즉 **존재론적 실천**을 통해 스스로를 입증했다. 그러므로 맑스주의자가 아니면서 코뮤니스트일 수 있는지를 물으려면, 먼저 코뮤니즘의 존재론적 차원과 마주해야 한다. 이 존재론의 유물론적 규정성, 그것의 남아 있는 효과, 현실과 인류의 집단적 욕망에서 [코뮤니즘이라는] 이 일화가 [실제로] 존재했다는 돌이킬 수 없는 사실과 마주해야 한다는 것이다. 맑스가 우리에게 가르쳐준 것은 코뮤니즘이 하나의 구성이며 하나의 존재론이라는 점이다. 다시 말해 생산하는 인간, 즉 노동자 집단[집합적 노동자]을 출발점으로 삼아 새로운 사회를 구성하는 것, **존재의 증대**로 향하는 한에서 그 실효성을 보여주는 행동을 통해 새로운 사회를 구성하는 것이다.

이 [구성] 과정은 우발적으로 일어났고, [존재의 확장이라는] 이 경험[실험]은 부분적으로 실현됐다. 좌절됐다고 해서 이제 이 과정과 이 실험이 불가능한 것은 아니다. 오히려 그것이 실제로 가능함이 증명됐다. 수백만의 사람들이 이 가능성 속에서 행동했고 생각했고 노동했고 살아왔다. '현실 사회주의'의 시대가 참혹한 표류에 굴복했고, 참혹한 표류를 겪었다는 것은 어느 누구도 부인하지 못한다. 그런데 이 경험을 무효화할 정도로 표류했는가? 가능한 것과 혁명적 사건의 역능을 현실화함으로써 [부분적으로나마] 구성되어온 존재의 확장을 내던져버려야 할 정도로? 만약 [실제로] 그랬다면, 만약 '현실 사회주의'의 추이를 끔찍하게 망가뜨린 부정적인 것이 전적으로 존재의 파괴를 양산했다면, 코뮤니즘의 경험은 여기저기 흩어져 흔적도 없이 사라졌을 것이다. 그러나 그런 일은 일어나지 않았다. '절대적 민주주의'라는 기획, '인류의 공동체' 구성이라는 이 호소는 여전히 매력적이며, 우리의 욕망과 우리의 의지 속에 고스란히 남아 있다. 이런 영속성, 이런 욕망의 유물론이 맑스의 사상이 갖는 유효성을 입증해주지 않는가? 그래서 맑스 없이 코뮤니스트가 되는 것은, 불가능한 것은 아닐지라도, 어렵지 않을까?

'필연적으로' 맑스주의적 실천에서 유래한다는 국가주의에 대한 반대에 대해, 우리는 우리의 분석을 다시 명확하게 밝힘으로써 응답해야 한다. 즉, 존재[의 확장 또는 역능]의 축적, '절대적 민주주의'의 진전, 자유와 평등에 대한 긍정이 봉쇄, 방해, 파국을 뚫고 나가며 계속 견뎌내고 있다고, 또한 이런 존재의 축적이, 그것이 겪게 될 파괴적 순간들보다 더 강하다고 주장함으로써 말이다. 실제로 이 과정은 궁극원인론적이지도, 목적론적이지도 않다. 역사철학의 움직임도 아니다. 이 과정은 그 어떤 것도 아니다. 왜냐하면, 비록 역사적 사건들을 통해서만 계속 이어질지언정, 존재의 축적은 운명이나 섭리가 아니기 때문이며 주체를 구성하는 수많은 실천과 의지, 변형과 변신의 결과이자 그것들의 **교차**이기 때문이다. 이 역사, 이 축적은 (역사가 행동으로 우리에게 증명해준) 구체적 특이성들의 산물이자 주체성 생산[과정]의 산물이다. 우리는 이를 후험적인 것으로 여기고 서술한다. 우리가 말하는 역사에 필연적인 것은 없다. [그렇지만] 모든 것은 우발적이나 결말이 있다. 모든 것은 임의적이나 마무리가 있다. Nihil factum infectum fieri potest[(이미) 행해진 어떤 것도 행해지지 않은 것이 될 수는 없다]. 살아 있는 것이 계속해서 살기를 욕망하는 곳, 그래서 아래로부터 삶에 대한 목적론을 의도적으로 표출하는 곳이라면 어디든 역사철학이 존재하지 않을까? '삶의 의지'는 살아 있음의 문제와 어려움을 해결하지는 못한다. 하지만 욕망 속에서, 세계를 구성해야 할 절박함이자 세계를 구성할 역능으로서 스스로를 제시한다. 단절이나 파열이 존재한다면, 그것은 역사적 연속성 속에서 드러나게 된다. 불규칙하게 끊어져 있어서 항상 앞으로 나아가지는 못하지만, 그렇다고 전반적으로나 존재론적으로나 파국적이지도 않은 연속성 속에서 말이다. 존재는 결코 완전히 파괴될 수 없다.

또 다른 주제. 이런 존재의 축적이 **공통적인 것**을 구축한다. 공통적인 것은 필연적인 궁극[목적]이 아니다. 오히려 공통적인 것은 존재의 증대이다. 왜냐하면 인간은 다양체가 되기를, 관계를 형성하기를, 다중이 되기를 욕망하기 때문이다. 인간은 혼자 있을 수 없으며, 무엇보다 홀로됨을 괴로워한다. 그 다음으로, 존재의 축적은 정체성도, 기원도 되지 않을 것이다. 존재의 축적은 그 자체로 다양성의 산물이자 특이성들 간의 일치/대립의 산물이며, 언어적 구성물들의 접합이자 역사적 규정성들의 접합이고, 마주침과 충돌의 결실이다. 특히 여기서 중요하게 강조해야 할 것은, **공통적인 것**이 그 자체로 **보**

편적인 것으로서 나타나지는 않는다는 점이다. 공통적인 것은 보편적인 것을 포함하고 표현하지만 보편적인 것으로 환원될 수는 없다. 보편적인 것은 더 광범위하고 시간적으로 더 역동적이다. 보편적인 것은 개별적인 것들 각각에, 그리고 개별적인 것들 전체에 관여할 수 있다. 그러나 자립하는 개별[적인 것]이라는 개념은 모순적이다. 개별성[개체성]이란 존재하지 않는다. 오직 특이성들의 관계만이 존재하는 것이다. 공통적인 것은 특이성들의 전체^{insieme}를 재구성한다. 여기서는 공통적인 것과 보편적인 것의 차이가 절대적으로 핵심이다. 베네딕투스 데 스피노자는 보편적인 것의 일반적인 공허함과 개별적인 것의 모순[무근거성]에 맞서 '공통관념'의 구체적 규정성을 내세우며 공통적인 것을 정의했다. 보편적인 것은 각각의 주체가 고립·고독 속에서[도] 사유할 수 있는 그 무엇이다. 이와 반대로, 공통적인 것은 각각의 특이성이 **존재론적으로** 구축·구성할 수 있는 그 무엇이다. 각각의 특이성은 다양하지만 [그] 다양체 속에서, 공통적 관계 속에서 구체적으로 규정된다는 사실에 입각해서 말이다. 보편적인 것은 다양한 것과 관련해 언급되는 반면에, 공통적인 것은 다양한 것을 통해 규정되고 구성되며 거기에서 특정된다. 보편성은 공통적인 것을 추상적인 것으로 간주하고, 역사의 흐름 속에서 공통적인 것을 움직이지 못하게 한다. 그러나 공통적인 것은 보편적인 것을 부동不動과 반복으로부터 끄집어내며, 오히려 구체적으로 구축해낸다.

그런데 이 모든 것은 존재론을 전제한다. 코뮤니즘에게 맑스가 필요한 지점이 바로 여기이다. 즉, 공통적인 것 속에서, 존재론 속에서 스스로를 확립하려면 코뮤니즘에게는 맑스가 필요하다. 그리고 그 반대도 마찬가지이다. **역사적 존재론이 없다면 코뮤니즘도 없다.**

맑스주의자가 아니면서 코뮤니스트일 수 있을까? 프랑스의 '마오주의'는 한 번도 맑스와 긴밀한 적이 없었지만(이 점은 나중에 다시 다룰 것이다), 가령 질 들뢰즈와 펠릭스 가타리는 매우 효과적인 방식으로 맑스주의자가 아니면서 코뮤니스트였기 때문에 들뢰즈 사후에 들뢰즈가 『맑스의 위대함』이라는 저작을 준비하고 있었다는 소문이 돌기까지 했다. 들뢰즈와 가타리는 [자신들이 창안한] 집합적 배치와 방법론적 유물론을 통해 맑스주의에 다가서는 동시에 종래의 사회주의(특히 사회주의에 대한 유기체적 관념, 혹은 코뮤니즘에 대한 국가주의적 관념 일체)와 거리를 두며 공통적인 것을 구축한다. 그러면서도 그들은 틀림없이 자신들이 코뮤니스트라고 선언했다. 왜일까? 왜냐하면 맑스주의자가 아니면서도 그들은 실천에, 코뮤니스트적 전투성에 항상 열려 있는 사유의 운동 속에 몸담고 있었기 때문이다. 특히 그들의 유물론은 존재론적이었고, 그들의 코뮤니즘은 바로 변혁적 실천의 천 개의 고원에서 전개됐다. 그들에게는 역사, 주체성의 동학을 생산하고 이해하는 데 종종 도움이 될 수 있는 실증적 역사가 결여되어 있었다(푸코에게는, 그런 장치가 최종적으로 비판적 존재론 속에 재통합됐다). 물론 그런 역사가 실증주의적 역사서술이 될 수도 있다. 그러나 때때로 역사는 역사주의^{Historismus}에 전형적인 저 연대기적 허울 없이, 사건들을 과도하게 강조함 없이, 유물론적 방법론의 내부에 기입될 수[도] 있다. 그리고 들뢰즈와 가타리에게서 일어난 일이 정확히 이것이었다. 나는 유물론과 존재론의 상호보완성을 주장한다. 왜냐하면 (고전적 관념론의 관점으로나 실증주의의 관점으로나 분명히 철학을 본뜨고 있지만 결국 정치적 또는 윤리적 실체로 환원되어버리고, 그럼으로써 그 존재론적 차원을 부정당하는) 역사는 암묵적으로, 그러나 실질적으로 [(특히 유물론적) 철학에] 포섭될 수 있기 때문이다. 들뢰즈와 가타리의 경우에서처럼, 존재론이 특히 강력한 장치를 구성하고 있을 때 그렇다. 실제로 맑스주의가 과학 속에서만 살아가는 것이 아니라 '상황적' 경험 속에서 전개되어간다는 점을 잊으면 안 된다. 맑스주의는 종종 전투적 장치를 통해 모습을 드러낸다.

우리의 문제(코뮤니즘/맑스주의, 역사/존재론)를, 가령 유토피아적 사회주의의 수많은 판본, 특히 '마오주의'에서 파생된 판본과 비교해보면, 사태는 완전히 다르게 진행된다. 프랑스가 경험한 '마오주의'에서는 일종의 '역사 혐오'가 나타났는데, 이런 역사 혐오는 **정치적 목표**를 생산할 때마다 극심한 불안감을 드러냈다(이것이 마오주의의 끔찍한 결핍을 이뤘다). 그래서 사실상 마오주의는 역사를 제거함으로써 맑스주의뿐만 아니라 정치까지 제거해버렸다. 역설적으로, 마르크 블로크와 뤼시엥 페브르가 아날 학파를 세웠을 때 프랑스에서 일어났던 일(그때 맑스주의는 역사서술을 통해 철학적 논의에 도입됐고, 역사서술은 정치적이 됐다!)이 정반대의 방향으로 반복된 것이다.

유토피아적 사회주의에서도 이와 똑같은 일이 일어났다. 우리는 (마오주의적 판본 외부에서) 유토피아적 사회주의가 수많은 경험 속에서 존재론과 역사를 유물론적으로 연결했음을 인정해야 한다. 늘 그랬던 것은 아니지만 자주 말이다. 프랑스에서의 경험에 관해서는, 앙리 르페브르가 이룬 굉장한 공헌을 생각해보면 된다. 그러므로 우리는 이런 다양한 입장들 속에서, 존재론적 **실천**과 반대되는 입장들이 (제시된 정치적 기획의 보편성이라는 이름 아래) [실제로] 출현했는지, 그랬다면 어느 정도로 출현했는지를 이해하는 것이 필요하다. 예컨대 '본원적 축적' 같은 범주의 역사성을 부정함으로써 결국에는 **공**

통적인 것의 순수하고 직접적인 복원의 일환으로서 [어떤] 코뮤니즘 가설을 제시하는 입장, 아니면 (생산관계와 생산력의 관계 속에서 유물론적 주체성을 실제적이고 현실적으로 생산하는) 노동력의 '기술적 구성'을 다양하게 [재]설정하는 생산적 변형을 평가 절하함으로써 코뮤니즘적 저항은 (그 산술적 형태 아래에서 sub forma arithmeticae 항상 동일한) [인간] 본성에서 기원한다는 주장으로 급격히 회귀하는 입장 같은 것들 말이다. 확실히 이런 입장들은 그 초월론적 형상에 있어서 관념론을 애매하게 재연하는 것이다.

예를 들어보자. 우리는 최근 자크 랑시에르에게서 역사적 유물론과 코뮤니즘의 모든 존재론적 관계를 부정하는 장치가 강조되는 것을 목격해왔다. 랑시에르의 연구에서 노동의 해방에 대한 전망은 실제로 의식의 진정성[확실성]이라는 차원에서 전개되며, 따라서 **주체성은 어디까지나 개개인의 차원에 있는 것**으로 상정되고, 그 다음으로는 주체성의 생산을 **공통적인 것**이라 명명할 수 있는 가능성이 애초부터 제거된다. 더 나아가, 해방의 행위는 모든 역사적 규정으로부터 자기를 이탈시키고, 구체적인 시간성으로부터 자기의 독립을 선언한다. 랑시에르에게 정치란 주체를 역사·사회·제도들과 분리시키는 역설적 행위인 것이다. 역사·사회·제도들에 대한 참여(근본적으로 모순될 수 있는 [정치적 주체의] 고유성) 없이, 정치적 주체에 대해 뭔가를 이야기하는 것은 불가능한 데도 말이다. 이리하여 해방의 운동, 즉 '정치'는 그 일체의 적대적 성격을 잃고 만다. 추상에서가 아니라 구체적인 투쟁 현장에서 말이다. 그래서 착취에 대한 규정은 더 이상 시야에 닿지 않고 (이와 병행해) 적, 즉 (양적으로 규정 quantitate signata되지 않고, 항상 불확실한 형태로 나타나는) '치안' 쪽에 있는 권력의 축적 역시 더 이상 문제로 간주되지 않게 된다. [이처럼] 존재론에 입각하지 않은 해방 담론은 유토피아이자 개인의 꿈일 뿐이며, 현실을 그대로 내버려두는 것밖에 안 된다.

그러므로 여기서 우리는 핵심에, 즉 (1968년 이후) 프랑스에서 맑스주의와 연결된 코뮤니즘이 존재했던 적이 있었는가를 묻는 지점에까지 이르게 된다. 물론 스탈린주의, 트로츠키주의라는 두 개의 판본이 존재했지만(지금도 잔존하고 있지만), 오늘날 이 양자는 먼 옛날의 밀교적 역사에 속한다. 그러나 반대로 '68년의 철학'*에 관해서라면, 거기서 맑스주의는 철저히 거부당한다. 내가 주로 언급하고 싶은 것은 최근 얼마간 인기를 누리고 있는 바디우의 입장이다.

간단히 설명하면 이렇다. (『자본』을 함께 읽는 모임에 참여한 이후) 1968년[68년 혁명]에 당면했을 즈음, 랑시에르는 루이 알튀세르의 입장을 통렬히 비판해나갔고, (알튀세르에게서는 1968년 이후에야 스탈린주의를 비판하면서 개시된, 따라서 약간 지체된!) 맑스주의적 인간주의에 대한 비판 속에 [알튀세르의 것과] 동일한 '당원'[당의 인간] uomo di partito의 지식인중심주의와 '주체 없는 과정'이라는 구조주의적 추상이 어떻게 잔존해 있는지를 만천하에 드러냈다.** 그때는 랑

---

* 여기서 '68년의 철학'이란 미셸 푸코, 질 들뢰즈, 펠릭스 가타리, 자크 데리다 등보다 한 세대 젊은 사상가들(1940년대 전후로 태어난 사상가들), 특히 루이 알튀세르의 제자인 자크 랑시에르와 알랭 바디우의 사상을 지칭한다. 더 자세한 내용으로는 본서에 수록된 '부록 3'을 참조하라.

** 랑시에르는 '이론적 실천'이라는 이름으로 알튀세르가 당연시했던 '아는 자'로서의 권위, 그 권위에 근거한 '지식을 가진 자'로서의 제스처에 반발해 알튀세르와 결별한 것으로 알려져 있다. 다음의 책을 참조하라. Jacques Rancière, *La Leçon d'Althusser*, Paris: Gallimard, 1974; Paris: La Fabrique, 2012.

시에르가 옳았다. 그런데 오늘날 랑시에르의 관점에서 바디우에게 동일한 비판을 가해야 하는 것 아닐까? 바디우에게 실제로 진리에 대한 보증을 이루는 것은 이성의 독립, 즉 이데올로기적 자율의 일관성뿐이다. 코뮤니즘의 정의가 결정되는 것은 바로 오직 이런 조건 아래에서이다. 들뢰즈와 가타리는 "이는 다양체를 가장한 채 상위의 철학이라는 낡은 관념으로 회귀하는 것 아닌가"[1]라고 묻는다. 그러므로 바디우에게서 주체와 혁명적 단절[절단]의 존재론적 조건이 어디에 존재하는지를 알기는 매우 어렵다. 실제로 바디우에게 모든 대중 운동은 프티부르주아지의 퍼포먼스이며, 물질적 또는 인지적 노동의, 계급 또는 '사회적 노동'의 모든 무매개적[직접적] 투쟁은 결코 권력의 실체를 건드리지 못할 그 무엇이다. 프롤레타리아 주체들의 집단적 생산 능력의 확대는 체제 논리로의 종속이 확대되는 것에 지나지 않을 것이다. 그래서 [투쟁의] 목표에는 결코 도달하지 못할 것이고, 주체는 정의될 수 없을 것이다. 만약 주체가 이론에 의해 생산되지 않는다면, 훈육되지 않는다면, 진리에 맞게 바뀌지 않는다면, 정치적 실천을 넘어 그리고 역사를 넘어 사건의 수준으로 고양되지 않는다면 말이다. 그러나 바디우의 사유를 계속 따라가 본다면, 이런 지적들은 남아 있는 다른 문제들에 비해 사소한 것이다. 바디우에게는 특수하게 규정된 투쟁의 모든 맥락이, (이론과 투쟁 경험이 그 맥락에 전복적 역능을 부여해줄지라도) 순전히 꿈같은 환상으로 보일 뿐이다. 예컨대 '구성권력'을 주장하는 것은 상상 속에만 존재하는 '자

---

1) Gilles Deleuze et Félix Guattari, *Qu'est-ce que la philosophie?*, Paris: Minuit, 1991, p.144. [이정임·윤정임 옮김, 『철학이란 무엇인가』, 현대미학사, 1999, 218쪽.]

연권'이 혁명적인 정치적 역능으로 변형되는 꿈일 것이다. [바디우가 보기에는] '사건'만이 우리를 구원할 수 있다. 사건을 결정할 수 있는 모든 주체적 실존의 외부에 있는 그런 사건, 사건의 장치들을 운용하는 모든 전략적 화용론의 외부에 있는 그런 사건만이. 바디우에게 **사건**(그리스도의 십자가형과 부활, 프랑스 혁명, 중국의 문화 혁명 등)은 항상 **후험적으로** 규정되며, 따라서 역사의 산물이 아니라 전제이다. 결국에는 역설적이게도 혁명적 사건은 예수 **없이**, 로베스피에르 **없이**, 마오 **없이** 존재하게 된다. 그러나 사건 생산의 내적 논리가 부재한 상태에서 사람들이 어떻게 사건과 신앙의 대상을 구별할 수 있겠는가? 실제로 바디우는 통상적으로 테르툴리아누스가 했다고 알려진 신비주의적 단언, 즉 "불합리하기에 믿는다"credo quia absurdum를 반복하는 데 그친다. 여기서 존재론이 완전히 일소된다. 그리고 코뮤니즘에 관한 논증은 몰아치는 광기로 환원되거나 정신이 하는 일로 환원된다. 들뢰즈와 가타리를 인용해 간결하게 말하면 다음과 같다. "[바디우에 따르면] **사건** 자체는 특이성으로서보다는 공백의 초월성 혹은 공백으로서의 그 진리 안에서 자리에 부가되거나 삭제되는 따로 떨어진 불확실한 점으로 나타난다(혹은 사라진다). 따라서 우리로서는 사건의 자리가 놓이는 상황에 사건이 소속되는지의 여부를 결정할 수 없다(결정 불가능함). 반면에 어쩌면 사건에 자격을 부여해 사건이 상황에 관여하도록 하는 주사위 던지기와도 같은 어떤 개입, 즉 사건을 '만들어내는' 역능이 있을지도 모른다."[2]

---

2) Deleuze et Guattari, *Qu'est-ce que la philosophie?*, pp.143~144. [『철학이란 무엇인가』, 217~218쪽.]

이제 (아무튼 과거의 혁명적 실천을 둘러싼 고통스럽고 널리 공유된 자기비판에서 출발한) 이런 이론적 입장들의 전제가 더 쉽게 이해될 것이다. 사실 첫 번째 관건은 '현실 사회주의'(패퇴했으나 항상 교조적인 전제로 가득 차 있었고, 기질적으로 배반의 성향을 띤 사회주의)의 역사에 대한 참조를 모조리 제거하는 것이었다. 두 번째로, 이런 이론적 입장들은 전복적 운동의 동학과 자본주의적 발전의 내용들·제도들 사이의 관계 확립을 피하고 싶어 했다. 노동조합의 전통은 이런 내용들·제도들과 그 **안에서**, 그에 **대항해** 불장난하기를 제안했는데, 이는 사실상 혁명의 욕망을 부패시켰고 투쟁에서 의지에 대한 환상을 양산했다. 그러나 이처럼 정당한 비판적 목표에 입각해, [현실 사회주의에서는] 코뮤니즘적 실천을 재구성하려는 정치적·전술적·전략적 시도와 그것을 실행하려는 노력이 해방의 전망에서 모조리 배제되어왔다고 결론짓는 것, 물질적·직접적 투쟁의 적대적 차원 내부에는 그 어떤 구성적 기획이나 변혁의 통로도 존재할 수 없다고 결론 짓는 것, 작금의 지배 형태를 설명하려는 모든 시도는 어떻게 전개되든 결국 자본주의적 명령에 종속되고 흡수될 것이라고 결론짓는 것, 마지막으로 생명정치적 구성조직 내부의 투쟁, 따라서 유물론적 관점에서 복지[국가]의 접합을 고찰하는 투쟁을 참조하는 것은 모조리 생기론을 재탕하는 것에 지나지 않는다고 결론짓는 것, 이 모든 것은 단 한 가지 의미만을 지닌다. **계급투쟁의 부정**. 또한 바디우적 '극단주의'에 따르면, 코뮤니즘의 기획은 사적인 방식으로만, 권력으로부터 빠져나오는 형태로만 일어날 수 있다. 그리고 새로운 공동체는 (랑시에르도 주장하듯이) 공동체 없는 사람들이 만드는 것일 수밖에 없다. 이 기획에서 기분 나쁜 것은 그것이 표명하고 있는 얀센주의적 순수성이다.* 그러나 실질적으로 인류의 역사에서 만들어진 모든 형태의 지성이 자본주의적 생산 체제의 논리로 환원됐다는 이유로 모든 형태의 집단지성을 그토록 경멸한다면, 더 이상 아무것도 할 수 없다. 그게 아니라면, 남은 일은 이미 앞에서 살펴본 내용을 재차 긍정하는 것이다. 즉, 니콜로 마키아벨리와 프리드리히 니체, 스피노자와 들뢰즈를 통해 익히 알려진 **유물론적 화용론**(오직 그 자체에게만 유효한 운동, 오직 그 역능만을 참조하는 노동, 존재의 행위와 생산 활동에 집중하는 내재성)은, 어떤 경우에라도, 존재론에 대항해 역사나 형식적 불확실성과 까탈스러운 관계를 맺고 있는 유토피아보다 훨씬 더 코뮤니즘적이라는 사실을 긍정하기만 하면 되는 것이다.

그러므로 우리는 맑스 없이 코뮤니즘에 대해 말하는 것이 가능하다고 믿지 않는다. 물론 코뮤니즘은 깊게, 발본적으로 재해석되고 갱신되어야 한다. 그러나 역사적 유물론의 이런 창조적 변형은 맑스의 예시들을 따를 때 이뤄질 수 있다. 마키아벨리에서 스피노자, 니체에서 들뢰즈와 푸코에 이르기까지, 근대성을 살아낸 '대안적' 흐름들에서 나온 예시들로 역사적 유물론을 풍성하게 만들면서 말이다. 맑스가 자본주의 사회의 운동 법칙을 연구했다면, 오늘날에는 노동하는 노동lavoro operaio(더 좋게 표현하면 전체로서의 **사회적 활동**)의 **법칙**을 연구하는 것이 관건이다. 그리고 사회에 대한 자본의 포섭과 전지구적 차원의 착취에 대한 저항의 내재성 안에서 주체성을 생산하는 법

---

* 얀센주의(Jansenism)란 네덜란드의 가톨릭 신학자 코르넬리스 얀센(Cornelius Jansen, 1585-1638)이 주창한 교의로서, 초대 그리스도 교회의 엄격한 윤리로 되돌아갈 것을 촉구한 것으로 유명하다.

칙을 연구하는 것이 관건이다. 오늘날에는 자본의 법칙을 연구하는 것만으로는 충분하지 않으며, 우리는 전 세계 노동자들이 표출한 반란의 역능에 응답해 움직여야 한다. 여전히 맑스를 따른다고 했을 때, 우리의 관심을 끄는 것은 "대상으로서의 노동이 아니라 활동으로서의 노동이다. 가치 그 자체로서의 노동이 아니라 가치가 생겨난 원천으로서의 노동. 자본에게 부 일반은 대상, 즉 현실로서 존재하고 있지만, 이런 자본에게 노동은 부 일반의 가능성으로서 존재하며 이 점은 활동에서 확인된다. 따라서 노동은 대상으로서는 절대적 빈곤이지만, 주체이자 활동으로서는 부의 일반적 가능성임을 긍정하는 데는 조금의 모순도 없다."3) 그런데 우리는 어떻게 이런 방식으로 노동을 파악할 수 있을까? 즉, 우리는 어떻게 노동을 사회학적 대상으로서가 아니라 정치적 주체로서 파악할 수 있을까? 바로 이것이 문제이며 탐구되어야 할 대상이다. 코뮤니즘에 대해 말하는 것은 **이** 문제를 해결함으로써만 가능하다. 필요하다면(거의 항상 필요하다) 손을 더럽힐 수도 있다. 그밖의 것은 모두 지식인중심주의적 잡설이다.

---

3) Karl Marx, *Lineamenti fondamentali della critica dell'economia politica, 1857-1858*, vol.1, trad. Enzo Grillo, Firenze: La Nuova Italia, 1978, p.280. [김호균 옮김, 『정치경제학 비판 요강 I』, 그린비, 2007, 299쪽.]

사라지는 매개
『유럽, 미국, 전쟁: 유럽의 매개에 관한 성찰』에 대한 서평*

에티엔 발리바르가 집필한 이 책은 총 4부로 구성되어 있다. 1부는 발리바르가 2002년 11월에 베를린홈볼트대학교의 저명한 '모스 강연회'**에서 개강 강연을 했을 때의 원고이다. 이 강연의 제목으로 붙여진 "유럽, 사라지는 매개"가 이 책의 중심 테마이다. 2부는 유럽에서 유일하게 가능한 것이 '무-력의 정치'politique de l'im-puissance라면 그것은 대체 어떤 정치인가라는 문제를 둘러싸고 베르트랑 오질비와 나눈 대담을 재수록한 것이다. 3부는 미 제국과 민주주의 유럽이라는

---

* Antonio Negri, "La mediazione evanescente," *Il manifesto*, 3 maggio 2003; *L'Europa e l'Impero: Riflessioni su un processo costituente*, Roma: Manifestolibri, 2003, pp.145~149. 재수록. 이 책은 다음 책의 서평이다. Étienne Balibar, *L'Eu-rope, l'Amérique, la Guerre: Réflexions sur la médiation européenne*, Paris: La Découverte, 2003. [이 글은 원래 본서의 부록으로 수록되어 있었는데, 번역은 본서의 지은이 히로세 준이 직접 했다. 지은이의 의견(본서의 '일러두기' 참조)을 존중해 그의 번역을 따랐다. 단, 이탈리아어 원문과도 대조했음을 밝혀둔다.]

** Mosse Lectures. 독일 태생의 미국 역사가 게오르그 모스(George Mosse, 1918~1999)가 "문화와 과학의 공공성"(Öffentlichkeit von Kultur und Wissenschaft)을 표방하며 1997년 시작한 간학제간 연구 프로그램. 에티엔 발리바르는 지난 2002/2003년 겨울 학기에 이 프로그램에 참여했다.

대립 도식을 서술하는 미국과 유럽의 최근 몇몇 저작들과 이론들을 다루면서 이에 대한 '9가지 설명'을 제시한다. 도널드 케이건에서부터 페터 슬로터다이크까지, 그리고 새무얼 P. 헌팅턴에서부터 논문집 『정치적 유럽: 필연성을 위한 이유』*의 기고자들(카를로 갈리, 마시모 카치아리, 하이드룬 프리제, 페터 바그너, 산드로 메차드라, 알레산드로 달 라고)이 제기한 논의까지, 오늘날의 논의 상황을 총망라해 스케치할 때 주요 논점이 될 수 있는 것이 간결하게 제시되고 있다. 각각의 논의들에 달린 주석은 [발리바르가] 그 방식의 적확함에 있어, 어떻게 하면 단순한 정치 애호가에 머물지 않고 뛰어난 교사가 될 수 있는지의 훌륭한 본보기가 되기도 한다. 그리고 4부는 발리바르가 존 카를로스 로우**에게 보낸 편지와 그에 대한 답장으로 이뤄져 있으며, 여기서는 발리바르가 주장하는 지역적 매개와 [유엔 같은] 국제기구 사이에서 발견될 수 있는 모순이 검토되고 있다.

본질적으로 이 책은 미국의 민주당계 지식인들(브루스 애커먼, 브라이언트 가스 등)이 제시한 일련의 요청, 즉 유럽의 지식인들에게 현 미국 정권[조지 W. 부시 정권]이 내걸고 있는 이데올로기와 그 실천에 대해 정치적으로 응답할 것을 촉구하는 요청에 동의하는 외양을 띠고 있다. 미국이 통화 정책과 금융 정책에 대해 그 보편적 주권을 주장하는 것은, 자국 통화인 달러만 예외적으로 모든 국제 시장 규칙

---

* *Europa politica: Ragioni di una necessità*, a cura di Heidrun Friese, Peter Wagner, e Antonio Negri, Roma: Manifestolibri, 2002.

** John Carlos Rowe(1943~). 미국의 인문학자. 발리바르와 서신을 교환할 당시에는 캘리포니아대학교 어바인 캠퍼스의 아프리카계-미국인학과 교수였다, 현재는 서던캘리포니아대학교의 미국학·민족학과 부교수로 재직 중이다.

의 적용 범위 바깥에 자리매김하기 위함이다. 국제법을 둘러싼 사법
제도와 그 집단적 보장에 대해 보편적 주권을 주장할 때도, 자신은
결코 판결을 당하는 쪽에 있지 않고 어디까지나 판결을 내리는 쪽에
만 머문다. 전 세계적 규모의 폭력 독점에 관해서도 동일한데, 타국
에게 비무장화를 강요하지만 자국의 비무장화에 대해서는 모른 체한
다. 국제 기구들에 대해서도 미국은 그 기구들의 권한을 통제하려고
하지만, 그 기구들로부터 자신이 통제당하는 것은 결코 용인하지 않
는다. 요컨대 미국이 전 지구적 주권을 주장하는 것은 국제 여론을 무
시하는 형태로 일어나는 일이며, 이 형태가 확실히 정해져 있는 것은
아니지만 그럼에도 그 실제 효과는 매우 크다. 미국의 문화적 제국주
의는 타국에 자신의 정보를 강요하는 것이기는 해도 타국의 정보를
받아들이는 일은 결코 없다. 그렇다면 미국의 이런 제국주의적 전략
에 어떤 조치가 가능할까? 발리바르에게 있어, 현실적으로 생각했을
때 논의의 전제가 되는 것은 다음과 같다. 미국의 공세에 정치적으
로 대응하는 것은 유럽으로서는 전혀 불가능하다. 유럽에게는 자신
이 안고 있는 문제를 해결하는 것조차 불가능하다. 미국이라는 초강
대국에 맞서 그것을 억제할 전략을 펼칠 능력은 유럽에 없다.

그렇다면 무엇을 해야 하는가? 발리바르는 위와 같은 현실적인
전제에 기초해, 역설적이게도 '반-전략' 또는 '무-력의 정치'라는 길
을 택한다. 이것은 수사법을 통한 우아한 발뺌 같은 것이 아니다. 발
리바르가 말하는 '반-전략'의 토대를 이루고 있는 것은 세계 질서의
형성에 지극히 중요한 몇몇 조건이다. 첫째로 지적되는 것은 세계 질
서의 생명정치적 측면에 관한 것이다. 다시 말해, 보편적 주권의 행사
를 가능하게 만드는 조건은 복합적이며, 군사적 지배만으로는 근본

적으로 불충분하다는 것이다. 군사적 지배는 자기를 재생산하기 위한 수단을 자기 속에 갖고 있지 않으며, 또한 지배 대상인 세계의 생명정치적 복합체를 자기의 것으로 가둬두는 것도 불가능하다. 이 첫번째 지적에서 다음과 같은 두 번째 지적이 도출된다. 즉, 세계 질서가 실현 가능해지는 것은 세계 전체의 포괄적 연결을 규정하고 있는 여러 가지 통과점, 접속점, 경계 모두를 제국적 위계질서의 공간적·교통적[소통적] 차원에서 감시하고 통제하고 변형시킬 때뿐이라는 것이다. 이런 조건을 지적함으로써 발리바르는 매우 설득력 있는 탈구조주의적·탈근대적 리얼리즘을 가동시킨다. 발리바르가 루이 알튀세르의 제자이면서 동시에 자크 데리다의 친구인 것은 우연이 아닌 것이다. 유럽의 반-전략이 산출되는 것은 위와 같은 수행적 조건에 기초해서이다. 즉, 반-전략은 경계의 힘으로서, 경계 지대에서의 교통을 통제할 능력으로서 그 모습을 드러내는 것이다. 반-전략 개념은 또한 '디스토피아'로서, 다시 말해 왜곡이나 부패로 가득한 현실 세계를 눈앞에 두고 있으면서 이성의 이상 세계를 낳는 능력으로서도 이야기되고 있다. 그리고 그것이야말로 디스토피아로서의 반-권력을 통해 제국을 그 헌법/구성^{costituzionalizzare}에 적합한 것으로 삼는 기획, 제국을 민주화하는 기획이 될 것이다.

　미국, 그리고 미국의 슈퍼권력이 세계질서에 가져온 다양한 왜곡을, 나아가 제국이 구성되던 과정 한가운데에서 미국이 제국에 들여온 다양한 부패를 앞에 두고 발리바르가 제안하는 것은 이에 대한 대항권력이 되는 것이 아니다. 유럽이 미국에 대항해 초강대국으로서 행동해야 한다는 것도 아니다. 발리바르가 유럽에 제안하는 것은 역능^{puissance}이 아니라 오히려 '무-력'^{無-力}이다. 바로 이 지점에서 프레드릭 제임슨의 문학적 용어를 그대로 차용한 '사라지는 매개자'라는 표현이, 위에 서술된 상황 속에서, 위에 서술된 이행기에서 유럽이 맡아야 하는 역할을 정의하는 데 사용된다. 즉, 유럽이 세계를 바꾼다는 목적에서 결정적 효력을 가진 어떤 독자적 전략을 전개할 수 있다면 그 전략은 정체성에 기초한 것, 국가 그리고/또는 문화라는 틀에서의 닫힌 규정에 기초한 것이어서는 안 된다. 그 전략은 번역/통역 traduction, 문화 교류, 해석이라는 형태를 띤 것이어야 하며, 이를 통해 자유롭기 위한 방법이 제시되어야 한다. 여러 가지 가치를 매개하기도 하고 번역/통역하기도 하는 이 전략은 (제아무리 크고 강력한 것일수 있다 해도) 정체성에 대항하며, 거꾸로 진정으로 충분한 '공통적인 것'의 구축으로 향한다(유럽에서 이런 공통적인 것이 실현 가능해진다면 그것은 지중해 양안 사이의 교류와 결합에 의해서이다). 그러므로 이 거대한 매개야말로 변환 작용을 통해 새로운 세계 질서를 구성하고 자신은 사라짐으로써 새로운 세계 질서를 실현할 매개이다. 어떤 경우든 이 매개는 새로운 세계 질서를 위한 이상적 장치이다.

이상이 발리바르의 논의의 요점이다. 이런 가설의 중요성은 강조할 필요도 없을 것이다. 이탈리아에서도 비슷한 논의가 갈리나 카치아리에 의해 이미 주장된 바 있다. 그리고 이민 문제에 있어서 달 라고와 메차드라도 이 논의를 재론하고 있으며, 프리제와 바그너도 새롭게 떠오르고 있는 유럽에 있어 문화적 규정과 정치적 규정 사이의 관계를 분석할 때 이와 유사한 논의를 진행하고 있다. 그 중요성을 확인한 다음, '사라지는 매개자'라는 형상에 대해 떠오르는 몇 가지 비판을 지적해두고자 한다. 발리바르의 논의는 이 책에서도 이미 오질비에 의해 비판되고 있다. 사회적 권리들이 중시되는 유럽형 모델의 특성과, 지력 또는 지성이 새롭게 그 중심에 자리매김하고 있는 오늘날 유럽의 생산노동의 특성을 노골적으로 무시하고 있다는 비판인데, 이 비판은 부차적인 것이 아니다. 실제로 발리바르의 이 탈구조주의적 모델은 주체성의 문제를 제대로 설명하지 않고 있는 듯하다. 어떤 종류의 매개적 역할이든 그 효력이 발휘되기 위해서는 주체성이 필수불가결함에도 말이다. 설령 전략상으로는 사라지는 것이라 해도, 매개적 역할은 정치적으로 구체적이고 능동적이며 명확하게 규정된 것이어야 한다. 오늘날 유럽이라는 번역자/통역자는, '공통적인 것'에 자신[곧 유럽]이 부여하는 의미를 출발점으로 삼음으로써 처음으로 자신을 표현하고 있다. 유럽 사회, 유럽이 가진 다양한 가치, 유럽의 역사, 유럽에서 전개되어온 다양한 투쟁, 유럽의 안전 보장은 모두 이 공통적인 것에 의해 구성되고 있다. 유럽이 내걸고 있는 이 공통적인 것은, 미 제국이 전 지구적으로 설계해 놓은 신자유주의와 근저에서부터 대조를 이루는 것이기도 하다. 다른 한편, 지적 노동이 갖는 자유와 그 생명정치적 파급 효과 역시, 권력이 제국을 운영·관리하기 위해 마치 당연하기라도 한 것처럼 활용하는 군사력 행사나 획일적 지배를 단호하게 거부한다. 바로 이것[즉, 공통적인 것]이 발리바르의 논의가 제시하는 탈근대적 차원에서도, 그리고 제국 지배의 전 지구적 지평에서도, 명확하게 확립되어야 하는 주체성이다. 제국에는 '외부'가 없지만, 그렇더라도 거기서 행동을 담당하는 주체성은 (자신이 새겨 놓은 흔적을 전 세계에서 사라지게 하는 것을 넘어서) 자기 표현을 하나의 '구성하는 초과'로서 갖고 있는 것이다.

그리고 전쟁! 발리바르의 사라지는 매개자는 전쟁의 문제를 피해간다. 자신을 보편적인 것으로 여기는 미국의 주장뿐만 아니라, 제국

권력이라는 형상 자체가 오늘날에는 전쟁에 기초해 조직되고 있다. 전쟁은 단순히 최종 수단으로서 존재하는 것이 아니라 [자국의] 보편적 주권이라는 주장을 미국에게 허락하는 전체주의적 장치 그 자체로서 존재하는 것이다. 발리바르가 유럽의 지식인들에게 제안하는 탈출은 전쟁을 고려하지 않는 탈출이며, 또한 그렇기 때문에 저항을 조직해야 한다는 필연성을 무시하거나 망각한 탈출이다. 이런 탈출을 이야기하는 발리바르에게는 어딘가 에이레네* 같은 면모가 있다. 그러나 분명 시국은 그와는 정반대로 탈출에는 방위가 필요하다는 점을, 무-력을 통한 진정한 민주주의의 구축이 천사 같은 것일 수 없다는 점을 상기하라고 요구하고 있는지 모른다.

---

* Eirēnē. 그리스 신화에 나오는 '평화'의 여신. 제우스와 테미스의 딸로, 에우노미아(질서의 여신), 디케(정의의 여신)와 자매지간이다. "에이레네 같은 면모"라는 표현은 "평화(주의자)적인 면모"라는 뜻이다.

부록 3
정세 아래에서 사유하다
안토니오 네그리와 그 동시대인들*[1]

0. 1968년 5월: 맑스주의와의 결별

슬라보예 지젝과 알랭 바디우의 발의로 시작된 〈코뮤니즘이라는 이념〉 컨퍼런스가 2009년부터 1년에 한 번씩 개최되고 있다. 안토니오 네그리는 런던에서 열린 제1회 컨퍼런스[2]와 이듬해 베를린에서 열린 제2회 컨퍼런스에 연속으로 참여했는데, 이 글에서 집중적으로 다루는 것은 제2회 컨퍼런스에서 발표한 글[3]이다.

---

* 「情勢の下で思考する: アントニオ・ネグリとその同時代人たち (1)」© 2015 廣瀬純. 이 글은 다소 수정되어 다음의 책에 수록됐다. 廣瀬純, 「情勢の下で思考する: アントニオ・ネグリと「六八年の哲学」」, 『現代思想と政治: 資本主義・精神分析・哲学』, 市田良彦・王寺賢太 編, 東京: 平凡社, 2016, 367~391頁.

1) 자크 랑시에르, 루이 알튀세르, 알랭 바디우를 안토니오 네그리와 관련지어 다루고 있는 이 글은, 총 2부로 구성될 예정인 「정세 아래에서 사유하다: 안토니오 네그리와 그 동시대인들」의 1부에 해당된다. 2부에서는 질 들뢰즈, 펠릭스 가타리, 미셸 푸코를 네그리와 관련지어 다룰 것이다.

2) コスタス・ドゥズィーナス, スラヴォイ・ジジェク 編, 『共産主義の理念』, 長原豊監 訳, 長原豊 外 翻訳, 東京: 水声社, 2012.

3) Antonio Negri, "È possibile essere comunisti senza Marx?"(2010), *Il comune in rivolta: Sul potere costituente delle lotte*, Verona: Ombre corte, 2012, pp.41~50. [본서의 1장과 '부록 1'을 참조하라(181~195쪽).]

네그리가 제2회 컨퍼런스에서 발표한 글의 제목은 「맑스 없이 코뮤니스트가 되는 것은 가능한가?」인데, 이 물음에 대한 네그리 자신의 대답은 애초부터 정해져 있다. 네그리의 대답은 "불가능하다. 코뮤니스트이기 위해서는 맑스가 필요하다"이다. 그렇다면 네그리는 왜 굳이 이런 물음을 던진 것일까? 네그리는 그 이유를 다음과 같이 설명하고 있다. "(1968년 이후) 프랑스에서 맑스주의와 연결된 코뮤니즘이 존재했던 적이 있었는가…… 물론 스탈린주의, 트로츠키주의라는 두 개의 판본이 존재했지만(지금도 잔존하고 있지만), 오늘날 이 양자는 먼 옛날의 밀교적 역사에 속한다. 그러나 반대로 '68년의 철학'에 관해서라면, 거기서 맑스주의는 철저히 거부당한다. 내가 주로 언급하고 싶은 것은 최근 얼마간 인기를 누리고 있는 바디우의 입장이다."* 그렇지만 곧 뒤에서 자세히 살펴보겠지만, 네그리는 지젝과 자크 랑시에르의 입장도 염두에 두고 있다.

본론으로 들어가기 전에, 불필요한 오해를 피하기 위해 미리 한 가지 주의를 환기시키고자 한다. 일반적으로 '프랑스 현대 사상'으로 간주되는 철학자들 중에도 1968년 이전에 작업을 시작한 철학자들, 즉 루이 알튀세르, 미셸 푸코, 질 들뢰즈, 펠릭스 가타리, 자크 데리다 등은 네그리에게는 '68년의 철학'에 속하는 것으로 간주되지 않는다. 여기서 '68년의 철학'이란 이들보다 한 세대 젊은 사상가들, 특히 알튀세르의 제자들, 그 중에서도 오늘날 세계적으로 널리 읽히고 있는 바디우와 랑시에르의 철학이다. 네그리는 이들과 이들의 앞 세대 사이에 존재하는 불연속성 또는 대립을 보고 있다.

---

* Negri, "È possibile essere comunisti senza Marx?," pp.46~47. [본서, 190쪽.]

1. 랑시에르의 '전제': 마담 보바리 대 무슈 플라톤

코뮤니즘을 맑스주의와 떨어뜨려놓는 1968년 이후 현대 사상의 동향에 대해, 네그리는 자신의 입장을 명확히 한다. "맑스가 우리에게 가르쳐준 것은 코뮤니즘이 하나의 구성이며 하나의 존재론이라는 점이다. 다시 말해 생산하는 인간, 즉 노동자 집단[집합적 노동자]을 출발점으로 삼아 새로운 사회를 구성하는 것, **존재의 증대**로 향하는 한에서 그 실효성을 보여주는 행동을 통해 새로운 사회를 구성하는 것이다."** 노동자 집단 또는 노동력은 역사적으로 규정된 환경의 범위 내에서 행동함으로써 자신의 '존재' 또는 존재론적 역능을 항상 증대시키고자 노력한다. 네그리에게 맑스와 함께 한다는 것은 코뮤니즘을 노동력의 역사적 존재론에 뿌리를 둔 사회의 구축 과정으로서 유물론적으로 사유하는 것이며, 반대로 68세대 사상가들이 주창하는 코뮤니즘에서 네그리가 발견하는 것은 노동력과도 역사적 존재론과도 완전히 단절된 형태의 정치적 장치를 구상하는 것이다.

먼저 랑시에르에 대해 검토해보자. 랑시에르가 '민주주의,' '정치,' '코뮤니즘'이라고 부르는 것(랑시에르는 이런 용어들을 구별 없이 사용한다)은 간단히 말해 대중지성의 해방이다. 랑시에르에게 '정치'란 단지 우리 한 사람 한 사람이 예외 없이 평등하게 목소리를 갖는 것이 아니라, 어떤 문제에 관해서든 누구나가 목소리를 갖는 것, 즉 **모든 사람이 모든 것에 대해 이야기하는 것**이다. 랑시에르는 자신의 텍스트와 발언을 통해 1960년대 말부터 지금까지 줄곧 우리에게 이런 '로고스의 반란'을 강하게 제안해왔다.

** Negri, "È possibile essere comunisti senza Marx?," p.42. [본서, 183쪽.]

40년간 계속 똑같은 논의를 반복해왔다는 사실에서 이미 잘 알수 있듯이, 랑시에르의 정치는 역사와는 전혀 관계가 없다. '정치'를 각자에게 특정한 몫(역할과 입장)을 배분하는 권력인 '치안'과의 적대로 정의하는 랑시에르는, 이 '치안'을 조금도 주저 없이 플라톤으로까지 거슬러 올라가 발견한다(이 점에서는 '생명정치'를 인류사가 도달할 곳에서 발견하는 조르조 아감벤에 비견될 수 있다). '아무나'n'importe qui의 로고스가 반란을 일으키는 것은, 2천4백 년 전부터 동일한 방식으로 구성된 채 있다고 간주된 이 영원의 국가에 대항하는 것이다. 역사의 외부에서 구상되는 이 '정치'에 대해 네그리는 이렇게 말한다. "이리하여 해방의 운동, 즉 '정치'는 그 일체의 적대적 성격을 잃고 만다. 추상에서가 아니라 구체적인 투쟁 현장에서 말이다. 그래서 착취에 대한 규정은 더 이상 시야에 닿지 않고 (이와 병행해) 적, 즉 (양적으로 규정quantitate signata되지 않고, 항상 불확실한 형태로 나타나는) '치안' 쪽에 있는 권력의 축적 역시 더 이상 문제로 간주되지 않게 된다. [이처럼] 존재론에 입각하지 않은 해방 담론은 유토피아이자 개인의 꿈일 뿐이며, 현실을 그대로 내버려두는 것밖에 안 된다."*

추상 속에서 규정되는 행동일 뿐이기에 랑시에르가 주장하는 지성의 해방은 정치일 수 없다. 실제로 구체 속에 몸을 담그면 이렇게 말할 수밖에 없을 것이다. 오늘날에는 적, 바로 자본이 권력을 축적한 끝에 우리 한 사람 한 사람을 지성의 해방으로 적극 이끌게 됐다고 말이다. 그리고 바로 이런 축적이 네그리와 파올로 비르노, 마우리치오 라자라토, 크리스티안 마라치 등 이탈리아 이론가들이 1970년대

---

* Negri, "È possibile essere comunisti senza Marx?," p.46. [본서, 189~190쪽.]

에 일어난 착취 형태의 변형을 분석하면서 포드주의에서 포스트포드주의로의 이행을 논할 때 그 논의의 중심에 두었던 문제이다. 그들의 관점에서 보면 포드주의는 확실히 치안적 체제로 간주할 수 있지만 포스트포드주의는 더 이상 그 범주에 들지 않는다. 포드주의 시대의 테일러주의적 공장에서 노동자들은 확실히 조립라인을 따라 배치되어 각각 특정한 역할을 배당받았다. 거기서는 분업이 노동자들이 서로 이야기 나누는 것을 금지시키기도 했다. 그러나 착취 형태의 포스트포드주의적 재편은 노동자들을 문자 그대로 '이야기 나누는 존재'로 다시 자리매김해, 생산과정 속에서 그들의 로고스를 해방시켰다. '아무나'의 지성(일반지성)은 이렇게 노동에 종사하게 되는데, 바로 이런 사태를 이탈리아 이론가들은 '자본 밑으로의 사회의 실질적 포섭' 또는 '자본의 코뮤니즘'이라고 부르고 있다.

이런 관점에서 다시 랑시에르의 '정치'가 가진 **68년[의 철학]**적 속성을 검토할 수 있을 것이다. 오페라이스모[노동자주의]의 전통을 잇는 이탈리아 이론가들에 따르면, 출발점은 포드주의의 치안적 체제에 대한 노동자들의 반란이며 자본은 이 반란을 통해 창출된 새로운 상황에 적응할 필요 때문에 그에 대한 반응으로서 자기 재편성을 수행한다. 반反포드주의 또는 반反치안의 이런 반란이 1968년에 절정에 달했다면, 자본 측에서 일으킨 포스트포드주의적 '반혁명'은 닉슨 쇼크와 함께 1971년부터 시작된다(기축통화의 변동환율제 도입을 통해 사회적 관계의 총체가 자본 밑으로 포섭되기 시작한다). 이런 점에 입각하면, 랑시에르를 그 자신의 '맑스 없음'에서 (그 자신의 뜻을 거슬러) 구출해줄 하나의 가설을 세우는 것이 가능해진다. 랑시에르의 정치적 장치는 (그 주장이 제기된) 1960년대 말에는 확실히 노동력의 역사적 존재론에 입각해 있었으며, 포드주의적 분업에 맞서 노동자들이 일으킨 구체적 투쟁의 일부를 이루고 있었다고 말이다. 그러나 랑시에르는 이탈리아 이론가들과는 달리 이후에 이뤄진 자본의 재편성을 완전히 무시했다. 마담 보바리 대 무슈 플라톤.『알튀세르의 교훈』2012년 개정판 서문에는 이런 대목이 있다. "이 책에서 전개되고 있는 몇 가지 긍정과 분석이 현재의 나에게 더 이상 동의할 수 없는 것이라는 점에는 의심의 여지가 없다. 그러나 당시 나의 연대와 적대의 축이 된 원칙에 관한 나의 입장은 그 뒤로도 결코 변하지 않았다. 모든 사람에게 공통된 하나의 능력을 전제로 하는 것만이 사유의 역능과 해방의 역동을 동시에 확립할 수 있다는 이념 말이다."4) "모든 사람에게 공통된 하나의 능력"이라는 것을 **이념적** '전제'로 말함으로써 랑시에르가 여기서 긍정하고 있는 것은 존재론적 역능의 자연주의적 추상성이며, 일체의 역사적 규정 바깥에서 **질적인 본질**로 전제되는 역능의 그 자율성, 즉 인간 본성의 역능이다.

2. 알튀세르의 '전환': 구조에서 신체로

랑시에르의 첫 번째 저서『알튀세르의 교훈』(1974)은 알튀세르의 사상에 내재한 치안적 논리를 고발하기 위해 씌어진 책으로, 1968년의 일반지성의 거대한 반란에 합류하려 한 시도이다(똑같은 시기에 '예속된 앎들'의 봉기를 논한 푸코와의 **일시적** 친근함은 바로 이 때문이다). 랑시에르가 자신의 스승에게 반란을 일으킨 것은, 이 '당원'[당의 인간]homme du part이 자신을 문자 그대로 '스승'이라는 높은 자리에 자

---

4) Jacques Rancière, *La Leçon d'Althusser*, Paris: La Fabrique, 2012, p.14.

리매김해 노동자 대중을 맹목적이며 무지하다고 결론지은 다음(이데올로기의 속임수 효과 때문에 노동자 대중은 자신의 존재 환경에 맹목적이며 무지한 상태인 것으로 간주된다), 그들의 머리 위 또는 외부에서 그들에게 '가르침'을 내리려는 것처럼 보였기 때문이다.

한편, 네그리는 오랫동안 알튀세르에 대해 거의 발언하지 않다가 알튀세르 사후에 침묵을 깨뜨린다. 네그리는 1960년대의 '알튀세르주의'가 '당파적 인물'과 '주체 없는 과정'이라는 치안적 분할에 입각해 있었다고 보는 랑시에르의 견해에 동의하는데, 이는 단지 알튀세르 비판 대열에 뒤늦게 동참하기 위한 것이 아니다. 네그리의 논의의 핵심은, 1970년대 후반 알튀세르의 맑스주의가 자본의 새로운 권력 축적에 직면해 경험하게 된 '내적 전환'을 지적하는 데 있다.

「알튀세르를 위하여: 만년의 알튀세르 사상의 발전에 관하여」라는 제목의 글에서 네그리는 알튀세르의 1977년 강연("마침내 맑스주의의 위기가!")[5] 서두에 나오는 "무엇인가 무너져내렸다"는 구절에 착목해, 1970년대 후반의 정세 아래에서 알튀세르가 겪은 그 '무너짐'이 어떤 것이었는지 분석한다.

이데올로기가 그 지배를 현실 세계 전체로 확대시키는 일이 일어났다. …… 이데올로기적 국가 장치는 지금까지 다양한 제도를 통한 역학적 특이화를 통해 권력을 산출해왔지만, 오늘날 그 권력은 사회적

---

5) Louis Althusser, "Enfin la crise du marxisme!," Intervention au Colloque de Venise, Organisé par il manifesto en novembre 1977; *Solitude de Machiavel et autres textes*, Paris: PUF, 1998, pp.267~280. 재수록. [이진경 옮김, 「마침내 맑스주의의 위기가!」, 『당내에 더 이상 지속되어선 안 될 것』, 새길, 2012, 57~74쪽.]

과정의 총체 속에 완전히 녹아들어갔다. 세계는 자본 밑으로 포섭됐다. 이 점에서 알튀세르는 (직접 뚜렷히 말하지는 않지만) 자신의 제자이자 친구인 미셸 푸코의 사상과 보조를 맞추고 있다고 할 수 있다. 그러나 [알튀세르뿐만 아니라] 푸코에게, 이데올로기적 국가 장치 권력의 이런 탈근대적 확대, 즉 이데올로기적 국가 장치의 통합을 통해 새로워진 지배의 이 과잉결정은 저항 없이는 결코 있을 수 없다. 신체의 저항, 신체들의 저항. 그런데 도대체 자본에 의한 사회의 전면적 포섭이라는 이 논리의 내부 어디에서, 어떻게 저항이 만들어지는 것일까? 도대체 일체의 전면적 대안이 파열된 그 세포조직의 내부 어디에서 저항이 있는 것일까("사회주의는 똥이다")? 사유는, 명백히 스피노자적인 방식으로, 바로 신체를 향해, 바로 당장에 체험되는 그 무엇을 향해 가야 한다. 즉, 사유는 신체들이 (본원적 축적의 시대에 그랬던 것처럼) 다양한 공동체적 관계를 겪으며 자본의 권력이 남겨 놓은 다양한 간극 속에서 자기 조직화를 수행하는 곳으로, 혹은 저항을 통해 산출된 "시장 관계의 지배를 받지 않는" 지대로 향해 가야 한다는 것이다. 다시 한 번, 지배의 전면화에 맞서 코뮤니즘의 존재론적 세포조직이 새롭게 재구성되어 적대하고 저항하고 있다.6)

베네치아에서 열린 이탈리아 일간지 『일마니페스토』의 심포지엄에서 했던 1977년 강연과 그로부터 수개월 뒤 『일마니페스토』 지면에 실린 글(「'유한한' 이론으로서의 맑스주의」)7)에서, 실제로 알튀세

---

6) Antonio Negri, "Pour Althusser: Notes sur l'évolution de la pensée du dernier Althusser," *Futur antérieur*, n° spécial: Sur Althusser. Passages, 1993, p.82.

르는 당시 정세의 겉과 속을 구성했던 현상으로서 두 가지 '확대'에 대해 논하고 있다. 하나는 '국가'의 확대이고, 다른 하나는 '노동자대 중 계급의 투쟁 형태들'의 확대이다. 알튀세르는 한편으로 자본주의 사회의 새로운 경향으로서, 국가의 **형식적** 또는 **선분적** 확대에서 **실질적** 또는 **직선적** 확대로의 이행을 지적한다. "국가는 언제나 '확대' 상태에 있었습니다. 확대의 형태가 변한 것이지, 확대의 원칙 자체가 변한 것은 아닙니다."[8] 1960년대의 알튀세르가 국가 권력에 맞서는 당과 지식인의 외재성 혹은 자율성을 전제로 삼아 이데올로기 이론을 구상할 수 있었다면, 그것은 포드주의 시대에는 국가의 확대 형태가 이데올로기적 국가 장치를 통한 형식적 또는 선분적 확대일 뿐, 이 권력에 맞서는 외부가 사회 내부에 잔존한다고 간주할 수 없었기 때문이다. 그러나 국가 권력의 확대가 실질적 또는 직선적 형태로 옮아가 국가가 사회 자체와 일체가 되는 지경에 이르게 되어(가타리는 알튀세르와 똑같은 시기에 이를 '몰적 국가 권력'과 구별해 '분자적 국가 권력'이라 불렀다[9]), 국가에 맞서는 당의 외재성과 이에 입각해 조직

7) Louis Althusser, "La questione dello stato, oggi e nella transizione," *Il manifesto*, 4 aprile 1978. 프랑스어판의 제목은 다음과 같다. "Le marxisme comme théorie 'finie'," *Solitude de Machiavel et autres textes*, Paris: PUF, 1998, pp.281 ~297. [이 글은 이탈리아의 공산주의자 로산나 로산다와의 대담이다.]

8) Althusser, "Le marxisme comme théorie 'finie'," p.288.

9) 더 정확하게, 가타리가 문제 삼는 것은 하나의 권력 형태에서 다른 권력 형태로의 이행이 아니라 양자의 연동이다. "예컨대 몰적 국가 권력은 교육부의 통지를 통해 아이들에게 숙제를 내지 말라고 명령하는 반면, (일반적으로 아버지와 어머니의 매우 문제 많은 공모에서 비롯되는) 가족 내부의 분자적 국가 권력은 교사에게 숙제를 내달라고 요구한다." Félix Guattari, *Lignes de fuite: Pour un autre monde de possibles*, La Tour d'Aigues: Éditions de l'Aube, 2011, p.75.

된 종래의 맑스주의 운동이 위기에 빠졌다. 요컨대 1970년대의 자본 재편성은 **자본 밑으로의 노동의 실질적 포섭**(사회=공장)을 출현시킴과 동시에, 이와 짝을 이루는 것으로서 **국가 밑으로의 사회의 실질적 포섭**(국가=사회)을 출현시켰다는 것이다.

다른 한편, 알튀세르는 다음과 같이 말하고 있기도 하다.

위기가 '발발해' 활성화된 환경을 이해하려면 사태의 또 다른 측면을 봐야 한다. 무너져버린 것뿐만 아니라 만들어진 것도 봐야 하는 것이다. 즉, 새로운 힘과 가능성을 획득한 노동자 인민대중의 그 전례 없는 역능. 오늘날 맑스주의의 위기라는 것을 해방과 쇄신의 가능성으로 말할 수 있다면, 그것은 대중 운동이 가진 이 역사적인 역능과 능력 덕분이다. …… 프랑스와 체코슬로바키아를 시작으로 세계 각지에서 일어난 1968년 5월의 대담함은 사태를 봉쇄해온 시스템을 요동치게 하는 데까지 이르렀으며, 위기에 처한 맑스주의에 해방의 참된 기회를 부여하는 데 이르렀다.[10]

1968년의 '로고스의 반란'은 포드주의적 치안 체제를 표적으로 삼은 것이었고 이런 의미에서 알튀세르의 이데올로기 이론 또한 두드러지게 그 표적의 일부를 이루고 있었지만, 여기서 알튀세르는 이 반란을 주저 없이 칭찬하고 있다. 주목해야 할 것은, 그 무렵 당/노조라는 조직화 바깥에서 넘쳐흐르듯 반란을 일으킨 노동력의 '역능'이

---

10) Althusser, "Enfin la crise du marxisme!," p.273. [「마침내 맑스주의의 위기가!」, 65~66쪽.]

문제로 다뤄지고 있다는 점이다. 알튀세르가 1968년 5월을 결정적인 사건으로 말하는 것은 랑시에르의 경우와 달리, 거기서 어떤 '코뮤니즘 가설'이 존재론적 역능을 새로이 증대시켰기 때문이다. 로고스의 반란을 통해 신체가 "코뮤니즘의 존재론적 세포조직"으로서 그 모습을 드러낸다. 알튀세르로 하여금 "정신[영혼]이 사유를 하는 것은 신체가 받는 인상과 신체가 하는 운동에 의해 촉발되는 한에서이다"[11]라고 말하게 만든 것은, 역사적 존재론의 구체이지 자연주의적 존재론의 추상이 아니다. 로고스의 반란으로 자기를 표현한 노동력은 한편으로는 자본에 재편성을 강제함과 동시에 다른 한편으로는 맑스주의, 그 이데올로기 이론, 이 이론에 입각한 운동 형태에 위기를 가져왔다. 이데올로기적 과정이 경제적 과정에 포섭됨(비물질적 생산)과 동시에 사회적 과정이 경제적 과정과 일체(공장의 사회화)가 되며 모든 외부가 사라진다. 그러나 존재론적 역능의 더 큰 증대로 나아가는 경향은 그런 막다른 길을 만나도 전혀 무화되지 않는다. 이 역사적 존재론이 '주체 없는 과정'론의 신체론으로의 전환으로 알튀세르를 이끄는 것이다. "수동적이고 사변적인 의식에 맞서 능동적이고 성실한 신체가 일차적인 것으로 존재한다는 점에 입각한 사상이 맑스주의, 즉 그 **이론** 속에서 발견될 수 있다는 점을 깨닫고서, 나는 바로 이런 관계(의식에 대한 신체의 우위)가 유물론 그 자체라고 생각했다."[12] 알튀세르에게 구조론에서 신체론으로의 이런 전환은, 맑스뿐

---

11) Louis Althusser, *L'avenir dure longtemps: Suivi de Les faits*, Paris: Stock, 2007, p.492. [권은미 옮김, 『미래는 오래 지속된다』, 이매진, 2008, 557쪽.]

12) Althusser, *L'avenir dure longtemps*, p.247. [『미래는 오래 지속된다』, 284쪽.]

만 아니라 베네딕투스 데 스피노자에 대한 독해에서도 일어났을 것이다. 구조에서 신체로의 **원인**의 이동. 네그리는 1970년대 알튀세르의 이 내적 전환, 즉 네그리 자신의 논의(노동자주의적 적대론)와 알튀세르의 논의(구조주의적 과잉결정론)의 합류(사회화된 노동력)[13]를 낳는 것이기도 한 이 '전향'Kehre을 이렇게 정리하고 있다. "유물론의 정의 자체가 변했다. '생산관계' 비판에 역점을 두는 것에서 새로운 '생산력'의 구성 과정으로 관점이 이동한 것이다."[*]

3. 역사적 유물론: 정세와 행동

이런 '전환'[14]이 이뤄질 수 있었던 것은 알튀세르가 "정세 아래에서 사유"[15]할 줄 알았기 때문이며, 맑스 또는 니콜로 마키아벨리의 가르침에 계속 충실했기 때문이다. 네그리가 중시하는 것도 바로 이 점

---

13) 1960년대 초반의 마리오 트론티와 알튀세르의 『자본』 독해를 비교한 발표에서, 에티엔 발리바르는 트론티의 노동자주의를 '계급 대립' 전술의 부활로 간주되는 것으로, 알튀세르의 구조주의적 맑스주의를 '인민전선' 전술의 전통과 이어지는 것으로 자리매김하고 있다. Étienne Balibar, "A Point of Heresy in Western Marxism: Althusser's and Tronti's Antithetic Readings of Capital in the Early 60's," *Re-Reading Capital, 1965-2015*, Princeton University, 6 December 2013. [www.princeton.edu/~benj/ReadingCapital/] 이런 발리바르의 논의를 따라 본고의 논의를 다시 정리해보면, 1970년대 후반의 알튀세르에게서 네그리가 간취한 것은 '인민전선' 전술(안토니오 그람시의 계보)과 '계급 대립' 전술(죄르지 루카치의 계보)의 합류 또는 일치일 것이다. 네그리 등 이탈리아 이론가들이 '자본 밑으로의 사회의 포섭'으로 간주하는 새로운 상황이, 이 두 가지 전술의 합치를 가져왔다고 할 수 있다.

* Negri, "Pour Althusser," p.84.

14) Althusser, *L'avenir dure longtemps*, p.501. [『미래는 오래 지속된다』, 567~568쪽.]

15) Louis Althusser, *Machiavel et nous*, Paris: Tallandier, 2009, p.55. [김정한·오덕근 옮김, 『마키아벨리의 가면』, 이후, 2001, 44쪽.]

이다. 알튀세르는 자신의 마키아벨리론에서 『군주론』의 다음 구절을 원문 그대로 인용하고 있다. "나는 사물에 대한 상상으로 향하기보다 사물의 실제 진리로 곧장 가는 것이 타당하다고 생각했다."16) 알튀세르의 이런 자세는 자신의 제자가 취한 자세와 대조적이다. 랑시에르가 40년에 걸친 사색 속에서 (알튀세르주의와의 결별을 제외하면) 한 번도 '전환'을 경험하고 있지 않은 것은 바로 늘 '상상' 속에 갇혀 "사물의 실제 진리"에 몸담으려고 하지 않기 때문이다.

그러나 랑시에르가 자신의 사유를 정세 아래 두기를 그렇게 거부하는 데는 그 나름의 이유가 있다. 랑시에르는 정세 아래에서 사유하는 행동을 정세라는 '스승' 아래 자신을 '학생'으로서 자리매김하는 것으로 간주한다. 이런 이유로 랑시에르는 마키아벨리에서부터 스피노자와 맑스를 경유해 알튀세르에 이르는 유물론 사상의 모든 계보를 치안적 논리에 사로잡혀 있는 것으로 단죄한다. 당연하게도 네그리 역시 이런 단죄를 면할 수 없다. 제1회 〈코뮤니즘이라는 이념〉 컨퍼런스에 초대된 랑시에르는 거기서 「코뮤니즘 없는 코뮤니스트?」라는 제목의 발표17)를 하는데, 이 제목은 직접적으로 네그리를 겨냥한 것이었다. 랑시에르는 40년 전부터 주장하기 시작한 자신의 생각

---

16) Althusser, *Machiavel et nous*, p.40. [『마키아벨리의 가면』, 27~28쪽; 니콜로 마키아벨리, 곽차섭 옮김, 『군주론』, 도서출판 길, 2015, 191쪽.]

17) "안토니오 네그리는 이 '자본의 코뮤니즘'이 실제로 자본에 의한 공통적인 것의 착취이며, 따라서 다중으로부터 거둬들인 것임을 분명히 강조했다. 그러나 이것을 '코뮤니즘'으로 칭하는 것은 지나친 말일 것이다. 이 과정에 합리성이 있다고 보는 것은 지나친 일일 것이다." Jacques Rancière, "Communistes sans communisme?"(2009), *Moments politiques: Interventions 1977-2009*, Paris: La Fabrique, 2009, p.228.

을 언제나처럼 반복하면서, '자본의 코뮤니즘'이라는 정세 파악을 기점으로 삼은 네그리의 논의에 비판을 가한다. 네그리의 논의는 "계몽주의의 진보주의적 교육논리"에 입각한 것이며, 거기서 "평등은 항상 미래로 유예되는 것으로 간주되고, 그런 다음 이 평등을 준비하는 무지한 노동자들에게 가르침을 내리는 스승의 역할을 담당하는 것으로서 자본이 자리매김되고 있다"*고 비판한 것이다.

설령 네그리가 자본을 '스승'으로 여기는 것이 사실일지라도, 그것은 그야말로 '무지한 스승'으로서 간주되고 있는 것 아닌가? (대중 지성의 해방을 논할 때 실제로 랑시에르는 '스승'의 필요성을 부정하는 것이 아니라, 오히려 '무지한 스승'으로서 그 필요성을 확보한다. **무지한 전위** 아래에서 **대중의 지성**이 자기를 해방한다…….) 네그리가 자본은 "자신의 무덤을 파는 사람들을 만들어낸다"**는 『공산주의당 선언』의 유명한 테제를 자신의 것으로 삼고 있다 해도, 그것은 어디까지나 변증법적 유물론과 그 필연성의 바깥에 머무는 한에서의 일일 것이다. 자본은 자신의 무덤을 파는 법을 **모르며**, 노동자들에게 **가르쳐줘**야 할 것 따위는 자본에 전혀 존재하지 않는다. 노동자들 또한 자본의 무덤을 파는 법을 알지 못하지만, 그들은 정세 아래에서 사유할 줄 안다. 노동자들은 정세가 자신들에게 **문제**로서 출현하는 상황에서 그 정세와 마주하는 법을 알고 있다(코나투스의 관점주의). 이 문제야말

* Rancière, "Communistes sans communisme?," p.230.

** Karl Marx und Friedrich Engels, "Manifest der Kommunistischen Partei"(1848), *Karl Mar·Friedrich Engels Werke*, Bd.4, Berlin: Dietz Verlag, 1959, p.474. [최인호 옮김, 「공산주의당 선언」, 『칼 맑스·프리드리히 엥겔스 저작 선집 1』, 박종철출판사, 1991, 412쪽.]

로 노동자들에게 행동을 강제하며, 주사위 던지기 같은 기술로 사물의 상태에 개입할 것을 강제한다. 이는 포드주의적 훈육사회의 치안적 질서에 맞서 일어난 로고스의 반란에서도 이미 드러난 것이다. 역사적으로 규정된 정세 아래에서 그 정세에 직면해 이뤄진 노동력의 반란은, 정세의 가르침을 받은 것이 결코 아닐 것이다.

우리가 정세와 그 문제적 상황을 마주하려는 노력을 기울이고 그것에 성공하는 한, 우리의 존재는 바로 정세가 우리에게 강제하는 행동의 그 우연성을 통해 증대된다. 『공통체』의 이탈리아어판 간행과 함께 이뤄진 대담에서 네그리는 다음과 같이 말하고 있다.

악명 높은 디아마트diamat, 즉 변증법적 유물론을 사용해야 하는 경우는 우리에게는 전혀 없습니다. 하지만 역사적 유물론은 다릅니다. 역사적 유물론에서 행동의 목적은 행동의 성공이나 실현과 결정론적인 방식으로 결부되어 있지 않습니다. 헤겔주의가 아닌 것이죠. 행동과 목적의 관계는 역사적 유물론에서는 항상 우연적인 것으로 존재합니다. 그리하여 우리는 텔로스(의 실현)를 일체의 필연성에서 해방시킵니다. 그렇다고 행동을 텔로스에서 해방시킨다는 의미는 아닙니다. 그렇기 때문에 바로 주체/특이성이 텔로스에 대한 책무를 담당하는 것입니다. 그리고 그렇다면, 공통적인 행동을 통해 하나의 보편성이 구축될 가능성을 포착해야 하는 것이 당연해집니다. 그 보편성에는 다양한 양의적 요소들이 동반되며, 물론 경우에 따라서는 비이성적인 상태로 일탈해버릴 가능성이 고려됩니다. 그러나 공통적인 것을 구축하는 과정 속에서 이 보편성이 다뤄질 가능성 역시 충분히 고려할 수 있습니다. …… 우리가 하는 행위는 모두 우연적인 것입니다.

그러나 그럼에도 구축은 가능합니다. 우리는 공통적인 것에 대한 욕망을 표현하고 있고, 누구도 이것을 방해할 수 없습니다.[18]

『일마니페스토』에 실린 글에서 알튀세르가 맑스주의를 "'유한한' 이론," 즉 "유한하기 때문에 끝나지 않는 이론"으로 논하면서 이후 자신이 '우발성의 유물론'이라 부를 것을 미리 보여줄 때 문제가 되고 있는 것도 이 동일한 '역사적 유물론' 아닌가? "맑스주의 이론은 **현재적 국면**, 즉 자본주의적 착취라는 국면에 기입되어 한정된 것으로 존재합니다. 코뮤니즘으로의 경향은 자본주의 사회에서 일어나는 일련의 현상에서 발견할 수 있어요. 그러나 맑스주의 이론이 미래에 대해 말할 수 있는 것은, [코뮤니즘으로의] 이런 **현재적** 경향에 속할 가능성을 **파편적**이고 **음성적**으로 확대한 것에 지나지 않습니다. ······ '유한한' 이론만이 자본주의 사회 속에서 발견되는 다양한 모순적 경향에 진정으로 열려 있는 것일 수 있으며, 그 경향들의 우발적이-되기, 즉 지금까지 노동자 운동의 역사를 특징지어온 예측 불가능한 다양한 '놀라움'에 열려 있는 것일 수 있습니다."[19]

네그리에게도 알튀세르에게도 정치적 행동은 **역사적**인 동시에 **우연적**이다. 역사적이라 함은, 정치적 행동이 정세 아래에서 행해지는 것이자 역사적으로 규정된 사물의 상태에 직면해 이에 응하는 형태로 행해지는 것이기 때문이다. 우연적이라 함은, 정치적 행동이 제로

---

18) Antonio Negri, "Una discussione intorno al comune"(2009), *Il Comune in rivolta: Sul potere costituente delle lotte*, Verona: Ombre corte, 2012, p.165. 필리포 델 루체제, 제이슨 E. 스미스와의 대담.

19) Althusser, "Le marxisme comme théorie 'finie'," pp.285~286.

에서 산출되어야 하는 것, 즉 어떤 변증법적 필연성도, 어떤 '가르침'
도, 어떤 가능성의 조건도 없는 '공허' 속에서 욕망하고 저항하는 신
체를 통해 반시대적으로 창조되어야 하는 것이기 때문이다. 중요한
것은 네그리에게도 알튀세르에게도 **존재론적** 우연(신체)에 대한 논
의가 **역사적** 규정(생산력/생산관계의 관계)에 대한 논의를 무효화하
는 일은 결코 없다는 점이다. 행동은 역사적 규정과의 유물론적 관계
속에서 이뤄지는 한 공통적인 것, 따라서 정치적인 것이 되기 때문이
다. 랑시에르가 결코 배우려 하지 않는 것은 바로 이런 가르침이다.
정세는 '구성적 디스토피아'로서 우리에게 '신체를 통해 사유하기'를
강제한다. 『구성권력: 근대의 대안에 관한 에세이들』(1992)에는 이
런 구절이 있다. "위기는 한계이지만, 동시에 장애물이기도 하다. 즉
한계가 다중의 제한 없는 '역능에의 의지' 앞에 세워지며, 이런 관계
에서 한계는 장애물이 된다. 바로 이 부정성의 영역에 깊이 들어감으
로써 대립과 모순은 능동적이 된다. 한계는 실천을 봉쇄하는 것이 아
니라 오히려 해방시킨다"[20](네그리에게 '역능에의 의지'와 노동력의
'공통적인 것을 향한 욕망'은 동의어이며, 그 근거는 '코뮤니즘의 존재론
적 세포조직'으로서의 신체 또는 '살'[肉]에서 발견된다).

4. 바디우의 '제안': 존재론적 권력과 이념론적 역능

〈코뮤니즘이라는 이념〉 제2회 컨퍼런스에서 네그리는 발표 제목을
「맑스 없이 코뮤니스트가 되는 것은 가능한가?」로 했다. 이것은 무엇

---

20) Antonio Negri, *Il Potere costituente: Saggio sulle alternative del moderno*,
   Roma: Manifestolibri, 2002, p.392.

보다도 먼저, 1년 전 런던에서 개최된 제1회 컨퍼런스에서 「코뮤니즘 없는 코뮤니스트?」라는 제목의 발표로 논쟁을 건 랑시에르에 대응하겠다는 의사를 표명하기 위한 것이었을 게다. 그러나 베를린에서 한 이 발표에서 네그리가 제1의 논적으로 설정한 사람은 랑시에르가 아니라 바로 '코뮤니즘이라는 이념'의 주창자인 바디우이다.

네그리가 랑시에르를 비판하는 것은, 앞서 살펴봤듯이 랑시에르의 코뮤니즘이 노동력에도 근거하고 있지 않고, 그 역사적 존재론에도 근거하고 있지 않기 때문이다. 랑시에르가 말하고 있는 존재론적 역능('모든 사람에게 공통된 능력')은 구체적인 시간성 속에서 증대되어가는 양量이 아니라, 공시적으로뿐만 아니라 통시적으로도 '아무나'에게 전제되는 생득적 질質이다. [랑시에르에게] 유사 이래 인간은 모두 권리상, 요컨대 잠재적으로 항상 이미 '말하는 존재'이다…….
랑시에르에게 존재론적 역능은 본성 또는 본질이며, 따라서 행동을 통해 증대되는 것이 아니라 행동 속에서 '실증'되어야 할 것으로 간주된다. 랑시에르의 이 자연주의는 권력에 대한 정의에서도 유지된다. '치안'은 고대 그리스부터 오늘날에 이르기까지 늘 동일한 질로서 존재해오고 있으며 어떤 축적도, 역치閾値도, 변이도 알지 못한다. 이리하여 랑시에르는 서로 대립하는 두 가지 질 사이에 영원한 적대를 고정시켜버린다(플라톤 대 보바리). 적대의 이런 추상화는 주체성의 생산 조건에 대한 유물론적 파악을 불가능하게 만들며, 따라서 그 공통적인 정립을 불가능하게 만든다. 바로 그 때문에 네그리는 랑시에르가 구상하는 정치적 장치가 '개인의 꿈'일 뿐이라고 말하는 것이다. 역사의 바깥에서 자유롭게 그려지는 '정치'는 꿈에 불과하며, 꿈을 꾸는 것은 개인일 뿐이다. 이 중에 '개인'에 관한 점에 대해서는 다음과 같이 랑시에르 본인의 반론이 제기되기도 했으나, 꿈은 꿈일 뿐이라는 점에는 조금도 변함이 없다.

아무나의 지성을 코뮤니즘적으로 긍정하는 것은 하나의 사회를 코뮤니즘적으로 조직하는 것과 어떤 식으로 일치할 수 있는가? [조제프] 자코토[『무지한 스승』(1897)의 주인공]는 이 일치의 가능성을 전면적으로 부정했다. 해방은 개인에서 개인으로 무한히 전달될 수 있는 행동 형태라는 것이 자코토의 주장이었다. 이런 점에서 해방은 사회체의 논리에 명확히 대립하는 것이 된다. 다시 말해 사회적 중력의 법칙을 물리학적 중력의 법칙을 본떠 구상하고 그 법칙에 따라 응집이 일어난다는 논리의 대극에 해방이 놓이는 것이다. 자기를 해방시키고 타인을 해방시키는 것은 누구에게나 가능하며, 모든 개인이 예외 없이 해방된 인류라는 것 또한 상상할 수 있다. 그러나 하나의 사회가 그 자체로 해방되는 것은 불가능하다.[21]

치안화된 존재의 잠재적 질로서 역능을 전제하는 랑시에르의 자연주의적 전략은, '주체 없는 과정'과 그 바깥에 존재하는 '당파적 인물'이라는 1960년대 알튀세르의 구조주의적·지식인중심주의적 분할을 해체하고 주체성의 생산 논리를 '과정' 한가운데에 회복시키는 것을 목적으로 한 것이었다고 말할 수 있다. 여기서 바디우와 크게 달라진다. 바디우에게 '주체 없는 과정'이라는 구조주의는 그대로 유지되며, 그 때문에 주체성의 생산은 존재론적 틀 속에서는 설명될 수

---

21) Rancière, "Communistes sans communisme?," p.220.

없는 것으로 머물게 되기 때문이다(곧바로 뒤에서 살펴보겠지만, '당파적 인물'이라는 주체론에 대해서는 거기에 '사건'이라는 새로운 요소가 접목되어 사건 아래에서의 '활동가'의 출현과 조직화가 다뤄지게 된다). 네그리에게 있어 바디우의 논의가 랑시에르의 논의보다 더욱 받아들여지기 힘든 이유는 바로 이 점에 있다.

랑시에르, 바디우, 네그리는 다음에는 서로 동의한다. 즉, 개인과 집단의 정치적 주체화는 권력/역능의 미분적 관계에서 이뤄진다는 점. 랑시에르와는 달리 바디우는, 역능을 역사적으로 규정 가능한 양으로 정립한다는 점에서도 네그리에 동의할 것이다. 다시 말해 우리의 역능은 구체적인 시간성 속에서 증대되어간다는 것이다. 그러나 네그리와 바디우의 대립이 본원적임에는 변함이 없다. 간단히 말해 대립은 이런 점에 있다. 즉, 역능이 한편으로는 **존재론적** 양으로, 다른 한편으로는 **이념론적** 양quantité idéologique으로 정의된다는 점. 바디우에게 개인과 집단의 정치적 주체화는 존재론적 권력과 이념론적 역능 사이에 생겨나는 미분적 관계에서 이뤄지는 것이다.

바디우에게 존재와 권력은 동일하다. 바디우에게 권력이란 자신이 '국가'l'État라 부르는 바로 그것이며, 이 '국가'는 "가능한 것과 그렇지 않은 것의 구별을 많은 경우 물리력을 통해 조직하고 유지"하는 것, 또는 "우리에게 그것만이 가능하다고 납득하도록 요구"하며, "가능성에 대한 독점을 주장"하는 것으로서 정의된다.22) 바디우의 논의

---

22) Alain Baidou et Fabien Tardy, *La Philosophie et l'événement: Entretiens*, Meaux: Germina, 2010, p.20. [서용순 옮김, 『철학과 사건: 알랭 바디우, 자신의 철학을 말하다』, 오월의봄, 2015, 26~27쪽.]

는 '존재,' '상황,' 또는 '사물의 상태'état de choses를 이 국가 권력에 완전히 예속되고 동일화된 것으로서 자리매김하는 특징이 있다(프랑스어 'état'의 이중적 의미[국가/상태]가 논의의 기초를 이룬다). 바디우의 논의에 의거해 말하면, 존재와 권력의 관계는 **동일성**이라기보다 **단성성**univocité이라고 이해해야 할지도 모르겠다. 거기서 그려지고 있는 것은, 존재와 권력에 공통된 하나의 동일한 **목소리**가 마거릿 대처식으로 "대안은 없다"라고 우리에게 말하는 광경이기 때문이다. 그런데 만일 우리의 존재가 국가 권력과 목소리를 똑같은 것으로 여기고 있다면 **또 하나의 목소리**, 즉 우리에게 새로운 가능성을 말하는 목소리, 우리의 역능이 증대될 가능성을 말하는 목소리는 어떤 것일까? 바디우의 대답은 잘 알려진 대로 '사건'의 목소리이다. "정치적 사건이란 지배 권력에 의한 가능성의 통제를 벗어날 새로운 가능성을 출현시키는 것입니다. 사람들이, 때에 따라서는 많은 사람들이 다른 가능성도 존재한다고 생각하기 시작하는 것이죠."[23] 단, 여기서 주의해야 할 것이 하나 있다. 사건은 존재를 전혀 건드리지 않고, 존재는 지배 권력과 항상 목소리를 일치시킨 상태로 있다고 간주된다. 바디우가 사건의 위상을 다음과 같이 바로잡는 것은 이런 의미에서이다. "사건은 객관적 가능태가 발견되는 수준에서만이 아니라 가능태의 가능성이 발견되는 수준에서도 자리매김된다."[24] 요컨대 바디우에게 사건은 가능한 것과 불가능한 것의 **존재론적** 분할에 직접 개입하는 것이

---

23) Baidou et Tardy, *La Philosophie et l'événement*, pp.20~21. [『철학과 사건』, 27쪽.]

24) Alain Badiou, "L'Idée du communisme," *L'Hypothèse communiste*, Paris: Nouvelles Éditions Lignes, 2009, p.191.

아니라 새로운 존재론적 가능태의 그 **이념론적** 가능성을 '제안'[25]이라는 형태로 창조하는 것이다(바디우의 이념론적 제안과 랑시에르의 존재론적 전제의 관계에 대해서는 뒤에 다룰 것이다). 도래한 사건 아래에서 "개인은 개인**인** 상태로 있으면서 동시에 새로운 '주체'로 일체화됨으로써 그 일부가 **되어** 활동하기 시작한다."[26] 제안으로서의 사건이 도래한 뒤에야 비로소 우리는 사건 아래에서 우리 자신을 둘로 분할시키기로 결의하며, 존재론적 권력에 예속된 상태로 있으면서 동시에 이념론적 역능의 활동가가 된다. 우리는 사건 아래에서의 있음^{être}/됨^{devenir}이라는 이 자기 분할을 통해 주체화되며, 이 세계 속에서 '이념을 살리기' 위해 '이념에 따라 살게' 되는 것이다.

5. 노동력: 협업(주체)과 분업(객체)

바디우에게 하나가 둘로 나뉘는 일은 사건 아래에서 일어난다. 반대로 랑시에르의 정치적 장치가 아무나의 존재론적 역능을 전제로 하는 것은 바로 존재로의 분할이라는 내속을 전제로 하기 때문이다. 또는 전제를 통해 존재를 내부로부터 분할하기 때문이다. 그러나 네그리에게 하나가 둘로 나뉘는 것은 이념론적 **제안**의 일격에 의한 것도, 자연주의적 **전제**의 일격에 의한 것도 아니다. 네그리에게는 구체의 한가운데에서 항상 이미 분할이 일어나고 있는 것으로 간주된다. 이에 대해 바디우는 다음과 같이 반론을 제기할지도 모른다. 내게도 하

---

25) Baidou et Tardy, *La Philosophie et l'événement*, p.19. ["어떤 점에서 사건은 하나의 제안에 불과합니다." 『철학과 사건』, 25쪽.]

26) Badiou, "L'Idée du communisme," p.185. 강조는 인용자.

나가 항상 이미 둘로 나뉘고 있는데, 이는 우리가 그저 도래해야 할 사건을 기다리고 있기만 한 것이 아니라 과거의 사건과 미래의 사건이라는 '두 개의 사건' 사이에 몸을 두고 있기 때문이며, 그런 의미에서 우리가 "가까운 것일 수도, 먼 것일 수도 있는 다양한 사건의 작용을 받는 상황 속에서" 살고 있기 때문이다.[27] 네그리와 바디우의 차이는 네그리에게는 존재 그 자체가 항상 이미 권력과 역능으로 나뉘고 있다고 간주되는 반면, 바디우에게는 존재=권력을 이념=역능을 통해 이중화하는 것이 관건이라는 점에 있다. 네그리에게 주체성의 생산은 어디까지나 역사적 존재론의 틀 속에서 유물론적으로 설명되어야 하는 것으로 존재한다.

바디우는 왜 사건에 호소할 수밖에 없는가? 네그리의 관점에서 보면, 그것은 바디우의 코뮤니즘이 맑스주의와 단절되어버렸기 때문이다. 바디우는 노동을 전혀 문제로 삼지 않은 채 자신의 정치적 장치를 구상하고 있다. 네그리에 따르면, 노동력을 역사적으로 규정된 그 '기술적 구성'의 측면에서 제대로 분석하면 주체성 생산이 항상 이미 존재론적 '과정'의 한가운데에서 **이뤄지고 있음**을 우리는 필연적으로 알게 된다. 베를린에서 했던 발표에서 네그리는 『정치경제학 비판 요강』(1857/58)의 한 구절을 인용하고 있다. "[우리의 관심을 끄는 것은] 대상으로서의 노동이 아니라 활동으로서의 노동이다. 가치 그 자체로서의 노동이 아니라 가치가 생겨난 원천으로서의 노동. 자본에게 부 일반은 대상, 즉 현실로서 존재하고 있지만, 이런 자본에게 노동은 부 일반의 가능성으로서 존재하며 이 점은 활동에서 확인

---

27) Baidou et Tardy, *La Philosophie et l'événement*, p.23. [『철학과 사건』, 30쪽.]

된다. 따라서 노동은 대상으로서는 절대적 빈곤이지만, 주체이자 활동으로서는 부의 일반적 가능성임을 긍정하는 데는 조금의 모순도 없다."* 노동의 이런 양면성을 긍정하는 데는 모순이 없지만, 이 양면성 자체는 모순적 또는 미분적 관계를 이루고 있다. 여기서 긍정되고 있는 것은 자본주의 사회에 미분적 관계가 항상적으로 내재한다는 점이다. 다시 말해 한쪽에는 존재론적 역능 그 자체로서의 생산력('부의 가능성 일반')이 있고, 다른 한쪽에는 자본 권력이 그런 역능을 포획해 자신의 명령에 종속시키기 위한 형식으로서의 생산관계('절대적 빈곤')가 있으며, 이 사이에 미분적 관계가 **항상 이미** 생겨나고 있는 것이다. 생산력/생산관계의 미분적 관계가 그렇게 발생하는 것은 자본이 자신의 가치 증식을 계속하기 위해 생산력의 부단한 증대를 추구하고 있기 때문이라고 할 수 있는데, 그럼으로써 자본은 구성하는 역능(생산력)이 구성된 권력(생산관계)에 대한 자율성을 높여가는 사태를 스스로 초래할 수밖에 없다. 「왜 맑스인가?」라는 제목의 글에서 네그리는 이렇게 설명하고 있다.

상대적 잉여가치 추출에 기초하는 생산의 도래로 인해 노동자 협업의 강화가 요구되는데, 노동생산성의 증대가 바로 노동력의 협업을 통해 이뤄지기 때문이다. 그리하여 협업이라는 것이 자본주의적 분업을 항상 수반하고 있다면, 협업은 자본에 대해 모순적 요소를 구성

---

* Negri, "È possibile essere comunisti senza Marx?," p.50. [본서, 195쪽.] 맑스의 말은 다음에 나온다. Karl Marx, "Grundrisse der Kritik der politischen Ökonomie"(1857/58), *Karl Marx/Friedrich Engels Werke*, Bd.42, Berlin: Dietz Verlag, 1983, p.218. [김호균 옮김, 『정치경제학 비판 요강 I』, 그린비, 2007, 299쪽.]

하게 된다. …… 항상 협업과 복종을 한꺼번에 원하는 자본주의적 관계는 그 양자의 대립을 은폐할 수도 없고, 그 대립이 표출되는 것도 막을 수 없다. 그리하여 가치화에 맞서 노동 과정 중에 일어나는 저항은 협업이 창출해내는 정치 의식에 의해 한층 더 증대된다.[28]

네그리의 입장에서 볼 때, 바디우에게 존재가 구성된 권력과 동일한 하나의 목소리를 공유하는 것으로, 그리고 구성하는 역능이 사건을 통해 이념론적으로 규정된 것에 불과한 것으로 여겨지는 것은 노동력에 대한 맑스주의적 분석이 결여되어 있기 때문이다. 그러나 '맑스 없이'라는 이 비판을 바디우는 반론 없이 지나칠 수 없었다. 베를린 컨퍼런스 직후[이듬해], 바디우는 「오늘날의 자본주의」라는 글을 통해 "나도 맑스주의자이다"라고 선언한다.[29] 그런데 노동력을 그 양면성의 측면에서 파악하기를 거부하는 바디우는 도대체 어떤 의미에서 자신을 맑스주의자라고 생각하는 것일까? 크게 두 가지 의미에서이다. 첫째로, 바디우가 언급하는 것은 자신도 "맑스와 엥겔스에 의해 1848년경에 시작"되어 "그 뒤로도 레닌과 마오쩌둥 등에 의해 계속"된 "진정한 맑스주의" 계보 속에서 축적되어온 "다양한 역사적·이론적 교훈"을 통해 길러졌다는 점이다.** 따라서 자타가 공인하는 마오주의자 바디우에게는 맑스에 '충실한지 아닌지를 증명

---

28) Antonio Negri, "Perché Marx?"(2011), *Il comune in rivolta: Sul potere costitu -ente delle lotte*, Verona: Ombre corte, 2012, p.18.

29) Alain Badiou, "Le capitalisme d'aujourd'hui," *Le Réveil de l'Histoire*, Paris: Nouvelles Éditions Lignes, 2011, p.18.

  ** Badiou, "Le capitalisme d'aujourd'hui," p.18.

하는 것'은 신경 쓸 필요가 없는 일이 된다. 둘째로, 자신의 '코뮤니즘 가설'이 '맑스주의적 분석'에 확실히 기초를 둔 것이라는 점이 강조된다. 자신이 맑스에 충실함을 증명할지 말지는 신경 쓰지 않는 바디우이지만, 그럼에도 이 가설에서 바디우가 크게 염두에 두고 있는 것은 오늘날의 정세에 대해 자신이 "달리 정보가 부족한 상황이 아님"*을 증명해야 한다는 점이다. 텍스트의 제목이 「오늘날의 자본주의」인 이유가 바로 여기에 있다. 바디우는 현대 자본주의에 관한 '객관적' 정보를 전보 치듯이 열거한 뒤에 이렇게 서술한다.

> 문제는 이런 개별 정보의 총체로부터 부상하는 자본주의가 …… 코뮤니즘을 그 무매개적 이면으로 삼는다고 일컬어지는 바인지의 여부이다. 오늘날 자본주의에 코뮤니즘이 잠재해 있으며, 그 코뮤니즘의 주체가 자본주의의 주체이기도 하고 그 역설적 존재를 지탱하고 있다는 식으로 정말 말할 수 있는가? …… 네그리의 입장은 그런 것이다. …… 내 입장은 정반대이다. 오늘날의 자본주의가 가진 모든 특징은 종래의 자본주의의 특징일 뿐이다. 단호한 계급적 행동이 국소적으로는 승리했지만 자본주의의 논리를 저지하지는 못했던 때부터, 현대 자본주의는 일찍이 예상됐던 모습을 띠게 됐다. 현대 세계는 …… 맑스가 자본주의의 비이성적인(아니, 더 솔직히 말해 괴물스러운) 잠재성의 전면적 전개로 미리 제시했던 모습을 띠게 됐다. …… 악한들의 체제이다. …… 우리가 몸담고 있는 곳은 야만이며, 우리는 그저 이 야만 속에 계속 몸을 담그고 있을 뿐이다. 그러나 이 야만은,

---

* Badiou, "Le capitalisme d'aujourd'hui," p.19.

조직된 프롤레타리아의 역능이 그 도래를 저지할 것이라고 맑스가 기대했던 것과 세세한 부분까지 완전히 일치한다.**

 이상의 모든 내용을 통해 도드라지는 것은, 네그리와의 차이뿐만 아니라 랑시에르와의 차이이기도 할 것이다. 랑시에르는 일체의 역사적 분석 없이 자신이 전제하는 역능의 이론을 구축하려 하지만(랑시에르의 텍스트와 발언에서는 '자본주의'라는 말이 거의 안 쓰인다), 바디우가 사건의 이론을 주장하는 것은 어디까지나 나름대로 "사물의 실제 진리로 곧장" 갔기 때문이다. 그 이름에 값하는 정치적 장치를 구상하는 것은 네그리처럼 바디우에게도, 어디까지나 구체적인 정세를 분석해 그에 상응하는 형태로 행해져야 하는 것으로 간주되고 있다. 그런데도 바디우가 노동력을 그 주체적 측면에서 포착하려 하지 않는 것은, '객관적' 정보에 대한 그 자신의 분석이 그것을 방해하고 있기 때문이다. 오늘날 세계는 자본주의적 야만의 전면적 전개 그 자체로 존재하며, 거기서는 존재가 악한들의 과두체제 국가로 완전히 환원되어버리고, 존재론적으로 규정될 수 있는 일체의 역능이 무화되어버린다는 분석 말이다. 바디우는 프랜시스 후쿠야마의 '역사의 종언'론을 정당한 것으로 평가하기에 이르는데, 이는 이런 입장에서 보면 당연한 귀결이다. 바디우의 입장에서 자신이 오늘날 맑스 **없이** 코뮤니스트라면 그것은 바로 자신이 누구보다도 더 맑스**와 함께** 있기 때문이다. 바디우에게는, 맑스주의적 분석이야말로 현대 사회에 존재론적 역능이 전무함을 확인시켜주며 이념론적 역능이 그 자율

** Badiou, "Le capitalisme d'aujourd'hui," pp.20~21, 23, 26.

성에 도래할 것을 기대하도록 강제한다. 바디우는 네그리에 대한 반론을 이렇게 끝맺는다. "역사의 각성이라는 것이 존재한다면 그것을 찾아야 하는 쪽은 자본주의의 야만적인 보수주의, 다시 말해 자본주의의 광적인 전개를 무슨 일이 있어도 유지하고자 하는 국가 장치가 아니다. 유일하게 가능한 각성은 하나의 이념이 가진 역능이 뿌리내리기 마련인 인민의 주도권을 통한 각성이다."*

그러나 그런 '주도권'은 어떻게 '인민의' 주도권일 수 있는가? 역사적으로 규정된 존재론적 환경에 뿌리를 두고 있지 않은 사건이 도대체 어떻게 인민의 주도권으로서 도래할 수 있는가? 이 점에 대해 바디우는 "~이어야 한다"라는 표현만 반복하고 있다. 예컨대 바디우는 다음과 같이 말한다. "그것이 지식인에게만 한정된 일이라고 생각하는 것은 잘못된 것입니다. 뭔가 다른 것이 존재한다는 이 확신은 매번 인민의 확신이 되어야 하기 때문입니다. 지식인들만의 확신에 머물러서는 안 됩니다."30) 여기서 바디우는 사건의 일격 아래에서 '이념에 따라 살기'로 결의하는 최초의 인물, 즉 '활동가'가 되는 최초의 인물이 지식인이라는 점을 인정하고 있다. 그러나 "그 이념은 어떤 조건에서 인민의 것이 되기도 하는가?"라는 물음에 바디우는 대답하지 못한다. 여기서 "하나의 이념이 가진 역능"을 이야기하는 바디우가 마오쩌둥의 유명한 구절, 즉 "전위 계급에게 고유한 올바른 이념은 대중에게 침투할 때 비로소 사회와 세계를 변혁하는 물질적 힘이 된다"**는 구절에 입각해 있다는 것은 명백하지만, 그런 이념이 어

---

* Badiou, "Le capitalisme d'aujourd'hui," p.27.
30) Baidou et Tardy, *La Philosophie et l'événement*, p.46. [『철학과 사건』, 63~64쪽.]

떻게 인민 대중에게 침투하는가라는 물음에는 대답하지 못한다. 바로 이런 의미에서 네그리는 바디우의 코뮤니즘 가설에 대해 '지성인 중심주의적 잡설'에 불과하다고 일갈하는 것이다.

| 보론 | '전제'와 '제안': 바디우/랑시에르의 공중전

바디우는 랑시에르의 '평등'론(지성의 평등)을 자신의 이론적 장치의 틀로 새롭게 포착하는 작업을 통해, 자신의 입장과 랑시에르의 입장을 다음과 같이 비교한 바 있다.

> 랑시에르에게 평등의 선언은 사건 그 자체라고 말할 수 있다. 지울 수 없는 흔적을 출현시키게 된다는 점에서 사건에 다름 아닌 것이다. 그러나 내 관점에서 말하면, 평등의 선언은 사건**에 의해 가능해지는** 것이지 사건 그 자체가 아니다. 평등의 선언은 하나의 신체를 조직하는 것인데, 내게 그것은 어디까지나 그 선언과는 동질적이지 않은 사건적 조건 아래에서 일어나는 일이다.[31]

바디우에게 지성의 평등(앎/무지의 새로운 배분)이라는 **전제**(선언)는 사건의 도래에 의한 **제안** 없이는 존재할 수 없다. 전제의 생산

** Mao Tse-tung, "Where Do Correct Ideas Come From?"(1963), *Quotations from Chairman Mao Tse-tung*, Peking: Foreign Language Press, 1966, p.206. [노승영 옮김, 「인간의 올바른 사상은 어디서 비롯하는가?」, 『마오쩌둥: 실천론·모순론』, 프레시안북, 2009, 223쪽.]

31) Alain Badiou, "Le capitalisme d'aujourd'hui," *Le Réveil de l'Histoire*, Paris: Nouvelles Éditions Lignes, 2011, p.18.

은 제안을 그 조건으로 한다. 이에 반해 랑시에르에게 전제는 생산임과 동시에 그 조건이기도 한 것으로 간주되며, 이런 의미에서 전제와 제안은 구별되지 않는다. 바디우는 생산되어야 하는 것으로서의 전제와 그 조건을 이루는 것으로서의 제안을 구별하고 있는 것이다. 바디우에게는 왜 이런 구별이 필요한 것일까? 바디우에게 제안은, **그것에 귀를 기울이는 사람**이 출현할 때 비로소 전제로서 생산되는 것이기 때문이다. 사건을 통한 제안의 호소를 듣고 이에 응해 그것을 전제로 바꾸는 과정에 몸을 던지는 사람. 바디우는 이 사람을 '활동가'라고 부르는데, 그 등가물은 랑시에르에게서도 발견할 수 있다. 다름 아닌 '무지한 스승'이다(무지한 스승의 출현과 함께 비로소 대중지성의 해방이 가능해진다). 따라서 제안/전제의 구별을 통해 가능해지는 것은, 전제의 생산자인 '활동가' 또는 '무지한 스승'이 출현하는 조건을 규정하는 것이다. 바로 제안으로서 도래하는 사건이 활동가의 출현(제안의 비인칭적 주체와 일체화함으로써 이뤄지는 개인의 정치적 주체화)을 가능케 한다. 거꾸로 말하면, 제안/전제를 구별하지 않는 랑시에르에게 무지한 스승이 출현하는 조건은 설명될 수 없는 것으로 남는다. 아니 더 정확히 말해, 무지한 스승의 출현 그 자체가 사건으로서 도래하는 수밖에 없으며, 사건이 개인의 문제로 환원되어버리고 정치의 집단성이 전혀 보증될 수가 없다.

양자의 관계에 대한 바디우의 위와 같은 이해에 랑시에르는 기본적으로 틀림없이 동의할 것이다. 그런 다음에 전제의 생산 조건으로서 사건에 의한 제안을 정립한다는 점에서, 또한 개인의 정치적 주체화의 조건으로서 개인에 의한 일체화의 대상이 되는 비인칭적 주체를 정립한다는 점에서, 틀림없이 바디우를 비판할 것이다. 요컨대 정치를 Politeía(치안 또는 국가)와의 적대에서 포착한다는 점에서 랑시에르는 틀림없이 바디우에 동의할 것이다(다만 이미 살펴본 대로 네그리의 관점에서 보면 랑시에르의 '치안'은 역사 바깥에 질로서 정립되는 권력이며, 바디우의 '국가'는 역사적으로 규정 가능한 양으로서 정립되는 권력이다). 그러나 사건/주체의 도래를 이 정치에 선행하는 전前-정치적 조건으로 정립할지의 여부에 대해, 랑시에르는 틀림없이 바디우에게 이의를 제기할 것이다("절대적 단절이라는 생각, 상황 가운데 도드라지는 사건이라는 생각, 사건적 언표의 거의 기적에 가까운 역능이라는 생각, 그런 생각은 제겐 전혀 공유될 수 없는 것입니다"[32]). 실제로 랑시에르는, 예컨대 자신의 말라르메 독해와 바디우의 말라르메 독해를 다음과 같이 비교한다.

바디우에게 말라르메의 극작술은 결정할 수 없는 것과 이 결정할 수 없는 것에 기초한 결정의 필연성을 무대에 올리는 데 있지만(주사위 던지기), 제게는 하나의 세계 도식을 다른 세계 도식으로 치환하는 데 있습니다(상황과 사건으로 이뤄진 극작술이 아니라 출현과 소멸로 이뤄진 극작술). 제게 말라르메의 정치는 결정이 아니라, 감각할 수 있는 것의 새로운 지형과 경제의 구축에 있죠. 여기에 담론의 배분에 관한 문제가 덧붙여집니다. 바디우에게 시작詩作은 진리의 생산이라는 실천인데, 단 이 진리는 그 생산 행위 자체에 의해 감춰지는 것으로

---

32) Jacques Rancière, "Politique et esthétique"(2003), *Et tant pis pour les gens fatigués: Entretiens*, Paris: Éditions Amsterdam, 2009, pp.353~354. 피터 홀워드와의 대담.

간주됩니다. 그래서 바로 철학이 감춰진 그 진리를 밝혀내는 것으로 여겨지죠. 제 관점에서 보면, 이것은 다른 무엇인가에 대한 진리를 말해주는 담론이며 위계적인 형태의 담론입니다. 이와 달리 제게 중요한 것은, 어째서 철학의 담론 또한 그 자체로 시적 구축의 하나인가를 보여주는 것입니다. 다시 말해, 철학의 담론 역시 특권적인 담론이 아니라 사유와 언어활동을 통해 공유된 자원을 다루는 것입니다. 이리하여 제 경우에는 철학적·정치적 구축에 다양한 합리성 모델을 공급할 수 있는 것으로서 시적 텍스트가 자리합니다.[33]

요컨대 정치를 가능케 하는 조건으로서 '주사위 던지기'(사건+주체)의 도래를 정치에 선행하는 계기로 정립하는 바디우의 논의가 랑시에르에게 받아들여지기 어려운 것은, 이 전-정치적 조건이 정치에 전위/대중이라는 위계적 형태의 조직화를 필연적으로 요청하는 것이 되기 때문이다. 이에 반해 바디우는 이미 살펴본 대로, 정치와 사건을 동일시하는 랑시에르의 논의에서는 정치를 가능케 하는 조건이 설명될 수 없다고 반론을 제기한다.

중요한 것은 랑시에르/바디우의 이런 상호 비판이 서로에게 전혀 비판이 되지 못하고 있다는 점이다. 랑시에르는 정치가 오로지 개인의 주도권에서만 시작됨을 적극적으로 긍정하며, 바디우 역시 정치가 활동가들의 "우연적인 귀족정"*에 입각한 것임을 긍정한다. 조직

---

33) Jacques Rancière, "Politique de la littérature"(2007), *Et tant pis pour les gens fatigués: Entretiens*, Paris: Éditions Amsterdam, 2009, pp.570~571. 리오넬 뤼펠과의 대담.

* Badiou, "Jacques Rancière," p.259.

화 없이 수평성에 머물기 위해 정치를 개인의 주도권에 맡겨둘 것인가, 아니면 거꾸로 정치의 집단적 조건을 확보하기 위해 수직적 조직화를 필연으로 삼을 것인가? 랑시에르/바디우의 이런 응수가 둘 다 서로에게 치우침 없이 평행선에 계속 머물게 되는 것은, 그들의 논의가 공히 노동력의 역사적 존재론에 입각해 있지 않으며, 그런 의미에서 그들의 논쟁이 순전히 **공중전**에 그치고 있기 때문이다. 네그리의 관점에서 봤을 때, 정치의 조건에서 집단성을 확보하면서도 지식인 중심주의에 함몰되는 것을 피하기 위해 필요한 것은 노동력의 역사적·우연적 행동에 입각한 존재론으로서의 코뮤니즘, 다름 아닌 역사적 유물론이다. 들뢰즈가 **동시대의** 다른 사상가에 대해 이렇게 쓴 것도 바로 이런 의미에서였던 것 아닐까? "푸코가 위대한 철학자인 것은 역사를 다른 것에 도움이 되도록 활용하기 때문이다. 즉, 니체가 말했던 것처럼, 바라건대 다가올 시간을 위해 시간에 맞서서 행동하기, 시간 위에서 행동하기를 푸코는 실천한 것이다."[34]

---

34) Gilles Deleuze, "Qu'est-ce qu'un dispositif?"(1989), *Deux Régimes de fous: Textes et entretiens 1975-1995*, Paris: Minuit, 2003, p.323. [박정태 옮김,「장치란 무엇인가?」,『들뢰즈가 만든 철학사』, 이학사, 2007, 482쪽.]

에이해브의 치욕인가, 페달라의 용기인가?
들뢰즈와 푸코*

질 들뢰즈의 입장에서 보면 이야기는 이렇다. 미셸 푸코는 1961년 출간된 『광기의 역사』 이후 거의 2년에 한 권씩 저서를 발표해왔으나 1976년에 발표한 『성의 역사 1권: 지식의 의지』를 끝으로 '기나긴 침묵'에 들어갔고, 그 다음 저서인 『성의 역사 2권: 쾌락의 활용』의 출간은 1984년까지 기다려야 했다. 푸코에게 이 '기나긴 침묵'을 강제한 것은 하나의 '위기'였고, 8년이라는 세월이 흐른 뒤 그를 그 침묵에서 구해낸 것은 하나의 '발견'이었다. 『지식의 의지』의 출간 이듬해 (1977년), 들뢰즈는 푸코와 자신의 논의의 차이점을 조목조목 써내려간 노트를 푸코에게 개인적인 서신으로 보낸다(이 서신은 푸코 사후 10주기인 1994년, 「욕망과 쾌락」이라는 제목으로 『마가진 리테레르』에 게재됐다[1]). 들뢰즈가 그 서신을 통해 기대한 것은 "푸코가 이런

---

* 「エイハブの恥辱か, フェダラーの勇気か: ドゥルーズとフーコー」 ⓒ 2015 廣瀬純. 이 글은 수정되어 다음의 책에 수록됐다. 廣瀬純, 「補論: エイハブの恥辱か, フェダラーの勇気か」, 佐藤嘉幸 公著, 『三つの革命: ドゥルーズ = ガタリの政治哲学』, 東京: 講談社, 2017, 213~242頁.

1) Gilles Deleuze, "Désir et plaisir"(1994), *Deux Régimes de fous: Textes et entretiens 1975-1995*, Paris: Minuit, 2003. [이호영 옮김, 「욕망과 쾌락」, 『탈주의 공

비교에서 어떤 착상을 얻지 않을까?," "위기에서 빠져나올 계기가 될 무엇을 발견하지 않을까?" 하는 것이었다. 그 노트에서 들뢰즈가 특히 강조한 것은, 자신과 펠릭스 가타리가 창안한 '탈주선' 개념에 해당하는 것이 푸코의 논의에는 결여되어 있다는 점이었다. 권력 장치에 선행하며 그 전제가 되는 것으로서의 탈주선. 8년 뒤 푸코는 들뢰즈의 기대에 멋지게 부응하게 된다. 푸코는 자기만의 방식으로 탈주선을 발견해 위기를 벗어난다. 『쾌락의 활용』에서는 권력 관계에 선행하고 그 전제를 이루는 것으로서 '자유'가 다뤄지게 된다. 따라서 이 '발견'은 이중의 발견이었다. 푸코는 자신의 사유를 '막다른 골목'에서 벗어나게 하는 동시에, 탈주선을 통해 우리의 삶을 모든 권력 관계 앞에서 새롭게 파악해 보여줬던 것이다. 『쾌락의 활용』이 출간된 그 해에 푸코는 세상을 떠난다. 혼자 남겨진 들뢰즈는 그로부터 2년 뒤 푸코의 이 '응답'에 화답해 『푸코』(1986)를 발표한다……

❧

먼저 1977년의 노트(「욕망과 쾌락」)에서 들뢰즈가 자신의 논의를 어떻게 설명하고 있는지 살펴보자. 들뢰즈의 설명은 대략 다음과 같다. 권력보다 욕망이 선행한다. 권력 장치보다 탈주선이 선행한다. '탈영토화 운동'으로서의 탈주선이 먼저 존재하며, 이를 재영토화하는 것이 권력 장치다. 권력 장치는 탈주선을 코드화하고 틀어막고 차단한다. 그러므로 권력 장치는 탈주선의 존재를 전제로 하여 산출되는 것이다. 탈주선은 역사적으로 규정된 것으로 시대별로 다르다. 따라

간을 위하여』, 새길, 1997, 101~115쪽.]

서 오직 탈주선과 일체화된 형태로만 존재하는 욕망 역시 자연적인 것도 자생적인 것도 아니다. 욕망이 사회적 장을 동적으로 배치하며, 욕망의 동적 배치로서의 탈주선이 그때그때 사회를 역사적으로 규정한다. 사회를 구성하는 것은 욕망이지 권력이 아니다. 구성하는 욕망. 예컨대 섹슈얼리티와 섹스 중 선행하는 것은 전자이다. 섹슈얼리티는 역사적으로 규정되어 시대별로 다른 형태를 띠는 욕망의 동적 배치(탈영토화 운동, 탈주선)로서 존재한다. 권력 장치는 이런 섹슈얼리티를 몰적 심급으로서의 '섹스' 쪽으로 고꾸라뜨리고 탈주선을 틀어막으며 욕망의 동적 배치를 뭉개버린다.

그럼 1977년의 노트에서 푸코의 논의는 어떻게 파악되고 있는 가? 들뢰즈가 제시하는 바는 대강 다음과 같다. 푸코의 논의에는 '탈주선'(탈영토화 운동)에 해당되는 것이 결여되어 있다. 권력이 선행하는 것으로, 권력 장치가 사회를 구성하는 것으로 간주되고 있다. 이 때문에 저항은 권력의 존재를 전제로 하여 현상하는 것으로 존재할 수밖에 없다. 푸코가 봉착해 있는 '막다른 골목'은 여기에 있다. 왜냐하면 푸코의 독창성은 권력을 '복종'(압도적인 국가 권력과 이데올로기적 국가 장치)이 아니라 '힘 관계'(특정한 방식으로 행동하도록 타자에게 권력을 행사하는 것)로서 재정의한 데 있는데, 저항이라는 현상은 권력 장치의 단순한 반전反轉으로서 이 힘 관계 속에 모조리 흡수되어버릴 수밖에 없기 때문이다. "미셸은 자신이 권력 관계 속에 갇혀버렸다고 느끼고 있었다."* 이 막다른 골목에서 푸코는 '진리'('권

---

* Gilles Deleuze, *Foucault*, Paris: Minuit, 1986, p.101. [허경 옮김, 『푸코』, 동문선, 2003, 143쪽.]

력의 진리'에 대항하는 '진리의 권력')와 '신체'(또는 신체적 '쾌락')에서 돌파구를 찾으려고도 했으나, 권력의 선행성이 강고하게 유지되고 있었기에 진리도 신체도 진정한 돌파구가 되지 못했다. 푸코가 진정한 돌파구가 될 만한 맹아를 간취한 것은, 『지식의 의지』끝부분 어느 페이지에서 잠깐 다뤄지는 '삶'[생명]이라는 테마이다. 거기서 이야기되는 '삶'은 권력에 선행하는 것으로 간주될 수 있다.

따라서 들뢰즈가 1977년의 노트를 통해 푸코에게 건넨 제안은 이런 것이었다. 삶의 차원을 명확히 부상시킨 뒤 이 차원에 진리와 신체를 자리매김해보면 어떨까? 진리와 신체를 권력에 선행하는 것으로서 새롭게 포착해보면 어떨까? 진리와 신체를 탈영토화 운동의 측면에서, 권력을 재영토화 과정으로서 새롭게 포착해보면 어떨까? 그때그때 사회적 장을 역사적으로 규정하는 것은 권력이 아니라 '그에 선행하는 삶'이라는 방향으로 논의를 재정립해보면 어떨까?

『쾌락의 활용』에 있는 '자유'에 관한 다음의 구절은, 적어도 들뢰즈의 입장에서는 위의 제안에 대한 푸코의 긍정적 응답이다. "자유란 타자에게 행사되는 권력 한복판에서 자기 자신에게 행사되는 권력이다."[2) 권력은 힘 관계의 문제라는 지금까지의 논의가 전제된 뒤에 여기서 새롭게 '발견'되고 있는 것은, 타자에 대한 권력 행사 안에 있는 자기에 대한 권력 행사이며 권력 관계 안에 있는 자유이다. 자유의 존재가 권력 관계의 중심에서 발견되며, 권력 관계는 자유 없이는 존재

2) Michel Foucault, *Histoire de la sexualité, t.2: L'usage des plaisirs* (1984), Paris: Gallimard, 1997, p.109. [문경자·신은영 옮김, 『성의 역사 2: 쾌락의 활용』(재판), 나남, 2004, 102쪽.]

할 수 없는 것, 그런 의미에서 권력 관계에 선행하고 그 전제를 이루는 것으로서 발견된다. 『쾌락의 활용』에는 이런 구절도 있다.

> 물론 모든 도덕적 행동은 그 안에서 행동이 실행되는 현실과의 관계, 그 행동이 참조하는 코드[규약]와의 관계를 수반한다. 그러나 중요한 것은 자기와의 어떤 관계도 수반한다는 점이다. 후자는 단순한 '자기 인식'이 아니라 자신을 '도덕적 주체'로 스스로 구성하는 일인데, 이 과정에서 개인은 자신의 어떤 부분이 이 도덕적 실천의 대상이 되는지를 한정하고, 자신이 따르는 계율에 대한 자신의 입장을 정의하며, 자신의 도덕적 성취에 값할 만한 어떤 존재 방식을 스스로 정한다. 그리고 이를 위해 이 개인은 자기 자신에게 영향력을 행사하고, 자신을 알려고 하며, 자신을 통제하고 시련을 겪게 하며, 자신을 완성시키고 변화시킨다. 각각의 도덕적 행동은 어떤 단일한 도덕적 인도[이끎]conduite에서 나오는 법이고, 모든 도덕적 인도는 자신을 도덕적 주체로 구성할 것을 요구한다. 그리고 도덕적 주체의 구성에는 '주체화의 양식,' 그리고 그것을 뒷받침하는 '금욕주의'나 '자기의 실천'이 따르는 법이다.[3]

『지식의 의지』까지 푸코에게 장치(가령 판옵티콘)는, 여기서 이야기되는 '현실과의 관계'(권력)와 '코드와의 관계'(지식)라는 두 가지 상이한 관계로 이뤄진 것으로서 논의됐다. 『쾌락의 활용』에서는 이 두 가지 관계에 '자기와의 관계'와 그에 기초한 '자기의 실천'(주체

---

3) Foucault, *L'usage des plaisirs*, p.40. [『쾌락의 활용』, 44쪽.]

화)이 더해져, 장치가 세 가지 관계로 이뤄진 것으로서 새롭게 포착된다. 그러나 이것만이 아니다. 제3의 관계로서 새롭게 추가된 주체화가 장치 전체의 중심에 자리매김되어 권력과 지식에 선행하고 각각의 작동(권력에 의한 재영토화, 지식에 의한 코드화)을 조건 짓는 것으로 간주되기도 한다. 자기의 실천은 두 가지 측면으로 이뤄진다. 한쪽에는 '타자로부터의 권력 행사'에 상응하는 '자기에 대한 권력 행사'가 있고, 다른 한쪽에는 코드를 참조한 '자기의 구성'이 있다. 이것은 거꾸로 말하면, 권력 관계가 자기에 대한 권력 행사(탈영토화 운동)를, 코드화가 자기의 구성(탈코드화)을 각각 전제로 하고 있다는 것이며, 따라서 주체화는 그 자체로는 권력에도 지식에도 의존하지 않고 그에 선행한다는 것이다. 이리하여 푸코는 장치 안에서 권력에 선행하는 '자유'를, 코드에 선행하는 '진리'를 발견하는 것이다.

⚜

들뢰즈의 『푸코』, 특히 「주름 작용, 혹은 사유의 안쪽: 주체화」라는 제목의 장은 푸코의 이런 '응답'을 독해하는 시도로서 자리한다. 다만 들뢰즈는 자신이 행해온 모든 텍스트 독해가 "뒤를 취하는"[비역질하는]enculage 데 있다고, 즉 "저자의 등에 달라붙어 그의 괴물 같은 아이를 만들어주는" 데 있다(그러나 프리드리히 니체만은 예외인데, 뒤를 취하는 것은 항상 니체이기 때문이다)고 말하고 있듯이[4], 여기서도 푸코의 뒤를 취하고 있다. 과감하게 말해보면, 1977년의 노트에서 들

---

4) Gilles Deleuze, "Lettre à un critique sévère"(1973), *Pourparlers 1972-1990*, Paris: Minuit, 1990, p.15. [김종호 옮김, 「어느 가혹한 비평가에게 보내는 편지」, 『대담 1972~1990』, 솔, 1993, 29쪽.]

뢰즈는 푸코의 귀에 '탈주선'이라는 단어를 불어넣었고 이 단어를 주입당한 푸코는 8년의 잉태 기간을 거쳐 '자유'를 탄생시켰는데, 이번에는 들뢰즈가 그 뒤를 다시 취해 일찍이 자신이 푸코에게 불어넣은 '탈주선'을 푸코의 아이로서 다시 끄집어낸 것이다.

들뢰즈가 목표로 삼은 것은 앞서 인용한 『쾌락의 활용』의 한 대목, 즉 "자유란 타자에게 행사되는 권력 한복판에서 자기 자신에게 행사되는 권력이다"라는 구절이다. 이 구절의 뒤를 취해 본문 속에서 인용하는 들뢰즈는 (전혀 양해를 구하지 않고) 두 가지 조작을 가하고 있다. 첫 번째로 주어를 '자유'가 아닌 '엔크라테이아'로 했고, 두 번째로 '~ 한복판에서' 부분을 이탤릭체로 강조했다. 즉, "지배로서의 자기와의 관계인 엔크라테이아는 …… 타자들에 대해 우리가 행사하는 권력 **한복판에서** 우리가 우리 자신에 대해 수행하는 하나의 권력이다."[5] 첫 번째 조작에 대해 지적해야 할 점은 두 가지이다. 첫 번째로 '엔크라테이아'를 '자유의 반성적 실천,' 즉 '(타자의 노예도 자기 자신의 욕구의 노예도 되지 않기 위해) 개인이 자기 자신에 대해 행해야 하는 통제'로 정의하는 푸코의 논의에 비춰볼 때, 여기서 문제가 되고 있는 '자유'('완전하고 능동적인 형태의 자유')를 '엔크라테이아'로 치환하는 것은 분명 가능하다는 점이다. 두 번째로, 당연한 말이지만, 들뢰즈가 인용할 때 '자유'를 주어로 유지할 수도 있었다는 점이다. 이 두 가지 점을 통해 말할 수 있는 것은, 들뢰즈가 '자유'라는 단

---

5) Deleuze, *Foucault*, p.107. [『푸코』, 152쪽. '엔크라테이아'(enkrateia)란 "자기 통제의 능동적 형태," 즉 자신을 둘러싼 "욕망과 쾌락의 영역에서 저항하거나 싸울 수 있게 해주는, 그래서 그것들을 확실히 지배할 수 있도록 해주는" 덕목을 지칭한다. Foucault, *L'usage des plaisirs*, p.87; 『쾌락의 활용』, 83쪽.]

어의 사용을 적극적으로 회피했다는 점이다. 문제의 문장이 포함되어 있는 절의 제목이 「자유와 진리」라는 점에서도 추측할 수 있듯이, 푸코 본인에게는 엔크라테이아에 대한 논의가 바로 '자유'라는 개념을 도입하기 위해 필요한 것으로 간주되고 있다. 요컨대 들뢰즈는 푸코가 '엔크라테이아'를 '자유'의 이름 아래 두고자 하는 바로 그 순간을 포착해 이를 '엔크라테이아'로 되돌려 보내고 있는 것이다.

두 번째 조작은 문제의 문장 중 어느 부분을 '취하고' 있는지 명시한 것이다. 들뢰즈는 『쾌락의 활용』 중에서 문제의 문장을 목표로 삼고, 나아가 이탤릭체로 강조함으로써 초점을 맞춘다. 그리고 다음과 같이 서술한다. "그러나 자신들 스스로를 지배하지 못하면서 어떻게 타인들을 지배할 수 있는가? 타인들에 대한 지배는 자기 자신에 대한 지배에 의해 이중화되어야 한다. 타인들과의 관계는 자신과의 관계를 통해 이중화되어야 한다. 권력의 의무적 규칙들은 그것을 수행하는 자유인의 임의적 규칙들에 의해 이중화되어야 한다."6) 들뢰즈는 푸코의 '~ 한복판에서'라는 표현의 뒤를 취해 '이중화'라는 괴물 같은 자식을 만들어준 것이다. 푸코가 권력 관계(타자와의 관계)에 주체화(자기와의 관계)가 내재한다고 이야기하는 것을, 들뢰즈는 주체화에 의한 권력 관계의 이중화라고 독해(의식적으로 오독)하는 것이다. 푸코에게 있어 존재하는 것은 어디까지나 권력 관계로 짜인 하나의 평면이며, 이 평면에 주체화 역시 권력 관계의 한 형태로 직조되고 있다(A → S → S). 들뢰즈는 이 평면을 이중화한다(A → S / S → S). 주체화의 평면은 권력 관계의 평면의 '이면'으로 간주된다.

---

6) Deleuze, *Foucault*, p.108. [『푸코』, 153쪽.]

문제는 왜 들뢰즈가 권력 관계에 주체화가 내재하는 것을 후자에 의한 전자의 이중화로 다시 독해하는가이다. 이유는 크게 두 가지로 생각된다. 들뢰즈는 첫 번째로 권력 장치와 그로 인한 탈주선의 코드화를, 말하자면 '필요악'으로 자리매김하고 있기 때문이고, 두 번째로 '내부'에 의한 '외부'의 이중화라는 관점에서 주체화의 과정을 포착하고자 하기 때문이다.

첫 번째부터 검토해보자. 주체화가 '자유의 실천'으로서 존재하고 자유의 실천으로서의 주체화가 권력 관계에 내재해 있다는 푸코의 논의는, 응당 주체화가 권력 장치와 그것에 의한 코드화를 내파로 이끈다는 귀결에 이를 것이다. 권력 관계에 주체화가 내재해 있다 함은 타자에 대한 권력 행사로서 존재하는 권력 관계에 이 타자 자신의 자기에 대한 권력 행사가 내재해 있다는 것, 즉 권력 관계에 두 가지 상이한 '권력 행사' 또는 '인도'가 포함되어 있다는 것이다. 권력 장치는 단순히 특정한 코드에 따라 행동하는 개인에게 권력을 행사하는 것이 아니라, 특정한 코드에 따라 행동하고자 하는 개인이 스스로에게 행사하듯이 이 개인에게 권력을 행사한다. 따라서 개인이 코드에 따라 행동할지, 권력 장치가 실효적으로 작동할지의 여부는 완전히 개인 자신의 자기에 대한 권력 행사에 달려 있다. 주체화가 권력 장치에 선행하며 그 전제를 이룬다는 것은 바로 이런 의미에서이다. 권력 장치가 특정한 코드에 따른 행동을 어떤 방식으로 추구하든, 개인은 항상 그 코드를 따르지 않는 행동으로 자기 자신을 이끌 가능성에 열려 있다. 권력 장치가 추구하는 것과 다른 방식으로 행동하는 것이 문제가 되는 한, 개인에 의한 자유의 실천은 추문과도 같은 것, 많은 경우 폭력을 동반하는 것이 되리라. 푸코가 '용기'를 말하는 이유는 여기에 있다. 자유를 자신의 신체에서 실천하는 데는 용기가 필요하다. 그러나 거꾸로 말하면, 이것[자유의 실천]은 용기만 있다면 언제든 실행 가능하다는 말이기도 하다. 그리고 어느 누군가가 용기를 갖고 자신의 신체에서 모든 사람의 눈에 분명히 보이도록 자유를 실천한다면, 그 추문과도 같은 행동 자체가 다른 사람에 대한 권력 행사가 될 것이다(윤리적 실천이 그 자체로 정치적 실천이 된다). 권력 관계와 주체화의 관계가 이 국면에서는 역전된다. 탈코드화 실천으로서 행해지는 주체화가 추문과도 같은 모습으로 특수한 권력 장치가 되어 다른 사람들에게 행사된다. 다시 말해, 다른 사람들이 스스로를 탈코드적 주체화 실천으로 이끌도록 만드는 것이다. 물론 여기서 문제가 되고 있는 것 역시 힘 관계인 이상, 모든 사람이 탈코드화 실천으로서의 주체화 과정에 들어간다고 생각하기는 어렵다. 그러나 그런 사람들은 늘었으면 늘었지 줄지는 않을 것이다. 푸코가 구상하는 권력 장치의 분쇄 프로그램은 대략 이와 같다고 할 수 있다.

1977년의 노트에서 들뢰즈는, 자신에게는 필연적이지만 푸코에게는 그렇지 않은 한 가지 질문으로 "권력이 욕망되는 이유는 무엇인가?"*라는 물음을 든다. 즉, 권력 장치(가령 섹스)는 욕망의 동적 배치(가령 섹슈얼리티)를 뭉개버리는데 왜 그 동적 배치의 '일차원'으로서 욕망되는 것일까라는 물음이다. 1977년이라는 시점에서 이 물음이 푸코에게 필연적이지 않았던 것은, 들뢰즈가 말하는 '욕망'의 차원, 즉 권력에 선행하며 그 전제가 되는 차원을 당시의 푸코가 설정하고 있지 않았기 때문이라고 생각되는데, '자유' 또는 그 실천으로서의 주

---

* Deleuze, "Désir et plaisir," p.115. [「욕망과 쾌락」, 105쪽.]

체화가 권력 장치에 선행하는 것으로서 발견된 1984년에도 이 물음
은 여전히 푸코에게 필연적이지 않았던 것으로 보인다(들뢰즈 역시,
적어도『푸코』에서는 이 물음이 푸코에게 필연적인 것이 됐다고 보지 않
는다). 푸코는 왜 이 물음을 제기하지 않는 것일까? 간단히 말하자면,
'용기'란 죽음을 각오하는 것이기 때문이다('자유'의 실천을 가능케 하
는 '전쟁기계'로서의 '용기'). 그러나 반대로 들뢰즈는, 이렇게 말해도
좋다면, 죽으면 모든 것이 허사가 된다고 생각한다.『쾌락의 활용』이
출간된 시기에 이뤄진 한 대담에서 푸코는 다음과 같이 말하고 있다.
"설령 권력 관계가 완전히 비대칭적이며 한쪽이 다른 한쪽에게 무엇
이든 할 수 있다고 말할 수 있는 상태라 해도, 다른 한쪽에 대한 권력
행사는 그에게 자살하거나 창밖으로 몸을 던지거나 상대방을 죽일
가능성이 남아 있는 한에서만 실현될 수 있습니다."[7] 푸코에게 중요
한 것은 어디까지나 탈코드화 실천으로서의 주체화를 완수하는 것이
지 사람의 생사가 아닌 것이다. 이에 반해 들뢰즈가 묻는 것은, 생명
의 유지와 탈코드화를 어떻게 동시에 획득할 것인가이다. 예컨대 권
력 장치에 의한 코드화를 '분절화'라고 부르며 그 '위험'에 대해 이야
기하는『대화』(1977)의 한 대목은 여기서 비롯된다.

> [분절화에 빠질] 위험은 문자 그대로 도처에 존재하며, 그런 위험이
> 존재하는 것은 자명하기 그지없습니다. 따라서 오히려 물어야 할 것
> 은, 도대체 우리는 어째서 여전히 그와 같은 분절성을 필요로 하는

---

7) Michel Foucault, "L'éthique du souci de soi comme pratique de la liberté"(1984),
   Dits et écrits, t.2: 1976-1988, Paris: Gallimard, 2001, p.1539.

것인가입니다. 그런 분절성을 폭파시킬 만한 힘이 설령 우리에게 있다 하더라도 다른 한편 그 동일한 분절성이 우리의 생명 조건의 일부를 이루고 있다면, 우리의 유기적 신체뿐 아니라 우리의 이성 또한 그 분절성에 입각해 있다면, 우리는 우리 자신을 파괴하는 일 없이 그것을 폭파시킬 수 있을까요?[8)]

푸코에게 이 물음은 만약의 경우이다. 다시 말해, 설령 분절성이 우리의 생명 조건의 일부를 이루고 있다 하더라도 생명에 대한 집착의 노예가 되는 일 없이 분절성을 확실하게 폭파시키기 위해서는 어떻게 해야 할까라고 묻는 것이다.

푸코가 '용기'를 말하는 동일한 국면에서 들뢰즈가 '치욕'을 말하는 것은 이 때문이다. 권력이 욕망되는 치욕, 분절성(코드)과의 치욕적 타협. 주체화가 권력 관계의 '이면'으로 존재할 수밖에 없는 치욕. 거꾸로 말하면, 바로 치욕을 당함으로써 권력 관계가 주체화에 의해 이중화된다. 권력 장치와의 타협을 치욕으로서 겪는 한, 우리는 권력 관계를 주체화를 통해 이중화하며 권력 관계에 선행하는 주체화를 권력 관계의 '이면'으로서 발견한다. 들뢰즈는, 바로 생명을 유지하면서 탈코드화를 실천하는 것이 문제되기 때문에 이중화를 말하는 것이다. 즉, 푸코가 용기가 발동하는 장으로 말하는 '~ 한복판에서'에 들뢰즈는 치욕의 감각을 삽입하며, 이를 통해 권력 관계에 주체화가 내재하는 것을 후자에 의한 전자의 이중화로 새롭게 독해한다.

---

8) Gilles Deleuze et Claire Parnet, *Dialogues*, Paris: Flammarion, 1996, p.166. [허희정 옮김, 『디알로그』, 동문선, 2005, 238쪽.]

[들뢰즈가 푸코를 다시 독해하는] 두 번째 이유 역시 용기와 치욕이라는 문제와 관련 있다. 『푸코』가 출간된 시기에 이뤄진 대담에서 클레르 파르네가 "푸코의 사상에 무엇인가 '위험한' 것이 있냐"라고 묻자 들뢰즈는 이렇게 대답한다. "네, 위험한 것이 있죠. 푸코에게는 폭력성이 있거든요. 통제되고 제어되어 용기가 된 극도의 폭력성 말입니다. 시위에서 푸코는 폭력성을 보이며 몸을 부들부들 떨었습니다. 용인할 수 없는 것을 본 거죠."9) 이 말은 두 가지 점에서 흥미롭다. 첫 번째로 여기서 들뢰즈가 『푸코』에서는 한 번도 문제로 다루지 않은 '용기'를 언급하고 있다는 점이다(들뢰즈 역시 자신이 푸코에 대해 이야기한 것10)과 동일한 방식으로 저작/대담을 각각 독립된 계열로 구별했다. 들뢰즈에게 이런 구별을 가르쳐준 것은, 한 권의 책에서 정의·공리·정리·증명으로 이뤄진 계열과 비고[보충, 주석]備考라는 계열을 각각 독립된 것으로서 전개시킨 베네딕투스 데 스피노자이다). 들뢰즈는 저작에서는 '치욕'을 끌어와 푸코를 논하지만, 대담에서는 동일한 푸코를 '용기'의 인물로 파악한다. 두 번째로 치욕/용기를 저작/대담으로 나눈 이런 분기가 대담 속에 이미 접혀 있다는 점이다. 앞서 인용한 말에서 들뢰즈는 "극도의 폭력성"에 덧붙이는 형태로 '통제된'이라는 푸코의 술어('엔크라테이아'의 정의)를 의도적으로 제시하는데, 이

---

9) Gilles Deleuze, "Un portrait de Foucault"(1986), *Pourparlers 1972-1990*, Paris: Minuit, 1990, p.140. [김종호 옮김, 「푸코의 초상화」, 『대담 1972~1990』, 솔, 1993, 100쪽.]

10) Gilles Deleuze, "Qu'est-ce qu'un dispositif?"(1989), *Deux Régimes de fous: Textes et entretiens 1975-1995*, Paris: Minuit, 2003, pp.324~325. [박정태 옮김, 「장치란 무엇인가?」, 『들뢰즈가 만든 철학사』, 이학사, 2007, 484~485쪽.]

단어는 '용기'에 접속되는 한에서 푸코 본인에게로 되돌려지며 그와 동시에 '용인할 수 없는 것'l'intolérable이라는 들뢰즈 자신의 술어에 새롭게 접속됨으로써 이미 '뒤를 취하기' 시작한다.

통제된 극도의 폭력성'extrême violence maîtrisée은 '자유의 **반성적** 실천'pratique réfléchie de la liberté과 똑같은 뜻이다. 푸코는 '통제,' '반성'이라는 단어를 어떻게 이해하고 있었을까? 간단히 말해, 푸코에게 '통제하다'란 거기서 발동되는 폭력이 확실히 '극도의' 폭력이 되도록 하는 것이며, '반성하다' 역시 마찬가지로 거기서의 주체화가 확실히 '자유'의 실천, 탈코드화의 실천이 되도록 하는 것이다. 통제와 반성 없이는 극도의 폭력도 자유의 실천도 없다. 푸코가 통제와 반성의 대극에 '해방'을 자리매김하는 것은 이런 의미에서이다. 앞서 인용한 1984년의 대담에서 푸코는 다음과 같이 말하고 있다.

해방을 둘러싼 논의 일반에 대해 저는 항상 무엇인가 회의를 느껴왔습니다. 해방에 대한 논의는 여러모로 주의를 기울여 한정된 틀 속에서 이야기하지 않는 한, 이런 사고방식과 연결되어버릴 위험이 있다고 생각할 수 있었기 때문입니다. 하나의 본성, 인간의 본질 같은 것이 원래부터 존재했고 그것이 경제와 사회의 일련의 역사적 과정을 거친 결과 여러 가지 억압적 메커니즘에 뒤덮이고 소외되고 사로잡히게 됐다는 사고방식 말입니다. 이 가설을 따를 경우, 그런 억압적 잠금 장치를 폭파시키기만 하면 인간은 자기 자신과 화해할 수 있고, 자신의 본성을 재발견할 수 있으며, 자신의 기원과 다시 접촉할 수 있고, 자기 자신과의 완전하고 적극적인 관계를 회복할 수 있다는 이야기가 되는데, 이는 면밀히 검토하지 않으면 쉽사리 파악할 수 없을 것입니다. …… 그러나 또한 이것이야말로 제가 섹슈얼리티에 관해 직면하게 된 문제였습니다. 다시 말해, "우리의 섹슈얼리티를 해방시키자" 같은 말을 하는 것은 과연 의미가 있는 걸까요? 오히려 해결해야 할 것은, 성적 쾌락과 타자와의 에로스적 관계, 연애 관계, 열정적 관계라는 것을 규정할 수 있는 자유의 실천이 어떤 것인지를 제대로 정의하는 것 아닐까요? 자유의 실천을 정의한다, 라는 이 윤리적 문제가 섹슈얼리티와 욕망을 해방시켜야 한다고 계속 주장하는 것보다 훨씬 중요하다고 생각됩니다.[11]

자유는 그 실천과 일체화된 것으로밖에 존재할 수 없고 자연이 아니다. 자유의 실천은 반성 없이는 존재할 수 없으며 자연적인 것, 자생적인 것이 아니다. 푸코의 이 논의는 말할 것도 없이 들뢰즈의 논의와 매우 가깝다. 섹슈얼리티는 분명 섹스에 선행하지만 자연=본성으로서 그런 것은 아니다. 따라서 섹스를 폭파시켜 떨궈내기만 하면 그 아래 억눌렸던 섹슈얼리티가 드러나는 것이 아니다. 섹슈얼리티는 그 자체로 실천되지 않으면 안 되며, 섹스의 폭파가 그 자체로 섹슈얼리티의 실천인 것은 아니다. 섹슈얼리티란 무엇인가, 무엇이 섹슈얼리티일 수 있는가를 적극적으로 정의하고 그 정의에 기초해 실천하지 않는 한 섹슈얼리티는 존재하지 않는다. 실천과 일체화된 형태로만 존재할 수 있기 때문에, 섹슈얼리티는 시대별로 상이한 형태를 띠며 역사적으로 규정되는 것으로서 존재한다……. 논의 내용에 관한 한 푸코와 들뢰즈 사이에 눈에 띄는 차이는 없다. 차이는 푸코

---

11) Foucault, "L'éthique du souci de soi……," pp.1528~1529.

가 이 국면에서 '통제'와 '반성'을 말한다는 점에 있다. 지금 인용한 푸코의 발언에 따르면 거기서 '정의'라 불리는 것이 푸코에게는 '통제'와 '반성'이지만, 들뢰즈가 '통제'를 '용인할 수 없는 것'과 새롭게 연결시킬 때 문제되는 것은 그것과는 전혀 다른 것이다. 들뢰즈에게 '통제'란 단적으로 말해, 죽지 않도록 하는 것, 자유를 실천하면서 죽음을 한발 앞에 두고 끝까지 버티는 것(pénultième, 즉 '끝에서 두 번째'라는 테마), 절대적 탈코드화를 상대화해 실천하는 것이다.

'용인할 수 없는 것'이라는 단어는 들뢰즈에게는 어떤 의미에서도 비유가 아닌, 문자 그대로 이해되어야 한다. '용인할 수 없는 것'이라는 들뢰즈의 극한적 모델은 유기적 신체, 즉 기관들로 분절화된 신체이다. 유기적 신체가 용인할 수 없는 것으로서 감각될 때 그로부터 두 가지 상이한 불가능성이 발생한다. 하나는 '유기적 신체가 용인할 수 없는 것이므로 유기적 신체를 살 수 없다'는 불가능성이고, 다른 하나는 '생명이 신체의 유기성에 입각해 있는 한, 유기적 신체를 살 수밖에 없다'는 불가능성이다. 이 두 가지 불가능성이 합쳐진 것이 '치욕'(신체의 유기적 분절화와의 치욕적 타협)이며, 그렇기 때문에 치욕이 우리에게 이중화를 강제한다고 여겨지는 것이다. 다시 말해, 유기적 신체를 이중화하고 그로부터 '이면'을 파생시킴으로써, 끝까지 유기적 신체를 확보하며 그 이면에서 '기관 없는 신체'를 획득하는 것이다. 그러므로 이면을 창출한다는 것은 원래라면 우리를 죽음에 이르게 했을 탈코드화 실천을 상대화해, 살 수 있는 것으로 만드는 것과 똑같다. 이중화를 통한 이 상대화야말로 푸코가 말하는 '통제' 또는 '엔크라테이아'에서 들뢰즈가 새롭게 읽어내는 의미이다. '통제된 과잉의 폭력'이 들뢰즈에 의해 '용인할 수 없는 것'과의 관계에 놓일 때 '과잉의 폭력'은 죽음에 이르는 절대적 탈코드화 운동을, 그리고 '통제'는 이 운동의 이중화에 의한 상대화를 새롭게 의미하게 되는 것이다. '자유의 반성적 실천'도 마찬가지이다. 들뢰즈의 재독해에서 '자유'는 그 자체로는 사람을 죽음에 이르게 하는 운동이며, 그렇기 때문에 그 실천은 '반성된' 것이어야 한다. 즉, 자유는 상대화해 살 수 있는 것으로 만들어진 다음에 실천되어야 하는 것이다.

1980년대의 푸코에게 '바깥'le dehors이라는 테마(1960년대~70년대 전반까지의 푸코에게 해당된다고 할 수 있는 테마)는, 저작에서건 대담에서건, 적어도 단어로는 전혀 나타나지 않는다. 그런데 들뢰즈는 1980년대 푸코의 논의(주체화)를 다루는『푸코』의 한 장에서 이 테마를 택한다. 이는 (이 저작이 기본적으로는 시계열적으로 푸코의 사유를 더듬어가는 형태를 띠고 있기에 더욱더) 대단히 기이한 일로 보인다. 그렇지만 들뢰즈에게 이 곡예 같은 조작은, '자유'의 이중화가 바로 그 상대화이며 이 이중화=상대화야말로 '통제'이자 '실천'이라고 여기는 자신의 푸코 독해를 전개하기 위해 필연적으로 요청된 것이었다고 할 수 있다. 달리 말하면 들뢰즈는 1980년대 푸코의 뒤를 취할 때 '바깥'을 이야기하는 1960년대 푸코를 의태擬態하는 것이며, 마치 푸코가 자기 자신의 뒤를 취하고 있는 것처럼 논의를 구축해내는 것이다("이 새로운 차원은 처음부터 실재하고 있었다"*……).

권력은 '바깥'과 일체를 이루는 것으로서 존재한다. 권력은 권력 관계로서 존재하기에, 권력에는 '바깥'이 관련 있는 항목들 간의 '간격'으로서 항상 내재해 있다('관계'는 그 본성상 '비관계'이기도 하다).

---

* Deleuze, *Foucault*, p.103. [『푸코』, 146쪽.]

또한 권력은 지식(코드)과 함께 권력 장치를 구성하는데, 거기서도 서로의 외부로서 존재하는 권력과 지식 사이의 '간격'이 '바깥'으로서 권력 장치에 내재해 있다(권력 장치는 권력과 지식의 '마주침'을 통해 편성된다). 따라서 주체화를 통해 권력을 이중화하는 것은 권력에 내재하는 이 바깥을 이중화하는 것, 이 바깥의 이면을 창출하는 것이다. 들뢰즈는 그 이면을 '안쪽'이라고 부르지만, 바깥이 그렇게 이중화될 때 동시에 그것이 상대화되는 것이기도 하다는 점, 안쪽은 바깥의 상대화로서 창출된다는 점을 강조한다. 주지하듯이 『푸코』에서 들뢰즈는 '이중화'를 '접기'라고 다르게 부르기도 하는데, 바깥을 안쪽으로 접는 것은 동시에 외부를 상대화하는 것, 외부를 통제하는 것, 외부를 복종시키는 것이기도 하다(plier에는 '접다'라는 원래의 뜻에서 파생되어 '복종시키다'라는 뜻도 있다). 이리하여 '주체화'가 들뢰즈에게는 외부를 접는 실천으로서 자리매김되는 것이다. 『푸코』가 출간됐을 때 진행된 파르네와의 대담에서 들뢰즈는 이렇게 말한다.

> 바깥의 선이란 우리의 분신이며, 분신으로서의 모든 타성을 소유한 것입니다. …… 고래를 계속 좇은 에이해브 선장, 아니 더 정확히는 페달라*가 그랬듯이 열정적인 인간은 죽을 수밖에 없습니다. …… 바깥의 선은 치명적인 것, 너무나 폭력적인 것, 너무나 속도가 빠른 것입니다. …… 필요한 것은 그 선을 넘는 동시에 그 선을 살 수 있는

---

* Fedallah. 에이해브 선장이 모비 딕을 잡기 위해 선주와 다른 선원들 몰래 피쿼드 호에 태운 작살잡이. 작품 속에서 다른 선원들에게 '배화교도' 혹은 '악마'라 불리는 페달라를, 에이해브는 자신의 '수로 안내자'라고 부른다. 허먼 멜빌은 페달라를 에이해브 선장의 '또 다른 자아'(alter-ego)로 묘사하기도 한다.

것으로 만드는 것, 즉 실천 가능한 것, 사유 가능한 것으로 만드는 것입니다. 바깥의 선을 가능한 한 살 수 있는 것으로, 오래가는 것으로 만드는 것, 이것이야말로 삶의 기예인 것입니다. 바깥의 선과 대치하면서 어떻게 죽지 않고 존재할 것인가, 어떻게 생명을 유지할 것인가? 이것은 푸코가 자주 문제로 삼아왔던 테마 중 하나입니다. 바깥의 선을 접어 살 수 있는 지대를 구축해야 한다는 테마. 선과 대치할 때 몸을 기대고 버팀목을 얻을 수 있는 장을, 계속 호흡할 수 있는 장을 구축해야 한다는 테마. 요컨대 계속 사유할 수 있는 장을 구축해야 한다는 테마입니다. 선을 살기 위해, 선과 함께 살기 위해, 선을 접는 것. 문제는 사느냐 죽느냐입니다. 선 자체는 미친 속도로 계속 펼쳐지며, 우리는 그것을 접고자 노력합니다. 중요한 것은, [앙리] 미쇼의 표현을 빌리면 "우리라는 느린 존재"를 구성하는 것과 "폭풍의 눈"에 도달하는 것을 동시에 행하는 것입니다. …… 숨 쉴 수 없는 공허, 즉 죽음에 함몰되지 않고 도대체 어디까지 선을 펼칠 수 있을까? 선과의 접촉을 잃지 않고 선을 접기 위해서는 어떻게 해야 할까? 바깥과 공존하는 안쪽, 바깥으로 접을 수 있는 안쪽을 어떻게 구성할까? 이것은 '실천'의 문제입니다. …… 이런 선 접기야말로, 말년의 푸코가 '주체화의 과정'이라고 부른 것입니다. …… 주체화란 선에 굴곡을 부여하는 것, 선이 선 자체로 되돌아가도록 하는 것, 또는 힘이 힘 자체를 촉발하도록 하는 것입니다. 그런 주체화를 통해 우리는, 살 수 없는 것을 사는 법을 얻습니다. 푸코가 말하고 있는 것은, 우리는 우리 자신의 존재를 하나의 '양식,' 하나의 '기예'로 삼지 않는 한, 죽음과 광기에 함몰되는 것을 피할 수 없다는 점입니다. …… 주체화는 바깥의 선을 접는 데 있는 조작이지만, 단순히 몸을 지키기 위한 방법, 어려움에서 벗어나기 위한 방법에 불과할 수는 없습니다. 오히려 반대로 선에 대치하기 위한 유일한 방법, 선에 올라타기 위한 유일한 방법입니다. 어쩌면 죽음과 자살에 이르게 될지도 모르지만, 그때 자살은 삶 전체와 관련된 하나의 기예가 됩니다.[12]

여기서 들뢰즈는 푸코에 대해 이야기하며 가타리와 함께 구축한 자신의 정치철학, 즉 '선'의 이론인 자신들의 정치철학을 전면에 펼치고 있다. 들뢰즈·가타리는 임의의 상황을 분석할 때 그것을 세 가지 다른 종류의 선으로부터 동적으로 배치된 것으로서 포착해야 한다고 제안하고 있다. 바로 '몰적 선,' '분자적 선', '탈주선'이다. 위의 대담에서 '바깥의 선'으로 논의되고 있는 것이 이 세 가지 선 중 '탈주선'에 해당하는 것임을 상기하면, '주체화'론에 '바깥'론을 다시 접속시키는 데 있어 들뢰즈에게 무엇이 관건인지 어느 정도 알 수 있을 것이다. 간단히 말해, 주체화를 탈주선과 혼동해서는 안 된다는 것이다. 절대적 탈영토화 운동으로서 존재하는 탈주선은 그 자체로는 "너무나 폭력적인 것, 너무나 속도가 빠른 것"이며, 우리의 유기적 신체와 이성을 산산이 분쇄하고 우리를 일직선으로 죽음과 광기로 이끌 뿐이다. 모비 딕의 운동과 일체화된 페달라의 죽음과 광기.* 바로 그 때문에 들뢰즈에게는 권력 장치인 몰적 선과 다르면서 동시에 탈주선과도 다른 제3의 선, 즉 분자적 선이 필요해지는 것이다. 탈주선을 접

---

12) Deleuze, "Un Portrait de Foucault," pp.148~150. [『푸코의 초상화』, 111~115쪽.]
  * 페달라는 모비 딕을 추적하던 둘째 날 실종되는데, 다음날 모비 딕의 등에 꽂힌 작살의 밧줄에 친친 감겨 죽은 채 나타난다. (곧 언급되겠지만) 페달라가 "모비 딕의 운동과 일체화"됐다는 표현은 이 대목을 지칭하는 듯하다.

는 '안쪽'의 선, 절대적 탈영토화 운동을 이중화하고 상대화하는 선, 상대적 탈영토화 운동과 그에 동반되는 상대적 재영토화 과정으로 구성되는 선, 살 수 없는 것을 살 수 있는 것으로 만드는 기예의 선, 기예에 의해 통제된 선. 이런 분자적 선의 창출이야말로 '실천'이자 '주체화의 과정'으로 간주되며, 모비 딕의 운동을 안쪽으로 접음으로써 모비 딕이 '되는' 에이해브에게서 들뢰즈는 '자유의 반성적 실천,' '통제된 극도의 폭력,' 즉 '엔크라테이아'를 발견한다. 이로써 푸코가 말하는 '주체화'는 그대로 '생성변화'로 다시 독해된다. '~ 한복판에서'가 '이중화'로, '용기'가 '치욕'으로 다시 독해됨으로써⋯⋯.

🌼

그러나 푸코의 관점에서 보면, 에이해브가 아니라 페달라가 반성할 줄 알고 통제할 줄 아는 인물이 된다. 바로 모비 딕의 운동에 무매개적으로 일체화되기 위해 반성 또는 통제가 필요해진다. 거꾸로 에이해브는 반성 또는 통제를 모르기 때문에 모비 딕이 '되는' 것밖에는 할 수 있는 것이 없게 된다.

　탈주선, 분자적 선, 몰적 선과 견줄 수 있는 구분은 푸코에게도 있다. 탈주선은 '자유,' 분자적 선은 '자유의 실천,' 몰적 선은 '권력'과 견줄 수 있다. 『대화』(초판 출간은 「욕망과 쾌락」을 집필한 1977년)에서 이 세 가지 선의 구별을 설명할 때 들뢰즈는, 시계열적으로 사유했을 때에는 세 가지 선을 동시에 주어지는 것으로 보거나 탈주선과 몰적 선이 두 가지 극한적 형태로서 존재하고 분자적 선이 이 양극 사이에서 흔들리는 것으로 보는 두 가지 사고방식이 있다고 했지만, 비시계열적으로는 역시 탈주선이 다른 두 선에 선행한다고 봐야 한다며 이렇게 말한다. "두 번째 선에서 상대화되고, 세 번째 선에서 저지당하거나 절단되는 최초의 탈주선, 가장자리나 경계의 선, 바로 이 선 하나만 있는 것입니다."[13] 들뢰즈가 탈주선에서 발견하는 것과 동일한 선행성을, 푸코 역시 '자유'에서 발견한다. 자유의 실천에 대해 자유 자체가 갖는 선행성에 대해서는, 예컨대 지금까지 몇 차례 인용한 1984년 대담에서 이렇게 설명된다. "자유는 윤리[자유의 실천]의 존재론적 조건을 이루는 것이며, 반대로 윤리는 자유가 취하는 반성된 형태입니다."[14] 분자적 선을 탈주선의 '접기'로 자리매김하는 들뢰즈에게도, 탈주선은 분자적 선을 긋기 위한 '존재론적 조건'이라고 할 수 있을 것이다. 한편, 권력에 대해 자유가 갖는 선행성에 대해서는 1982년 발표된 유명한 글 「주체와 권력」에서 이렇게 논의되고 있다. "권력은 자유로운 주체에게만, 즉 그들이 자유로운 한에서만 행사된다. 자유로운 주체란 복수의 인도, 복수의 반응, 다양한 행동방식이 실현 가능한 것으로서 확장되고 있는 가능성의 영역을 마주하고 있는 개인 또는 집단이다."[15] 들뢰즈에게도 탈주선의 '존재'가 선행하며, 이 존재를 전제하지 않고서 몰적 선은 존재할 수 없다.

『대화』에서 들뢰즈는 『모비 딕』(1851)에 있는 세 가지 선의 편성을 다음과 같이 지적한다. "여하간 이 선이나 이 선들보다 복잡한 것은 없습니다. 이 선은 멜빌이 말한 바로 그 선으로서, 조직된 분절성

---

13) Deleuze et Parnet, *Dialogues*, p.165. [『디알로그』, 237쪽.]

14) Foucault, "L'éthique du souci de soi comme pratique de la liberté," p.1531.

15) Michel Foucault, "Le sujet et le pouvoir"(1982), *Dits et écrits*, t.2: 1976-1988, Paris: Gallimard, 2001, p.1056. [서우석 옮김, 「후기: 주체와 권력」, 『미셸 푸코: 구조주의와 해석학을 넘어서』, 나남, 1989, 313쪽.]

안에 있는 카누들을, 동물-되기와 분자-되기 안에 있는 에이해브 선장을, 광란의 탈주 안에 있는 백경을 하나로 연결시킵니다."16) 탈주선으로서의 모비 딕의 흐름이 다른 것에 선행하는 것으로서 존재하며, 이 첫 번째 선을 정지 또는 절단하고자 하는 몰적 선으로서 배의 무리를 직조하는 작은 배가 존재하고, 그 동일한 첫 번째 선을 접어 상대화하는 분자적 선으로서 에이해브의 '고래로의 생성변화'(고래되기)가 있는 것이다. 그렇다면 작살줄로 모비 딕의 등에 꼼짝달싹 못하게 붙들려 모비 딕과 말 그대로 일체화되어 죽음과 광기를 향해 일직선으로 끌려가는 페달라는 도대체 어떤 인물인가? 에이해브가 상대화함으로써만 [거기에서] 살 수 있는 탈영토화 운동을, 그 절대성에서 무매개적으로 살아내 보이는 페달라는 도대체 어떤 인물인가? 필시 바로 그런 의미에서 멜빌이 에이해브의 '그림자'로 여기는 페달라는 도대체 어떤 인물인가?("그리고 그곳에 우연히 에이해브가 서 있었기 때문에 이 배화교도는 그의 그림자 속에 놓이게 됐다. 배화교도의 그림자가 거기에 있었다 해도, 그 그림자는 에이해브의 그림자와 융합되어 에이해브의 그림자를 길게 늘인 것처럼 보였을 것이다." "마치 에이해브는 배화교도에게서 자기가 던진 그림자를 보고, 배화교도는 에이해브한테서 자기가 내버린 실체를 보는 것 같았다").* 『대화』에 나오는 아래의 한 대목에서 페달라가 다뤄지는 것은 아니지만, 페달라에게는 들뢰즈의 '전쟁기계' 정의에 딱 들어맞는 뭔가가 있다.

---

16) Deleuze et Parnet, *Dialogues*, p.165. [『디알로그』, 237쪽.]

* Herman Melville, *Moby-Dick; or, The Whale*, New York: Harper & Brothers, 1851, pp.366, 591. [김석희 옮김, 『모비 딕』, 작가정신, 2011, 406, 636쪽.]

탈주선은 전쟁기계에 의해 그려질 때마다 다른 선들과 스스로를 폐지하고 파멸하는 선으로 전환합니다. 바로 이 점이 탈주선에 고유한 위험입니다. …… 이제는 도주선이 죽음의 선으로 바뀔 때마다 '죽음 본능'과 같은 유형의 내적 충동을 생각해내는 것이 아니라, 객관적으로나 비본질적으로 정의할 수 있는 기계를 작동시키는 욕망의 한 배치를 생각하는 정도가 됐습니다. 따라서 누군가가 다른 이들을 파괴하거나 스스로 자멸할 때마다, 그가 자신의 탈주선 위에서 …… 자신만의 전쟁기계를 고안해냈던 것은, 은유에 의해서가 아닙니다.[17]

전쟁기계에 대한 들뢰즈의 논의는 양의적이다. 들뢰즈는 한편으로는 전쟁기계를 회피해야 할 '위험'으로 자리매김하면서, 다른 한편으로는 여러 문학 작품에서 [전쟁기계를] 발견해간다. "하인리히 폰 클라이스트와 두 사람을 죽음으로 이끈 자살, 프리드리히 횔덜린과 그의 광기, F. 스콧 피츠제럴드와 그의 해체, 버지니아 울프와 그녀의 실종," 또는 "아우구스트 스트린드베리의 부부 전쟁기계, 피츠제럴드의 알코올 전쟁기계"……* 전쟁기계의 이 양의성은 실제 삶과 예술을 구별하는 데 있다고 말해도 좋다. 전쟁기계 또는 그것이 그리는 '죽음의 선'은, 실제 삶에서는 절대로 피해야 할 위험이지만(그러지 않으면 죽어버린다), 바로 그렇기 때문에 이것과 맞서 싸울 예술이 우리에게 필요하다. 들뢰즈가 예술을 이야기할 때 쇠얀 키에르케고어의 다음과 같은 구절을 인용하는 것은 이런 의미에서일 것이다.

---

17) Deleuze et Parnet, *Dialogues*, p.171. [『디알로그』, 246쪽.]

　* Deleuze et Parnet, *Dialogues*, pp.169, 171. [『디알로그』, 242, 246쪽.]

"얼마간의 가능성을, 그렇지 않으면 나는 질식하고 만다."** 들뢰즈에게 실제 삶과 예술은 다른 것이며, 그렇기 때문에 예술이 필요한 것이다. 그러나 푸코가 '자유의 실천'인 주체화를 이야기할 때 문제 삼고 있는 것은, 바로 실제 삶과 예술이 동일한 것이 될 가능성이다. 1982년 베르너 슈뢰터와 나눈 대담에서 푸코는 어떻게 말하고 있는가? "자신의 존재를 하나의 작품으로 만드는 사람들과 존재 속에서 작품을 만들고 있는 사람들 사이에 차이가 있다고 생각하지 않습니다. 존재는 완벽하고 숭고한 하나의 작품이 될 수 있으며, 이 점을 그리스인들은 알고 있었습니다. 그런데 특히 르네상스 이후, 우리는 그것을 완전히 잊어버렸습니다."18) 곧이어 푸코가 '자살'을 "무엇보다 아름다운, 그래서 무엇보다 면밀하게 사유해볼 만한 행위"라고 말하는 것은, 그에게 실제 삶을 예술 작품으로 만드는 일은 에이해브처럼 오래 살면서 고래가 '되는' 것이 아니라 페달라처럼 고래와 일체화되어 죽는 데 있기 때문 아닐까? 똑같은 대담에서 푸코가 "얼마 전부터 제 머리를 떠나지 않는 것 중 하나는 자살하는 것이 얼마나 어려운

** Gilles Deleuze, *Cinéma 1: L'image-mouvement*, Paris: Minuit, 1983, p.163, n.16. [유진상 옮김, 『시네마 1: 운동-이미지』, 시각과언어, 2002, 229~230쪽.] 질 들뢰즈는 『죽음에 이르는 병』(1849)에 나오는 다음의 표현을 자기 식대로 재해석해서 인용한 듯하다. "어떤 사람이 기절을 하면 사람들은 물이, 오데코롱이, 호프만액이 필요하다고 외친다. 그러나 어떤 사람이 절망하려고 할 때에는 가능성을 만들라, 가능성을 만들라 하고 외쳐야 할 것이다. 가능성이야말로 유일한 구제약이다. 가능성을 주라. 그러면 절망하고 있는 사람은 다시 한 번 숨을 돌리고 소생한다." Søren Kierkegaard, *Traité du désespoir*, trans. Knud Fehlov et Jean-J. Gateau, Paris: Gallimard, 1949, pp.98~99. [임춘갑 옮김, 『죽음에 이르는 병: 코펜하겐 1849년』, 치우, 2011, 79쪽.]

18) Michel Foucault, "Conversation avec Werner Schroeter"(1982), *Dits et écrits*, t.2: 1976-1988, Paris: Gallimard, 2001, p.1075.

가라는 문제입니다"라고, 그리고 "자신이 어떻게 자살할지에 대해서는 일생 동안 계속 생각해볼 필요가 있을 것입니다"*라고 말하는 것은, 푸코에게는 '통제'와 '반성'이 절대적 탈영토화 운동을 어떻게 상대화해 살 수 있는 것으로 만들 것인가라는 문제와 관련이 있는 것이 아니라, 오히려 그 치명적인 운동과 어떻게 일체화될 것인가라는 문제, 자신이 좇는 탈주선 위에 어떻게 확실하게 전쟁기계를 만들어낼 것인가라는 문제와 관련이 있어서가 아닐까? 바로 그 때문에 푸코는 '치욕'이 아니라 '용기'를 이야기하는 것 아닐까?('자유'의 실천을 가능케 하는 '전쟁기계'로서의 '용기'가 권력 장치의 작동을 가능케 하는 '덧코드화 추상기계'와 이를 실현하는 국가에 대치된다).

몰적 선과의 치욕적 타협 때문에 분자적 선을 긋는 것도, 질식하게 만드는 실제 삶 때문에 예술에서 얼마간의 가능성을 찾는 것도 아니라 실제 삶 속에서 용기를 갖고 탈주선 그 자체와 일체화되는 것. 자유의 실천으로서의 주체화가 반성되고 통제된 것이어야 하는 것은 그것을 실패하게 만드는 여러 가지 '위험'이 존재하기 때문이다. 그런 위험 중에 가장 큰 것은, 들뢰즈식으로 말하면 주체화의 과정(자기와의 관계)이 그대로 "자아라는 블랙홀"[19]에 빨려 들어갈 위험일 것이다. 들뢰즈는 탈주선을 '유목민'에, 분자적 선을 '이주민'에, 몰적 선을 '정주민'에 견준 다음에 '잠행자'가 되는 경우와 '주변인'이 되는 경우가 있다고 논하고 있는데, '블랙홀'이 문제가 되는 것은 마지막 경우이다(주변인은 '분열증자'라고도 불린다). 정주민의 견고한

---

* Foucault, "Conversation avec Werner Schroeter" pp.1075, 1076.

19) Deleuze et Parnet, *Dialogues*, p.57. [『디알로그』, 91쪽.]

분절성을 떠나서 이주민의 유연한 선을 그었다 해도, 그 선이 "나는 주변인이다" 혹은 "우리는 전위이다"라고 말하는 것과 같은 기성의 '자아'(미시파시즘) 속에 빨려 들어가 거기서 나오지 못하게 될 위험이 항상 존재한다는 것이다. 흥미로운 것은 1977년의 노트에서 이미 들뢰즈가 이 '주변인'에 대해 언급하고 있다는 점이다. "주변인을 자칭하는 사람들에 대한 미셸의 혐오를 나도 공유하고 있다. 광기와 범죄, 도착과 약물에 대한 낭만주의는 내게도 점점 더 용인할 수 없는 것이 되고 있다. 내 관점에서 보면 탈주선 …… 은 주변인들에 의해 창조되는 것이 아니다. 반대로 탈주선은 하나의 사회를 횡단하는 객관적 선이며, 주변인은 여기저기 진을 치고 고리를 만들면서 선회하며 재코드화를 행하는 사람이다."[20] 들뢰즈에 따르면, 탈주선에 해당하는 개념(='자유')을 아직 갖고 있지 않았던 1977년의 푸코는 그럼에도 주변인 또는 블랙홀의 위험을 알고 있었다. 이것에 근거하면 1977년 푸코의 '위기'는, 저항의 측면에서는 권력 관계에 사로잡힌 상태이지만 주변인이 됨으로써 권력 관계로부터 벗어나는 일 또한 있을 수 없다는 인식에 있었다고 바꿔 말할 수 있을 것이다. 중요한 것은 주변인의 위험이라는 이 문제가, 권력 관계에 선행하는 것으로서의 '자유'(탈주선에 해당하는 것)를 발견한 1980년대의 푸코에게도 그대로 남아 있다는 점이다. 그러나 주변인의 위험은 들뢰즈의 경우와 1980년대 푸코의 경우에서 그 위치를 달리한다. 전자는 탈주선을 접어 상대화하는 과정(잠행자)에서 생기는 위기인 반면, 후자는 탈주선과 일체화되는 과정(유목민)에서 생기는 위기인 것이다.

---

20) Deleuze, "Désir et plaisir," p.118. [「욕망과 쾌락」, 109~110쪽.]

어떻게 하면 주변인이 되지 않고 존재할 수 있을까? 어떻게 하면 블랙홀에 빨려 들어가지 않고 존재할 수 있을까? 어떻게 하면 "광기와 범죄, 도착과 약물에 대한 낭만주의"에 빠지지 않고 존재할 수 있을까? 만년의 푸코에게 이런 물음은, 어떻게 하면 '자유'를 실천할 수 있을까, 어떻게 하면 자살을 할 수 있을까, 어떻게 하면 전쟁기계를 만들어낼 수 있을까, 어떻게 하면 모비 딕과 일체화될 수 있을까, 어떻게 하면 유목민이 될 수 있을까, 어떻게 하면 탈코드화를 완수할 수 있을까, 어떻게 하면 자신의 존재를 하나의 작품으로 만들 수 있을까라는 물음과 동일한 것이었다. 어떻게 하면 "자기를 자기의 정반대 자체가 되도록 만드는 기예"[21]가 가능한가? 푸코의 관점에서 보면 재코드화(주변인화)의 위험은, 모비 딕의 선을 접고자 하는 에이해브(잠행자)보다 모비 딕의 선의 전개와 일체화되고자 하는 페달라(유목민)에게 훨씬 절실할 것이다. 전자가 긋는 분자선은 삶의 선이지만, 후자가 좇는 탈주선은 죽음의 선이기 때문이다. 죽음의 선을 용기 있게 좇을 때야말로 최대한의 신중함과 섬세한 배려가 필요하며, 자기에 대한 통제와 반성이 필요하다. 여기저기서 늘 우리를 기다리고 있는 블랙홀에 결코 빨려 들어가지 않기 위한 통제와 반성을, 푸코는 '진리에 대한 용기'라고 부른 것 아니었을까?

---

21) Foucault, "Conversation avec Werner Schroeter," p,1077.

채굴주의 체제 아래에서의 정치적 리얼리즘
네그리와 하트의 『어셈블리』 소개*

안토니오 네그리와 마이클 하트가 공저한 신간 『어셈블리』(2017)는 서로 밀접히 관련된 두 가지 논의로 구성되어 있다. 하나는 2011년 부터 세계 각지에서 나타난 '지도자 없는' 운동(광장점거 운동, 블랙 라이브즈 매터** 등)의 전개에 입각해 대항 권력의 조직화를 재고하는 논의이고, 다른 하나는 동일한 시기에 라틴아메리카 국가들을 중심으로 이론화가 진행된 '채굴주의' 비판에 새롭게 근거를 둔 논의이다. 이로써 네그리와 하트는 지금까지 '제국' 3부작(『제국』[2000], 『다중』[2004], 『공통체』[2009]) 등에서 제시해온 신자유주의론을 갱신하고 있다. 전자의 논의를 간단히 말하면, 네그리와 하트는 지도자에게 '전략'을, 대중에게 '전술'을 할당해온 근대적 조직화론을 전도시켜

---

* 「採掘主義體制下の政治的リアリズム: ネグリ=ハート《アッセンブリ》紹介」 ⓒ 2018 廣瀬純.

** Black Lives Matter. 2013년 7월 13일, 10대 흑인 청년 트레이번 마틴을 총격 으로 사망케 한 백인 자율방범대원 조지 짐머맨이 약 1년 5개월의 재판 끝에 정당방위로 무죄 판결을 받자 네티즌들이 반발해 해시태그 #BlackLivesMatter ("흑인의 목숨도 소중하다")를 붙이면서 시작된 흑인 민권 운동.

대중이야말로 전략을 담당해야 한다고 간주한다. 그 다음에 지도자란 어디까지나 대중이 결정하는 전략을 따르며 긴급한 사태에 적절한 전술로써 대응할 수 있는 사람으로서 필요하다고 설명하며 오늘날의 운동이 갖는 '수평성'을 부분적으로 비판한다(이런 착상의 원천 가운데 하나로, "복종하며 명령하기"를 원리로 내건 사파티스타 운동의 조직화에서 볼 수 있는 **전도된 '수직성'**이 있다).

후자의 논의의 요점은 다음의 문장에 단적으로 나와 있다. "오늘날 금융은 사회적 생산에서 생성된 가치를 **채굴**함으로써 [부를] 축적한다. 현재의 상황을 구성하는 새로운 권력 관계는 이런 금융을 통해 조직된 자본주의적 지배와 항상 더 사회화된(그래서 때때로 인식하기 어렵지만 그 힘은 실재적인) 생산적 힘 사이에서 발견된다."[1]

'사회적 생산'은 『어셈블리』에서 가장 중요한 개념 중 하나인데, 이것이 의미하는 바는 요컨대 생산이 이제 '공장' 안에 머물러 있지 않고 '사회' 전체로 확대됐다는 것이다. 이전에는 생산자의 지성이 자본가 소유의 설비(공작 기계 등)로 흡수되어 고정자본으로 바뀌었고, 생산자의 신체는 자본의 요청에 따라 국가 장치들(학교나 군대 등)을 통해 언제라도 가변자본으로 전환 가능한 '노동력'으로서 규율화됐다. 그러나 오늘날의 생산자는 그 지성도 신체도 위와 같은 자본에 의한 '공장'식 조직화에서 벗어나게 됐으며, 생산은 상대적으로든 경향적으로든 자율성을 획득하게 됐다. 가령 에어비앤비나 우버 같은 공유경제 기업은 종래의 호텔이나 택시와는 다르며, 생산설비나 노

---

1) Antonio Negri and Michael Hardt, *Assembly*, New York: Oxford University Press, 2017, p.203. 강조는 인용자.

동력을 직접적으로 조직화하지 않고 사회적 생산의 자율적 전개를 전제로 '플랫폼'에 의한 종획enclosure을 통해 거기서 산출되는 가치를 외부로부터 지대의 형태로 포획한다.

네그리와 하트에게 중요한 것은, 생산력(지성+신체)이 '공장'(고정자본+가변자본)을 넘쳐흐르는 것(사회화)은 생산력 자체의 자발성에 의해 생겨난다는 점이다. 생산자들 스스로가 지성의 찬탈과 신체의 규율화에 저항하는 투쟁을 통해, 산업자본을 중심으로 조직된 종래의 자본주의적 지배(포드주의)를 과거의 것으로 만든 것이다. "정치적 리얼리즘의 기초는 다중이 실제적으로 가지고 있는 잠재적 역량에서 찾아져야 한다. 권력은 해방을 위한 저항과 투쟁에 대한 대응으로서 그 다음에 온다."[2]

자본으로부터의 생산의 해방을 추구하는 투쟁을 통해, 생산자는 '프롤레타리아트'에서 '다중'으로 변모했다. 자본이 그 주된 운동 형식을 산업자본에서 "[자본의] 가장 고차원적이고 추상적인 현상 형태"(루돌프 힐퍼딩)*로서의 금융자본으로 옮긴 것은, 어디까지나 사회적 생산자로서의 다중의 출현에 대한 대응으로서 이뤄진 것이다 (파올로 비르노는 이것을 '반혁명'이라고 논했다**). 네그리와 하트의

---

2) Negri and Hardt, *Assembly*, p.231.

* Rudolf Hilferding, *Das Finanzkapital: Ein studie über die jüngste Entwicklung des Kapitalismus* (1910), 2 Aufl., Berlin: Dietz Verlag, 1955, p.1. [김수행·김진엽 옮김, 『금융자본론』, 비르투, 2011, 12쪽.]

** Paolo Virno, "Do You Remember Counterrevolution?," *L'orda d'oro 1968-1977: La grande ondata rivoluzionaria e creativa, politica ed esistenziale*, a cura di Nanni Balestrini e Primo Moroni, Milano: SugarCo Edizioni, 1988. [이원영 옮김, 「당신은 반혁명을 기억하는가?」, 『이딸리아 자율주의 정치철학』, 갈무리, 1997.]

신자유주의론(포스트포드주의론)에서 '먼저 도래했다고 여겨지는 것'은 생산의 사회화이지 자본주의적 지배의 재편성이 아니다. 역사적으로 보면 전자의 계기는 '1968년'으로, 후자의 계기는 그로부터 3년 뒤에 있었던 금태환 정지(브레튼우즈 체제의 종언)로 규정된다.

그러나 생산의 사회화에 대한 대응으로 경제의 금융화가 '그 다음에 온다'고 할 때 문제가 되는 것은 양자의 역사적 인과 관계만이 아니다. 자본에 대한 생산력의 존재론적 '선차성' 또한 문제가 되고 있다. 오늘날에는 매 순간, 먼저 사람들의 사회적 협력을 통해 부가 생산되고, 그런 다음에 금융자본에 의해 '채굴된다.' 자본의 채굴에 앞서 부를 자율적으로 생산하는 다중의 지성과 신체, 그 '기계적 집합체'가 **존재한다.** '정치적 리얼리즘'이 이야기되는 것은 이런 의미에서이다. 포드주의 시대의 정치적 리얼리즘이 가변자본을 (자본에 있어) 독립 변수로 또는 '소외'를 (자본에 대한) '외재성'으로 인식하는 데서 시작한 것과 같이, 오늘날의 정치적 리얼리즘은 다중의 자율적 생산력의 실재를 인식하는 데서 시작한다고 네그리와 하트는 주장하고 있는 것이다(역사와 존재론이라는 두 가지 차원에서 노동자를 '착취의 **대상**'이 아니라 '힘의 **주체**'로 보는 논의는, 네그리와 하트뿐만 아니라 앞서 언급한 비르노 등 오페라이스모[노동자주의]의 전통을 계승하는 모든 논자들에게 공통된다).

'채굴'이란 무엇인가? 산업자본에 의한 '착취'exploitation를 대신해 축적의 새로운 패러다임을 형성하는 것으로 여겨지는 금융자본에 의한 '수탈'[전유]appropriation 또는 포획을 '채굴'이라 칭할 때 무엇이 관건이 되는가? 이 단어에 대한 일반적 이해에 따르면, '채굴'의 대상은 먼저 지구에 매장되어 있는 천연 자원이다. 이런 자원은 종획과

채굴을 통해 사적인 또는 공적인 소유물이 되지만 그 이전에 누구의
소유도 아닌 부, 즉 공통적인 것으로서 존재한다. 따라서 '채굴'이란
개인이나 국가의 소유물이 아닌 공통적인 부, 즉 '비소유물'nonproperty
을 대상으로 한 수탈을 가리키는 말인 것이다. 물론 오늘날의 자본은
(채권/채무 관계를 통한 사적·공적 소유물의 수탈에 더해) 천연 자원
자체에 대한 수탈도 자행하고 있지만, 베로니카 가고 등 라틴아메리
카 이론가들의 채굴주의 비판3)에 기초해 네그리와 하트가 강조하는

_____

3) 라틴아메리카 국가들에서는 1980년대 말부터 미국 정부, 세계은행, IMF
의 권고(워싱턴 컨센서스)에 따른 신자유주의적 정책(규제 완화, 민영화, 재
정 긴축 등)이 주로 '구조조정'이라는 이름 아래 전개됐는데, 1990년대 말
~2000년대 초반까지 많은 국가들에서 그 정통성을 근본적으로 문제 삼
는 대규모 민중 투쟁이 일어나 '좌파' 또는 '진보'(progresistas)라 불리는 정
권이 탄생했다(베네수엘라의 우고 차베스, 브라질의 룰라 다 실바, 아르헨티나
의 네스토르 키르치네르, 볼리비아의 에보 모랄레스 등). 1990년대 신자유주
의와의 단절을 기치로 내건 이 정권들이 특히 주력한 것은 중국을 주된 수
출 대상으로 하는 천연자원 개발(기업형 농업이나 삼림 개발 등도 포함)이었
다. 이 새로운 경제 전략은 '신개발주의'라고 불리기도 하는데, 그렇다고 해
서 단순히 브레튼우즈 체제에서 전개된 개발주의(수입대체 산업화)로 회귀
한 것은 아니다. 종래의 개발주의는 포드주의의 한 형태였고, 거기서 천연
자원 수입의 용도[목적]는 국내 산업 개발에 할당되어 임금의 형태로 재분
배되는 것이었다. 하지만 신개발주의의 경우에 천연자원 수입의 용도는 임
금 노동을 고려하지 않고 실업 수당이나 창업지원 대출 같은 형태(현금 이
전)로 재분배되는 데 있다. 좌파 정권 또는 진보 정권에서의 정세를 '채굴
주의'로 분석함으로써 라틴아메리카 이론가들이 문제 삼고 있는 것은 간단
히 다음과 같다. 첫째, 1990년대의 신자유주의와 오늘날의 신개발주의는 금
융에 의한 지배라는 점에서 연속적이다(가령 민영화도, 탄화수소 자원 개발
도 금융자본이 증식하는 장으로서 존재한다는 점에서는 차이가 없다). 둘째, '채
굴'적 형태의 자본 축적은 천연자원 개발뿐만 아니라 다종다양한 '플랫폼'
(SNS 등도 포함)과 채권/채무 관계(마이크로 금융이나 소비자 금융 등도 포
함)의 전개를 통해 사회 전체에 미치고 있다. 『어셈블리』에서 네그리와 하
트가 다루고 있는 내용에 매우 가까운 선행 연구로는 다음의 글이 있다.

것은 '데이터 마이닝(mining=채굴)'이라는 표현이 공공연히 통용되고 있고 사회적 생산에서 산출되는 부에 대한 수탈이 천연 자원의 수탈과 동일한 방식으로 이뤄지고 있다는 점이다. 다중에 의해 자율적으로, 그리고 사회적으로 창조되는 부 역시 천연 자원 또는 지구 자체와 마찬가지로 공통적인 비소유물이라는 것이다.

여기서 사회적 생산이 자율적이라고 일컬어지는 것은, 어떤 공통적 생산물이 생산될 때마다 그 생산물을 생산수단으로 이용하는 새로운 공통적 생산물의 생산이 곧바로 이어지기 때문이다(기계적 집합체). 이런 의미에서 사회적 생산은 다중의 생산력의 자율적인 확대재생산에 다름 아니며, 매 순간 산출되는 공통적 생산물은 결국 자기를 계속 확대재생산하는 '사회' 그 자체(사회적 관계)라고 할 수 있다(일반적으로 '연방,' '공동체'의 의미로 사용되는 단어 'commonwealth'가 가진 원래의 뜻이 '공통적 부'라는 것, 즉 '공통적 부'가 곧 '사회'라는 것은 이 단어를 제목으로 한 2009년 저작의 주제 가운데 하나였다). 그런데 '사회'의 생산(확대재생산)이란 이미 '정치'가 아닐까? "사회적 생산의 공통적 부는 생산적 힘과 정치적 역량의 직접적인 연결을 함의한다. 거기에서 생산과 재생산은 모두 주체성의 생산과 사회적 관계들의 유지·확장을 지향하기 때문이다."[4]

네그리와 하트에게 '정치적 리얼리즘'은 '정치 영역의 자율성'을 인정하지 않는 데 존재한다(가령 그들은 경제적 기의로부터의 정치적

Verónica Gago y Sandro Mezzadra, "Para una crítica de las operaciones extract-ivas del capital: Patrón de acumulación y luchas sociales en el tiempo de la finan-ciarización," *Nueva Sociedad*, no.255, enero-febrero 2015.

4) Negri and Hardt, *Assembly*, p.288.

기표의 '부유'浮遊에서 '정치적 리얼리즘'을 발견하려는 에르네스토 라클라우와 샹탈 무페 등의 논의를 논박한다.[5]) 경제가 곧 정치이며, 개혁이 곧 혁명이다. 사회적 생산이 **사회에 의한 사회의 생산**에 다름 아닌 한, 다중의 모든 생산 활동은 항상 이미 정치이고, 거기서 생산되는 공통적 부의 사유화에 맞서는 투쟁은 곧 혁명적이며, 다중의 전략 결정에 기초한 이 투쟁은 필연적으로 '소유'와 그 장치들(소유를 보장하는 국가, '익명화'된 소유권 증서로 기능하는 자본주의적 화폐, '채굴' 또는 '종획'을 개인의 '노동'으로 간주해 그 '성과'의 사유화를 정당화하는 로크주의적 이데올로기)의 전복을, 그리고 동시에 공통적 부(비소유)의 제도화(새로운 권리, 정치체, 화폐, 주체성의 구축)를 향한다.

---

5) 『어셈블리』에서는 오늘날의 운동과 관련해 그 수직적 '조직화'의 결여가 비판적으로 다뤄지고 있는데도 불구하고, 그야말로 철저한 '수평성'을 특징으로 한 15M 운동(마드리드의 푸에르타 델 솔을 진원지로 삼아 스페인 전국에서 전개된 광장점거 운동)의 '조직화' 시도로서 등장한 포데모스에 대해 일체 언급이 없다. 이 대목은 포데모스가 에르네스토 라클라우와 샹탈 무페의 논의를 일관되게 참조해왔다는 사실을 통해서도 이해가 될 것이다. 포데모스의 지도자 중 한 명인 이니고 에레혼과 샹탈 무페가 가진 다음의 대담은, 포데모스의 라클라우·무페 수용을 상세히 알 수 있어서 특히 흥미롭다. Chantal Mouffe y Íñigo Errejón, *Construir pueblo: hegemonía y radicalización de la democracia*, Barcelona: Icaria editorial, 2015.

옮긴이 후기

이 책을 처음 소개받았을 때 나는 제목만 보고 안토니오 네그리의 사상을 정리한 책이겠거니 했다(이 책의 원제는 『안토니오 네그리: 혁명의 철학』이다). 그렇지만 책을 펼쳐보자마자 나는 이 책이 얼마나 흥미롭고 야심찬 기획인지를 단번에 알 수 있었다. 자크 랑시에르를 시작으로 해서 알랭 바디우, 에티엔 발리바르, 질 들뢰즈, 펠릭스 가타리, 미셸 푸코, 그리고 블라디미르 일리치 레닌까지, 목차에 내로라하는 정치철학자들의 이름이 빼곡히 들어차 있었던 것이다. 철학을 전공하지도 않았고 일본어와 영어를 조금 할 줄 아는 게 전부인 내가 이 책을 감당할 수 있을까라는 걱정이 앞섰지만, 책의 매력에 이끌려 겁도 없이 덜컥 번역을 맡아버렸다.

번역을 마무리한 지금, 나는 우리 시대의 혁명을 사유하는 데 꼭 필요한 책을 번역했다는 생각에 기쁘기 그지없다. 혁명이 패션이 되고 혁명가가 상품이 되는 시대, 사람들의 일거수일투족을 채굴해 부를 축적하는 소셜미디어의 창업주가 기본소득을 지지하는 시대, 혁명 이론이 인문학이라는 이름을 달고 교양과 자기 계발의 도구로 소비되는 시대. 바야흐로 자본이 코뮤니즘을 흉내 내는 시대에 혁명의 철학은 어떠해야 하는지, 혁명의 철학을 어떻게 수행해야 하는지 이 책을 통해 실마리를 얻을 수 있기 때문이다.

한국어판 제목을 『혁명의 철학: 안토니오 네그리의 존재론과 주체론』으로 한 것에서도 알 수 있듯이 저자 히로세 준이 우리에게 제시하는 네그리의 '혁명의 철학'의 열쇠는 존재론과 주체론, 더 정확하게 말하면 "존재론과 주체론을 무매개적 접합하려는 시도"(29쪽)이다. 히로세는 이런 접합의 계기가 결여된 철학과 그 계기가 살아 있는 철학을 나눠 논의를 전개하는데, 네그리를 일종의 벤치마크로 삼아 한편으로는 존재론/주체론이 결여된 '정치'철학(랑시에르, 바디우, 발리바르)을 비판하고, 다른 한편으로는 존재론-주체론 접합의 방향과 방식의 차이(들뢰즈·가타리와 푸코)를 탐구한다.

그런데 정작 내가 이 책의 역자이자 이 책을 먼저 읽은 독자로서, 그리고 다른 삶과 다른 세계를 욕망하고 추구하는 사람으로서 깊은 인상을 받은 부분은 따로 있었다. 그것은 바로 히로세가 철학을 '하는' 방식, 즉 텍스트를 대하는 태도였다. 어떻게 하면 누구도 반박할 수 없는 정확한 독해를 해낼 수 있을지가 아니라 어떻게 하면 우리가 발 딛고 서 있는 조건에서 저항의 힘을 키우는 방향으로 독해를 해낼 수 있을지 고민하는 태도, 요컨대 누가 베네딕투스 데 스피노자를, 맑스를, 혹은 레닌을 제대로 읽고 있는가가 아니라 어떤 스피노자 독해, 어떤 맑스 독해, 어떤 레닌 독해가 우리의 삶과 역능을 강화할 수 있는가를 고려하는 그런 태도 말이다.

한국어판 서문에서 밝혔듯이, 히로세는 이 책을 "네그리 철학의 사용설명서"로 기획했고 한국에서도 나름의 정세 속에서 "네그리의 정치철학이 사용되기를 희망"하고 있다(11쪽). 이런 '사용'에 대한 감각은 철학을 훈고학적으로 접근하는 사람들에게는 마뜩잖은 것일 수 있다. 그러나 존재론을 저항의 힘을 긍정하는 데 사용하고 싶은 사람이라면, 주체론을 권력 탈취가 아닌 역능의 발휘에 사용하고 싶은 사람이라면, 히로세의 이 과감한 지적 모험에 동참한 것을 결코 후회하지 않을 것이다.

이 책의 초역 작업은 2014~15년 사이에 이뤄졌다. 그때 나는 연구공간 L에 몸담고 있었고, 일주일에 한 번씩 논문, 비평, 번역 등 각자의 작업을 공유하는 모임을 진행하고 있었다. 그 자리에서 나는 수개월에 걸쳐 이 책의 초역을 발표했고 오탈자부터 개념어와 번역어, 참고문헌에 이르기까지 다양한 피드백을 얻을 수 있었다. 그 모임이 없었다면 분명 중간에 나가떨어져 초역 작업을 완수하지 못했을 것이다. 함께 마음과 시간을 써 준 세정, 승준, 현정, 희숙에게 진심으로 감사드린다.

이 책은 일본인 저자가 일본어로 썼지만, 다뤄지는 철학자들의 면면으로 알 수 있듯이 필연적으로 이탈리아어와 프랑스어를 접할 수밖에 없는 책이다. 정치철학 전문가도 아니고 다국어 실력을 갖추고 있지도 않은 나를 믿고 번역을 맡겨주신 이재원 편집장님께 감사드린다. 편집장님의 노고 덕분에 이 책이 더욱 정확해지고 매끄러워지고 풍성해질 수 있었다. 더불어 번역문을 검토해주신 김상운 선생님과 양창렬 선생님께도 감사를 표하고 싶다. 두 분의 격려와 지원 덕분에 많이 든든했고 더 좋은 책이 나올 수 있었다.

첫 일본어 번역서의 후기를 쓰고 있자니 일본어를 난생처음 배우던 무렵이 생각난다. 고등학교를 그만두고 시간을 헛되이 보내고 싶지 않아서 배우기 시작한 일본어가 이렇게 쓰이게 될 줄 누가 알았을까. 그때부터 내심 불안하면서도 내색 한번 하지 않고 나의 한 걸음 한 걸음을 지켜봐준 가족들에게, 특히 나의 가장 친한 친구인 할머니께 사랑과 감사를 보낸다. 끝으로 혁명의 철학에 눈을 뜨고부터 강의실에서, 토론에서, 광장과 거리에서 여러 가지 모습으로 마주쳤던 수많은 스승들에게, 그리고 언제나 혁명의 철학을 앞질러 존재하는 분노와 반란의 현장에 연대의 인사를 전한다.

2018년 3월 26일
행신동에서

찾아보기

표지 이미지

Jorge Méndez Blake(1974~), *El Castillo* (aka. "A Single Book Disrupts the Foundation of a Brick Wall"), 2300×1750×40cm, 2007, Museo de Arte Moderno, Mexico City.

혁명의 철학 안토니오 네그리의 존재론과 주체론

초판 1쇄 인쇄 | 2018년 4월 30일
초판 1쇄 발행 | 2018년 5월 10일

지은이 | 히로세 준
옮긴이 | 은 혜
편   집 | 안태진
펴낸곳 | 도서출판 난장·등록번호 제307-2007-34호
펴낸이 | 이재원
주   소 | (04380) 서울시 용산구 이촌로 105(한강로 3가 40-879) 이촌빌딩 401호
연락처 | (전화) 02-334-7485 (팩스) 02-334-7486
블로그 | blog.naver.com/virilio73
이메일 | nanjang07@naver.com

ISBN 978-89-94769-22-6 03160

이 도서의 국립중앙도서관 출판예정도서목록(CIP)은
서지정보유통지원시스템 홈페이지(http://seoji.nl.go.kr)와
국가자료공동목록시스템(http://www.nl.go.kr/kolisnet)에서 이용하실 수 있습니다.
(CIP제어번호: CIP2018012606)